U0935874

中国证券投资基金业年报

2025

中国证券投资基金业协会　编著

中国财经出版传媒集团
中国财政经济出版社
·北京·

图书在版编目（CIP）数据

中国证券投资基金业年报 . 2025 / 中国证券投资基金业协会编著 . -- 北京：中国财政经济出版社，2025. 8. -- ISBN 978-7-5223-4191-0

Ⅰ. F832. 51-54

中国国家版本馆 CIP 数据核字第 2025674JX4 号

责任编辑：郁东敏　　　　责任校对：胡永立

封面设计：中通世奥　　　　责任印制：党　辉

中国证券投资基金业年报 2025

ZHONGGUO ZHENGQUAN TOUZI JIJINYE NIANBAO 2025

中国财政经济出版社 出版

URL：http：//www.cfeph.cn

E-mail：cfeph @cfemg.cn

社址：北京市海淀区阜成路甲 28 号　邮政编码：100142

营销中心电话：010-88191522

天猫网店：中国财政经济出版社旗舰店

网址：https：//zgczjjcbs.tmall.com

涿州汇美亿浓印刷有限公司印刷　各地新华书店经销

成品尺寸：185mm × 260mm　16 开　19.25 印张　289 000 字

2025 年 8 月第 1 版　2025 年 8 月河北第 1 次印刷

定价：86.00 元

ISBN 978-7-5223-4191-0

（图书出现印装问题，本社负责调换，电话：010-88190548）

本社图书质量投诉电话：010-88190744

打击盗版举报热线：010-88191661　QQ：2242791300

编 委 会

PREFACE
前言

2024年，国际经济形势和地缘政治持续深刻调整，面对外部压力加大、内部困难增多的严峻复杂形势，中国经济总体平稳，顺利完成全年主要发展目标，资本市场先抑后扬，全年稳中有进。受宏观大环境、行业小气候叠加影响，基金行业发展面临一些暂时性困难和挑战，但在以习近平同志为核心的党中央坚强领导下，有针对性地打出一系列超预期积极有为的政策“组合拳”，为经济高质量发展注入强大动力和信心；新“国九条”和“1+N”政策体系持续落实发力，推动资本市场呈现出积极而深刻的变化；中国证券投资基金业协会在中国证监会党委的正确领导下，深化会员服务、加强行业自律、防范化解风险、优化内部管理，各方面工作取得新成绩。基金行业不断强化自身能力建设，保持战略定力、坚定必胜信心，用实际行动战胜各种困难挑战。这些积极因素被切实转化为发展实绩，推动基金行业高质量发展再上新台阶。

2024年，基金行业发展保持稳中有进态势，行业总规模达到72.83万亿元，同比增长8.2%。其中，公募基金32.83万亿元，同比增长18.9%；私募基金19.91万亿元，同比下降3.3%，其中创投基金韧性明显，达到3.37万亿元，创历史新高，同比增长3.97%；私募资管产品12.17万亿元，同比下降1.9%；资产证券化产品2.07万亿元，同比增长7.8%；管理养老金5.94万亿元，同比增长21.6%；基金从业人员增长13.8%，达到136.4万人。截至2024年末，公募基金持有A股流动市值合计5.96万亿元，占A股流通市值的7.4%，持有债券（含同业存单）市值18.69万亿元，占债券托管余额的10.6%，是资本市场稳定运行的重要机构投资者。私募股权创投基金累计投资各类股权项目超过20.8万个。注册制深化改革以来，科创板、创业板、北交所新上市公司中，股权创投基金渗透率分别达到91%、75%、95%。私募证券基金持有A股市值占总市值的2%、交易额占比达15%，已发展成为资本市场重要参与力量。基金行业构筑了资本市场健康稳定发展的稳固底盘。

2025年是“十四五”规划收官之年、“十五五”规划谋篇布局之年，也是进一步全面深化改革、推动中国式现代化行稳致远的关键一年。中国证券投资基金业协会围绕“防风险、强监管、促高质量发展”主线，深刻总结过去实践经验，不断加强对行业发展和协会工作的规律性认识，提出建设服务型协会、科技型协会、研究型协会，坚持以服务工作为中心，通过科技和研究为服务工作深度赋能，统筹做好服务国家战略、服务行业机构、服务从业人员、服务行业监管、服务投资者等各项工作，推动协会工作和行业高质量发展取得新成效，奋力开创协会服务自律工作新局面。

本书编写过程得到监管部门、兄弟单位及行业机构等的大力支持，在此对所有为本书成稿付出努力与汗水的同仁表示诚挚感谢！

由于编写时间紧迫，难免有疏漏之处，望业内同仁和广大读者批评指正。

中国证券投资基金业协会

2025年6月

CONTENTS
目录

第一篇　行业发展篇

第二篇　行业数据篇

01 第一篇 行业发展篇

第一章
资产管理业概览

第一节　资产管理业规模及结构

从资产管理的外延来看，我国资产管理广泛涉及银行、保险、证券、基金、信托、期货等行业机构。从资产管理的本质特征出发，可以将我国资产管理行业的外延从机构类型和业务两个维度作出如下界定，具体见表1–1。

表1–1　　　　我国资产管理行业外延

机构类型	资产管理业务
基金管理公司及其子公司	公募基金、集合资产管理计划、单一资产管理计划、私募股权子公司私募基金、各类养老金、企业资产支持证券
私募机构	私募证券投资基金、私募股权投资基金、创业投资基金、私募资产配置基金及其他私募投资基金
信托公司	单一资金信托、集合资金信托
证券公司及其子公司	公募基金、集合资产管理计划、单一资产管理计划、私募子公司私募基金、各类养老金、企业资产支持证券
期货公司及其子公司	集合资产管理计划、单一资产管理计划
保险公司、保险资产管理公司	公募基金、万能险、投连险、管理企业年金、养老保障及其他委托管理资产、资产支持计划
银行	非保本银行理财产品、私人银行业务

注：中国证券投资基金业协会整理。

我国资产管理业构成大致如下：截至2024年末，公募基金32.83万亿元，证券期货经营机构私募资产管理业务12.17万亿元，基金管理公司管理境内全国社保和企业年金等养老金规模5.94万亿元，企业资产支持证券（ABS）2.07万亿元，私募投资基金19.93万亿元，银行理财产品规模29.95亿元①，信托公司资金信托计划22.25万亿元②，保险资管产品约9.75万亿元③，全部资管规模合计约134.5万亿元④。

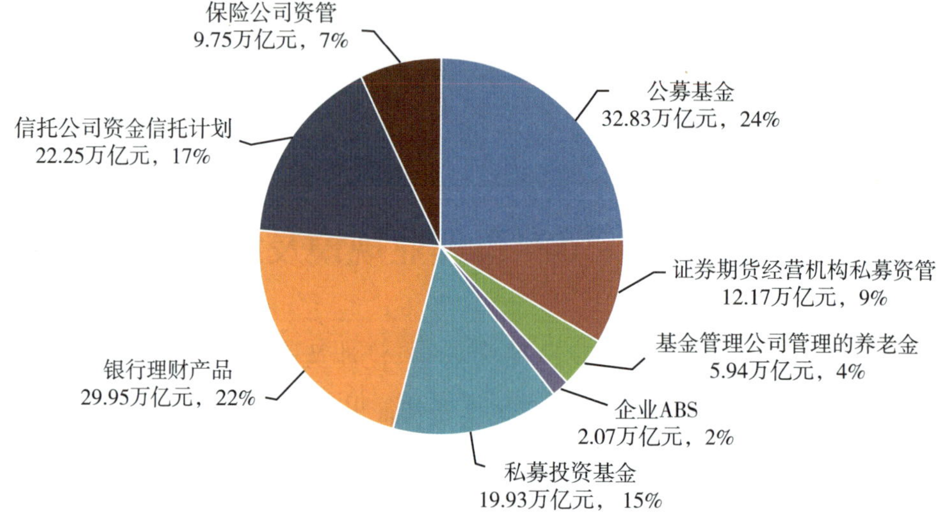

图1-1 资产管理行业规模构成

资料来源：中国证券投资基金业协会整理。

第二节 公开募集证券投资基金概览

一、公募基金的发展

截至2024年末，公募基金管理人163家⑤，其中，基金管理公司148家，取

① 数据来源于银行业理财登记托管中心–中国银行业理财市场年度报告（2024年）。

② 数据来源于中国信托业协会官网。

③ 因数据可得性问题，该数据截至2023年末，根据中国保险资产管理业协会发布的《中国保险资产管理业发展报告（2024）》估算。

④ 根据前述列示的各类资管业务规模简单加总，未剔除重复计算部分。

⑤ 以基金管理人取得证券期货经营许可证的公募基金管理机构名录（2024年12月）为准。

得公募基金管理资格的资产管理机构15家。管理公募基金共计1.24万只，较2023年末增长7.05%；公募基金净资产规模32.83万亿元，较2023年末增长18.93%。

二、在宏观经济金融中的地位

公募基金是宏观经济、金融和资本市场的重要组成部分。截至2024年末，公募基金资产规模相当于当年GDP总量的24.34%，相当于年末社会融资规模存量的8.04%，相当于当年M2总量的10.47%，相当于年末人民币存款余额的10.86%，相当于年末股市流通市值的42.42%，相当于年末债券市场余额的18.55%。详见表1-2。

表1-2 公募基金在宏观经济金融部门中的规模占比

年份	项目	公募基金	宏观经济		货币金融		资本市场	
			GDP	社会融资规模存量	M2	各项存款	沪深流通市值	债券余额
2023年	资产（万亿元）	27.60	126.06	378.09	292.27	284.26	67.43	157.90
	占比（%）	100.00	21.89	7.30	9.44	9.71	40.93	17.48
2024年	资产（万亿元）	32.83	134.91	408.34	313.53	302.25	77.39	177.00
	占比（%）	100.00	24.34	8.04	10.47	10.86	42.42	18.55

资料来源：中国证券投资基金业协会整理。

三、在全球市场中的地位

根据国际投资基金业协会（IIFA）发布的全球受监管的开放式基金（不含FOF）统计数据显示（2024年末公布了全球44个国家/地区数据），2024年末，我国开放式公募基金净资产规模保持全球第4位，占全球总规模的5.38%；占亚太地区的比重为49.24%，较2023年末增长15个百分点。[①]美国受监管的开放式基金（包括共同基金与交易所交易基金）净资产规模占全球总规模的52.59%，卢森堡该比例为8.19%。与我国世界第二的经济总量相比，公募基金还有较大发展潜力与空间。

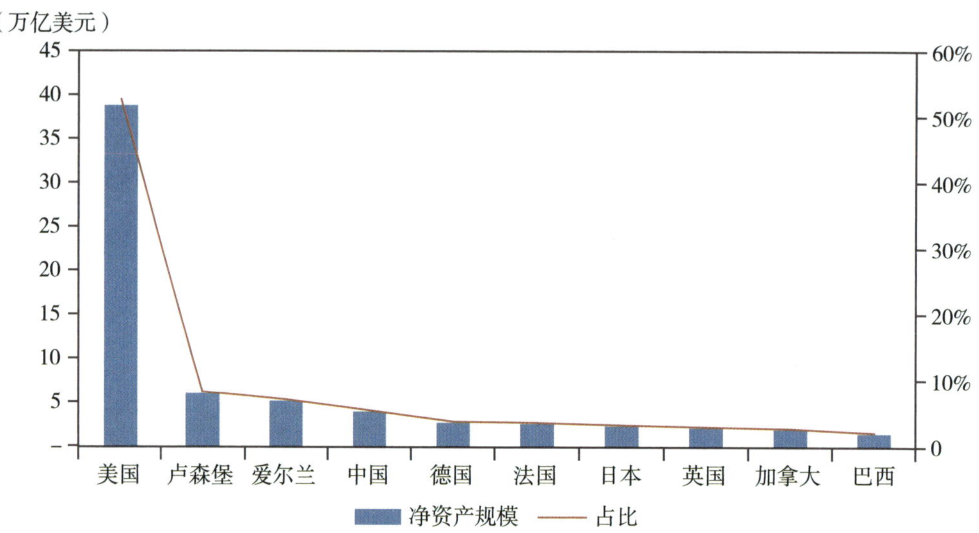

图1-2　2024年全球受监管的开放式基金净资产规模排名前十位的国家

资料来源：国际投资基金业协会。

第三节　证券期货经营机构私募资产管理业务

一、规模及构成

截至2024年末，证券期货经营机构私募资产管理总规模为12.17万亿元。其中，基金管理公司管理资产规模为4.66万亿元，基金子公司（含股权子公司）管

① 2024Q4未公布澳大利亚数据，故我国在亚太地区占比提升幅度较大，如按2023Q4澳大利亚数据统计最新亚太总数，我国在亚太地区占比为37.09%，同比提升2.67个百分点。

理资产规模为1.1万亿元，证券公司及其子公司（含私募子公司）管理资产规模为6.1万亿元，期货公司及其资管子公司管理规模为0.31万亿元（见图1–3）。

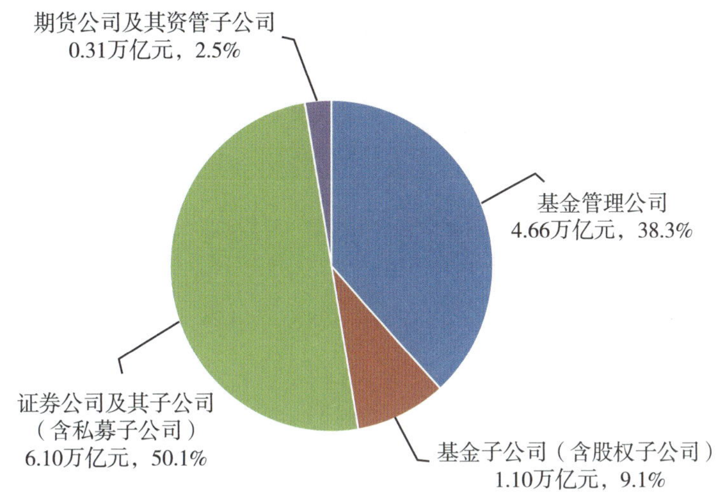

图1–3　证券期货经营机构私募资产管理业务规模构成

资料来源：中国证券投资基金业协会。

二、在宏观经济金融中的地位

自2018年《关于规范金融机构资产管理业务的指导意见》（以下简称“资管新规”）发布以来，资产管理业务迈向新发展阶段，证券期货经营机构在资管行业新格局中逐步确立自身定位，在提升直接融资比重、服务投资者理财方面发挥积极作用。截至2024年末，证券期货经营机构私募资产管理业务规模12.17万亿元，相当于当年GDP总量的9.02%，相当于年末社会融资规模存量的2.98%，相当于当年广义货币M2的3.88%，相当于年末人民币存款余额的4.03%，相当于年末股市流通市值的15.73%，相当于年末债券市场托管余额的6.88%（见表1–3）。

表 1-3　　证券期货经营机构私募资产管理业务在宏观经济金融部门中的规模占比

年份	项目	证券期货经营机构私募资产管理业务	宏观经济		货币金融		资本市场	
			GDP	社会融资规模存量	M2	各项存款	沪深流通市值	债券余额
2023年	资产（万亿元）	12.41	126.06	378.09	292.27	284.26	67.43	157.90
	占比（%）	100	9.84	3.28	4.25	4.37	18.40	7.86
2024年	资产（万亿元）	12.17	134.91	408.34	313.53	302.25	77.39	177.00
	占比（%）	100	9.02	2.98	3.88	4.03	15.73	6.88

资料来源：中国证券投资基金业协会整理。

第四节　私募投资基金

一、规模及构成

截至2024年末，已在中国证券投资基金业协会登记的存续私募投资基金管理人20 289家，存续私募投资基金14.41万只，管理资产规模19.93万亿元。

从私募投资基金管理人类型看，私募证券投资基金管理人8 000家，私募股权、创业投资基金管理人12 083家，私募资产配置类管理人7家，其他私募投资基金管理人199家（见图1–4）。从存续基金类型看，私募证券投资基金8.78万只、资产规模5.22万亿元，私募股权投资基金3.03万只、资产规模10.98万亿元，创业投资基金2.51万只、资产规模3.37万亿元，私募资产配置基金22只、资产规模52.01亿元，其他私募投资基金885只、资产规模0.36万亿元（见图1–5）。

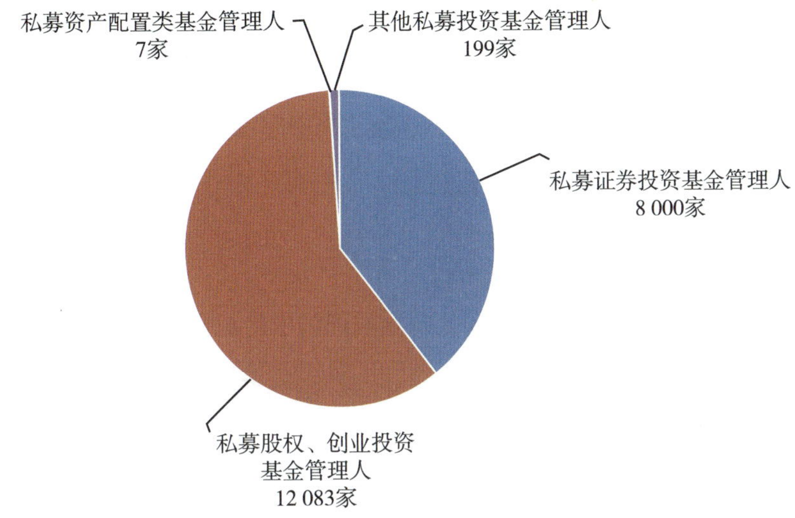

图1-4　私募投资基金管理人类型分布

资料来源：中国证券投资基金业协会。

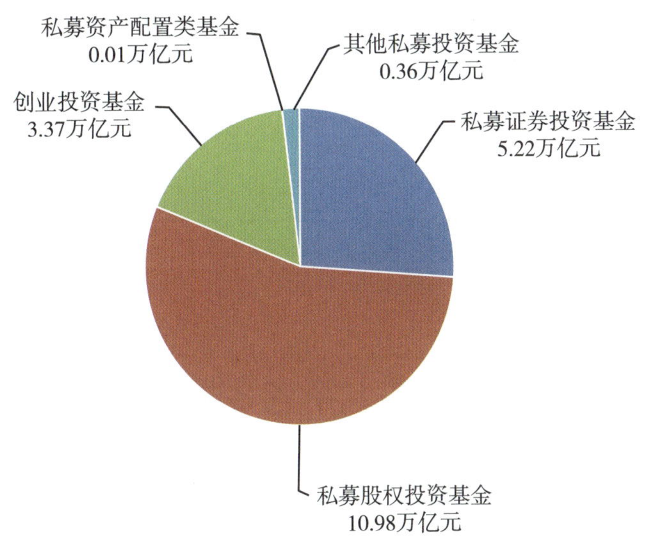

图1-5　私募投资基金规模及构成

资料来源：中国证券投资基金业协会。

二、在宏观经济金融中的地位

自2013年6月《中华人民共和国证券投资基金法》将私募基金纳入统一规范、2014年2月中国证券投资基金业协会实施登记备案以来，我国私募基金活力迸发，已经发展为创新资本形成的重要载体。截至2024年末，私募投资基金规模19.93万亿元，相当于当年GDP总量的14.77%，相当于年末社会融资规模存量的4.88%，相当于当年广义货币M2的6.36%，相当于年末人民币各项存款余额的6.59%，相当于年末沪深流通市值的25.75%，相当于年末债券市场余额的11.26%（见表1–4）。

表1–4　　私募投资基金在宏观经济金融部门中的规模及占比

年份＼项目		私募投资基金	宏观经济		货币金融		资本市场	
			GDP	社会融资规模存量	M2	各项存款	沪深流通市值	债券余额
2023年	资产（万亿元）	20.32	126.06	378.09	292.27	284.26	67.43	157.9
	占比（%）	100	16.12	5.37	6.95	7.15	30.13	12.87
2024年	资产（万亿元）	19.93	134.91	408.34	313.53	302.25	77.39	177.00
	占比（%）	100	14.77	4.88	6.36	6.59	25.75	11.26

资料来源：中国证券投资基金业协会整理。

第五节　养老金概览

一、我国养老金体系现状

截至2023年末，我国第一支柱基本养老保险参与人数10.66亿人，结余规模7.82万亿元；第二支柱年金基金中，企业年金参与人数3 144万人，总规模3.19万亿元；职业年金总规模2.56万亿元①；个人养老金账户开户人数超5 000万人，缴费人数突破1 000万人，总缴费金额约280亿元②（见表1–5）。

① 数据截至2023年末，来源于《2023年度人力资源和社会保障事业发展统计公报》。

② 个人养老金相关数据来源于新闻报道。

从参与人数和规模均可看出，我国养老金体系第一、第二、第三支柱之间发展不均衡，较为依赖第一支柱基本养老保险，我国养老金第二、第三支柱仍然存在较大的发展空间。

表1-5 我国养老金三支柱体系

	战略储备	第一支柱	第二支柱		第三支柱
	全国社会保障基金	基本养老保险	企业年金	职业年金	个人养老金[4]
制度模式	无短期支付压力、集中投资运营	现收现付+个人账户积累制	个人账户积累制	个人账户积累制	个人账户积累制（试点）
资金来源	财政资金拨款、国有资本划转	单位缴费、个人缴费、财政资金补贴	企业和个人缴费	机关事业单位和公务员缴费	个人缴费
2023年末参与人数	—	10.66亿人	3 144万人	—	超5 000万人
2023年末总规模/结余规模	26 169亿元[1]	78 173亿元	31 874亿元	25 600亿元	约280亿元
2023年末投资规模	26 169亿元[2]	18 555亿元[3]	31 480亿元	25 600亿元	—

注：（1）（2）作为战略储备的社保基金规模应为可支配的实际金额，故此处引用的是《全国社会保障基金理事会全国社会保障基金2023年度报告》中2023年末“全国社保基金权益”这一数据口径，即“社保基金资产总额”扣除“社保基金负债余额”后，再减去“个人账户基金权益”。

（3）此处引用的是《全国社会保障基金理事会基本养老保险基金受托运营2023年度报告》中“2023年末养老基金权益总额”这一数据口径，即“养老基金资产总额”扣除“养老基金负债总额”。

（4）个人养老金相关数据来源于新闻报道。

资料来源：人力资源和社会保障部官网，全国社会保障基金理事会官网。

二、基金行业管理养老金规模

全国社会保障基金、基本养老保险基金投资管理中，分为直接投资和委托投资两部分，年金基金也分为受托直投和委托投资两部分。包括基金行业在内的资产管理行业受托管理的养老金属于委托投资这一部分。

截至2023年末，全国社会保障基金（以下简称“社保基金”）委托投资规模为20 739亿元[①]，企业年金委托投资规模为31 051亿元，合计51 790亿元，基本养老保险基金未披露2023年委托投资规模，职业年金暂未披露委托投资规模、个人养老金暂未披露投资规模。其中，基金行业受托管理的境内养老金规模为26 143亿元[②]，占上述已披露的社保基金和企业年金委托投资总规模的比例为50.48%（见图1–6）。

根据公募基金公开信息披露数据统计，截至2024年末，共有285只基金Y类份额作为个人养老金基金成立运作，Y类份额总规模91.43亿元。其中，养老目标基金Y类份额200只、规模88.27亿元，指数基金Y类份额85只、规模3.16亿元。

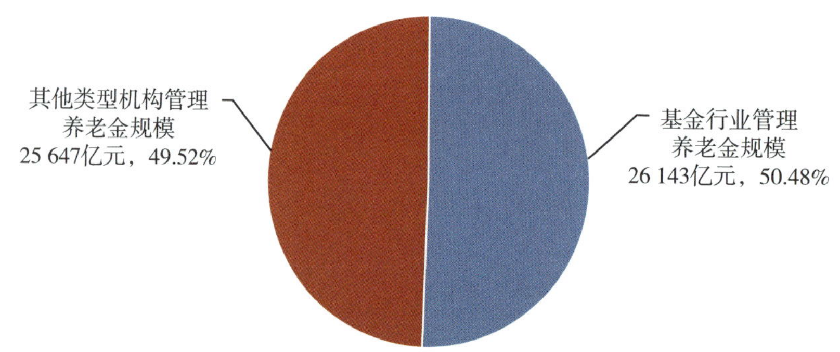

图1–6　2023年末基金行业管理养老金规模占比

资料来源：人力资源和社会保障部官网，全国社会保障基金理事会官网，中国证券投资基金业协会。

① 《全国社会保障基金理事会全国社会保障基金2023年度报告》中仅披露了“社保基金资产总额”（包含负债）口径下的“直接投资资产规模”和“委托投资资产规模”，未披露“社保基金权益总额”（不含负债）口径下的“直接投资规模”和“委托投资规模”；受限于数据可获取性，此处数据直接引用了年报中“委托投资资产规模”这一数字。

② 此处为基金行业受托管理的社保基金、企业年金的合计规模，不含社保基金理事会投资私募基金和境外市场规模、基金行业管理的基本养老保险基金、职业年金规模和个人养老金规模。

第二章 公开募集证券投资基金

我国公募基金起步于1998年。与其他金融行业相比，公募基金自发展之初即大量吸收成熟市场行之有效的制度经验，并持续改进，为行业长治久安奠定了法治基础。1997年11月，国务院证券委员会颁布《证券投资基金管理暂行办法》，确立了集合投资、受托管理、独立托管和利益共享、风险共担等基金基本原则。1998年3月，经中国证监会批准，南方基金管理公司和国泰基金管理公司分别发起设立两只封闭式基金——基金开元和基金金泰，拉开了我国证券投资基金发展序幕。1998年和1999年，分别有5家基金管理公司设立，俗称“老十家”。2000年10月，中国证监会发布并实施《开放式证券投资基金试点办法》。2001年9月，我国第一只开放式公募基金——华安创新诞生，揭开公募基金发展新篇章。2002年，首家中外合资基金管理公司成立。2003年6月，《中华人民共和国证券投资基金法》颁布，系统地规范了基金当事人的权利义务，尤其是受托人信义义务，为行业规范运作奠定坚实的基础。中国证监会陆续颁布《证券投资基金管理公司管理办法》等6个部门规章。“一法六规”为公募基金和基金管理公司规范运作奠定了制度基础。2005年，基金管理公司外资持股比例上限提高至49%，一大批中外合资基金管理公司成立或获得外资增股。2007年，行业规模超过万亿元。2012年中国证券投资基金业协会成立。2013年6月，《中华人民共和国证券投资基金法》完成重大修订并正式实施。新《中华人民共和国证券投资基金法》全面落实信义义务要求，进一步优化行政监管，强化行业自律，全面加强基金持有人权益保护。

在不断完善的法治环境下，基金业市场化、国际化不断推进，并相互促进。公募基金市场交易机制透明，风险收益归属清晰，业绩竞争较为充分，在资产管理领域率先建立了最先进、最完善的制度体系，确立了基金财产独立制度、强制托管制度、风险自担的产品设计和销售规范、每日估值制度、信息披露制度、公平交易制度以及严格的监管执法，是信托关系落实最为充分的资产管理行业。20余年间未发生系统性金融风险，成为财富管理行业的标杆，是大众理财的良好工具。2024年3月，中国证监会印发《关于加强证券公司和公募基金监管加快推进建设一流投资银行和投资机构的意见（试行）》，明确了未来一段时期加快推进建设一流投资银行和投资机构的路线图。截至2024年末，公募基金管理机构发展到163家①，管理资产规模达到32.83万亿元。

第一节 公募基金行业整体情况

一、总体情况

公募基金规模在经历2010年、2011年连续两年下降后，以年均23.14%的速度连续13年快速增长，至2024年末已超过32万亿元（见图2–1）。中国经济同期年均增速8.14%，居民财富日益增长，公募基金提供了财富保值增值的投资渠道。同时，良好的流动性使公募基金成为企业资产配置的重要选择。从可追溯资金流动性数据的2011年以来，投资者对公募基金的投资依赖性总体趋强，持续12年资金净流入，平均每年净流入金额超万亿元。

随着公募基金投资者对资金流动性需求的增强，传统封闭式基金逐步退出历史舞台，开放式基金越来越受投资者青睐。下文所述封闭式基金是指截至统计时点处于封闭期的基金。

① 按照中国证监会公布的公募基金管理机构名录统计，以机构取得经营证券期货业务许可证为准。

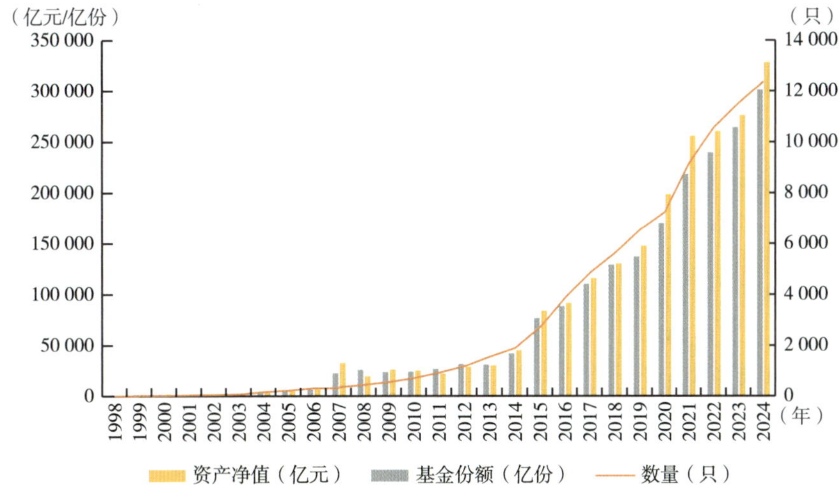

图2-1　公募基金数量与规模

资料来源：中国证监会，中国证券投资基金业协会。

二、基金类型

近十余年，在总规模持续增长的同时，开放式公募基金结构不断变化。权益类基金（股票基金与混合基金）与货币市场基金资产净值在总计中的占比此消彼长。权益类基金占比从2008年的64%降至最低点2018年的17%后，近几年占比显著回升。2024年，受基础市场波动影响，权益类基金占比略有回落，为24%。货币市场基金占比从2008年的20%增至最高点2018年的58%后有所回落，2024年货币市场基金占比为41%；债券基金占比呈波动状，从2008年的10%增至2019年的19%后有所下降，2024年再次增长至21%；QDII基金占比呈先降后升趋势，2018年降至最低值，为0.5%，2024年占比提高至1.9%。相关资料见表2-1、表2-2和图2-2。

表2-1　各类型开放式公募基金资产净值　（单位：亿元）

年份	股票基金	混合基金	货币市场基金	债券基金	QDII
2008	7 243	5 193	3 892	1 880	522
2009	13 703	7 478	2 581	839	742

续表

年份	股票基金	混合基金	货币市场基金	债券基金	QDII
2010	13 215	7 301	1 533	1 450	736
2011	10 248	5 707	2 949	1 204	576
2012	11 477	5 647	5 717	3 777	632
2013	10 958	5 627	7 476	3 225	584
2014	13 142	6 025	20 862	3 473	487
2015	7 657	22 287	44 443	6 974	663
2016	7 059	20 090	42 841	14 239	1 024
2017	7 602	19 378	67 357	14 647	914
2018	8 245	13 604	76 178	22 629	706
2019	12 993	18 893	71 171	27 661	931
2020	20 017	43 601	80 521	27 484	1 289
2021	25 817	60 514	94 678	40 996	2 384
2022	24 782	49 973	104 558	42 731	3 268
2023	28 342	39 533	112 770	53 151	4 170
2024	44 528	35 095	136 086	68 442	6 113

资料来源：中国证监会，中国证券投资基金业协会。

表2-2　　各类型开放式公募基金资产净值占比　　（单位：%）

年份	权益类基金占比	货币市场基金占比	债券基金占比	QDII 占比
2008	64.1	20.1	9.7	2.7
2009	81.4	9.9	3.2	2.9
2010	81.9	6.1	5.8	2.9
2011	72.8	13.5	5.5	2.6
2012	59.7	19.9	13.2	2.2
2013	55.2	24.9	10.7	1.9
2014	42.3	46.0	7.7	1.1
2015	35.7	52.9	8.3	0.8

续表

年份	权益类基金占比	货币市场基金占比	债券基金占比	QDII 占比
2016	29.6	46.8	15.5	1.1
2017	23.3	58.1	12.6	0.8
2018	16.8	58.4	17.4	0.5
2019	21.6	48.2	18.7	0.6
2020	32.1	40.6	13.8	0.7
2021	33.8	37.0	16.0	0.9
2022	28.7	40.2	16.4	1.3
2023	24.6	40.9	19.3	1.5
2024	24.3	41.5	20.9	1.9

资料来源：中国证监会，中国证券投资基金业协会。

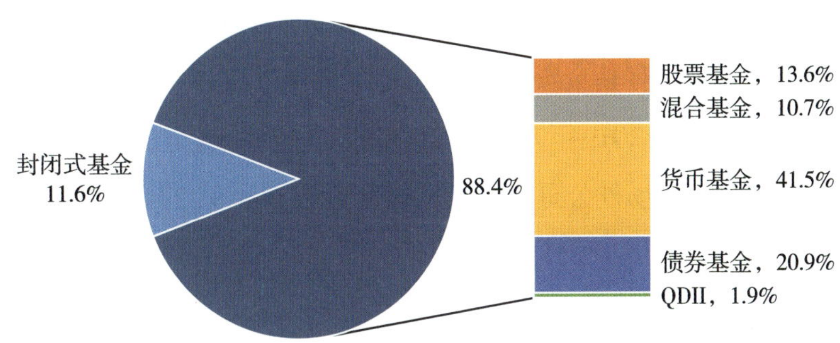

图2-2　2024年末各类型公募基金资产净值占比

资料来源：中国证监会，中国证券投资基金业协会。

整体来看，公募基金管理规模集中度较2023年有所下降。前20家、15家、10家、5家的集中度分别从2023年的61.3%、51.8%、39.2%、23.2%下降至60.2%、49.8%、38.3%、21.3%。从各类型基金管理规模集中度来看，股票基金集中度最高，截至2024年末，前5家管理规模占全部股票基金规模的30.0%，前10家占比为54.0%；集中度较低的为债券基金，前20家管理规模合计占全部债券基金规模的55.6%（见图2-3）。

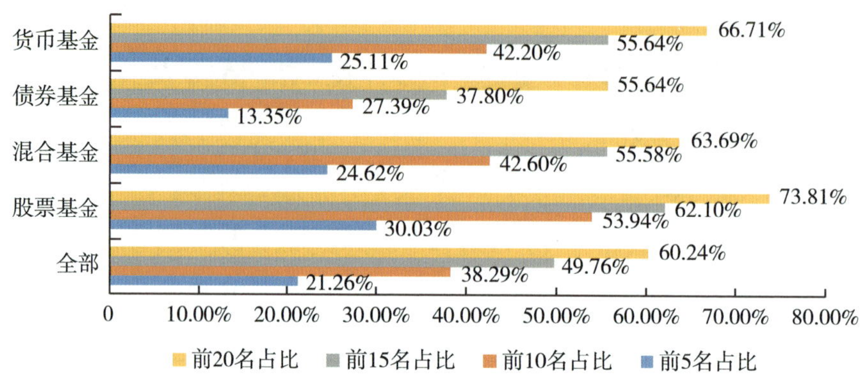

图2-3　2024年末公募基金主要类型集中度（管理人维度）

资料来源：中国证监会，中国证券投资基金业协会。

三、基金账户[①]

截至2024年末，公募基金有效账户（指截至统计时点持有基金份额的账户）数为17.93亿户，大部分为个人账户，77.51万户为机构账户，近十余年来一直保持这一结构特点。从持有基金资产情况来看，机构投资者持有公募基金的比例，从2012年末的29%增至2019年末的51%后有所回落，截至2024年末降至46%。另外，截至2024年末，场外公募基金个人投资者数量为8.22亿人（见图2-4）。

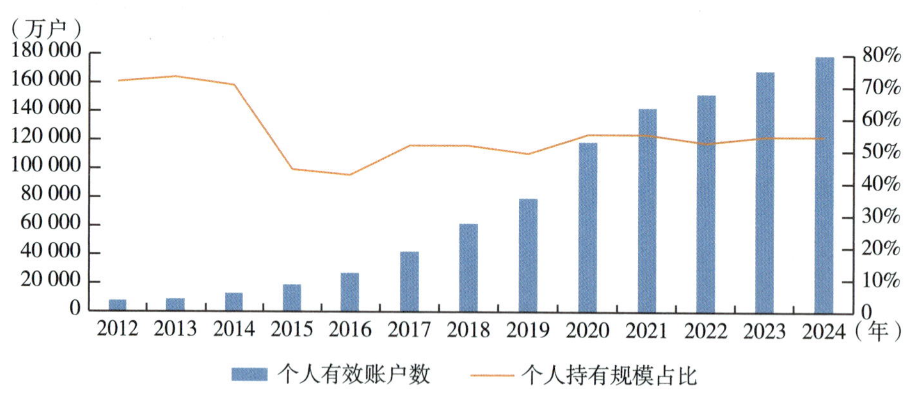

图2-4　公募基金账户情况

资料来源：中国证监会。

① 公募基金账户数为场外账户数，不包括场内账户数。

四、资产配置

截至2024年末，在公募基金约35万亿元的总资产中，现金类资产10.39万亿元①，占总资产的29.32%；债券类资产13.00万亿元，占总资产的36.68%；买入返售资产、资产支持证券等收益权类资产合计3.94万亿元，占总资产的11.12%；股票资产6.07万亿元②，占总资产的17.13%（见图2-5）。受市场回暖及股票ETF基金发展的影响，2024年公募基金持有股票资产规模有所增长。

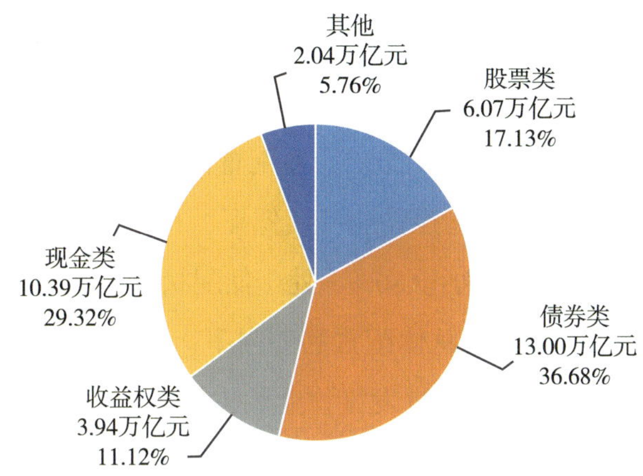

图2-5　2024年末公募基金的资产配置

资料来源：中国证券投资基金业协会。

截至2024年末，基金持有市值超千亿元的行业③分别是制造业、金融业、信息技术、采掘业、交通运输和电力，六大行业分别持有市值38 233亿元、7 286亿元、4 000亿元、2 276亿元、1 414亿元和1 339亿元，合计市值占比93%。基金对这六大行业的偏好度④分别为127%、64%、117%、61%、67%和55%，制造业

① 包括同业存单。

② 不包括境外股票。

③ 采用中国证监会行业分类标准。

④ 本书使用行业偏好度指标来衡量公募基金对不同行业的投资偏好情况。行业偏好度的计算方式：如某行业的流通市值占市场总流通市值比率为5%，而公募基金投资该行业的市值占基金股票投资市值的10%，表明公募基金将更大比例的资金投向该行业，此时该行业偏好度为200%；反之亦然。将行业偏好度在80%~120%之间视为标配，高于120%的视为超配，值越高，偏好越强；低于80%的视为低配，值越低，偏好越弱。

略有超配，信息技术标配，金融业和采掘业低配。

在流通市值超过万亿元的九大行业中，基金对制造业略有超配，信息技术为标配，对金融、房地产、采掘、交通运输、电力、批发零售和建筑业等七个行业均为低配，行业偏好度在40%到70%之间。小市值的十个行业中，主要超配科学研究、卫生社会工作和住宿餐饮这三个行业。

截至2024年末，主动管理的基金持有A股股票市值2.67万亿元，持有市值居前六大行业分别是制造业、信息技术、金融业、采掘业、交通运输和电力。其中主动管理基金对制造业的偏好度更高，对金融业的偏好度更低，对另外四个行业的偏好度差别不大。基金持有金融行业市值的八成、近5 900亿元是指数基金持有的，主动管理基金对金融行业的偏好度非常低。

从2013年以来的主动管理类基金的行业配置偏好趋势来看，对制造业保持略有超配，对金融业、电力和交通运输业持续低配，2022年以来大幅提升了对采掘业的配置比例，但偏好度仍然小于80%，处于低配状态，对信息技术业2015年和2020年出现大幅超配的峰值，总体配置趋势向下，对房地产业2014年底和2019年初出现短暂超配，对建筑业和批发零售业的偏好则是从超配到低配一路向下。对大多数传统行业摒弃的同时，基金对新兴产业的偏好度保持高位。

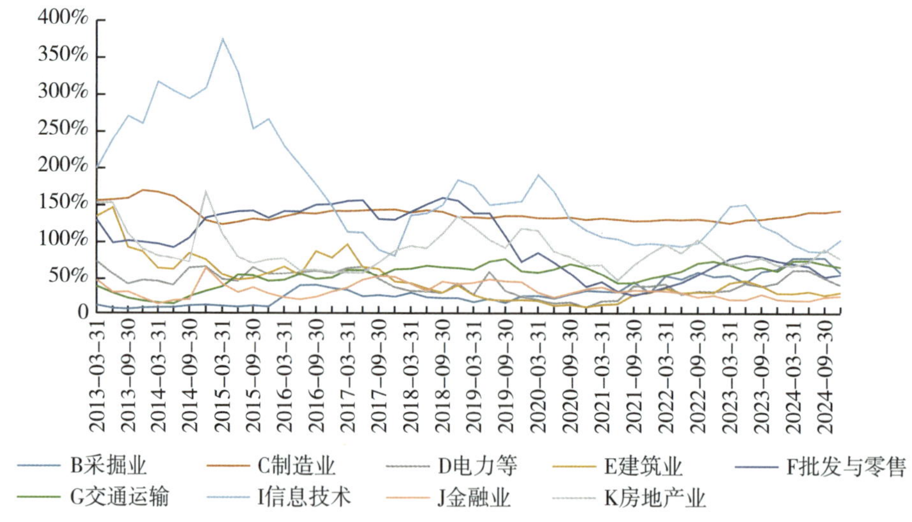

图2-6　2013—2024年主动管理基金对前九大行业的配置偏好度

资料来源：中国银河证券基金研究中心。

五、资金来源与流动情况

（一）资金来源

截至2024年末，公募基金来源于个人投资者的资金占比为50.73%，来源于养老金（社会保障基金、基本养老保险、企业年金、职业年金、个人养老金）的资金占比为1.46%，来源于境外的资金占比为0.17%，来源于其他各类机构投资者的资金占比为47.64%（见图2-7）。

机构投资者（除养老金外）中，来源于银行的资金（含自有资金及其发行的资管产品）最多，占公募基金资金来源的27.06%，其次为保险资金（含自有资金及其发行的资管产品），占公募基金资金来源的5.64%。机构投资者主要为资管产品，大部分资管产品仍是个人投资者资金的集合。因此，穿透来看公募基金还是主要服务于个人投资者。

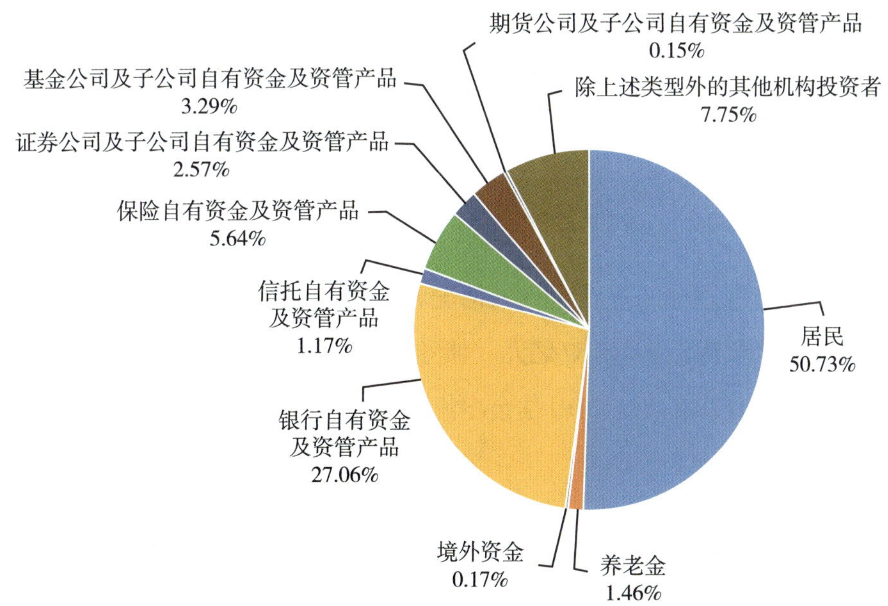

图2-7　2024年末公募基金的资金来源情况

资料来源：中国证券投资基金业协会。

（二）资金流动①

从2024年全年来看，公募基金呈现资金净流入状态，延续了近年来资金的净流入态势（见图2-8）。2024年全年净流入资金约为上年的1.6倍，其中非货币市场基金净流入金额上升11.50%，货币市场基金净流入金额上升60.42%。

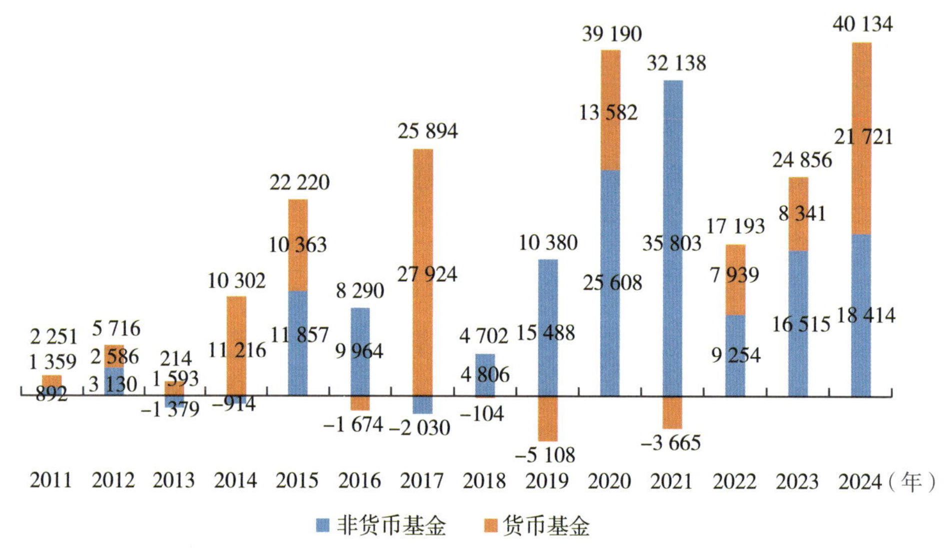

图2-8　公募基金的资金净流动情况（亿元）

资料来源：中国证监会（2018年及以前），中国证券投资基金业协会（2019—2022年），基金年报披露数据（2023—2024年）。

从具体各类型基金的资金净流入情况看，2024年，股票基金净流入8 453.17亿元，混合基金净流出5 435.57亿元，债券基金净流入12 643.76亿元，货币市场基金净流入21 720.70亿元，QDII基金净流入486.41亿元。

六、新设情况

2024年新基金的成立数量较2023年有所下降，募集规模基本持平。2024年共首发募集成立1 135只基金，合计募集资金1.18万亿份。其中，股票基金455

① 资金净流动=认购金额+申购金额-赎回金额，不考虑分红，仅考虑投资者的申购赎回带来的资金流动，资金净流动为正表示净流入，资金净流动为负表示净流出。

只，募集2 503亿份；混合基金265只，募集1 015亿份；债券基金320只，募集8 001亿份；QDII基金28只，募集46亿份；其他基金（含公募REITs）67只，募集281亿份。相关资料见图2–9、图2–10。

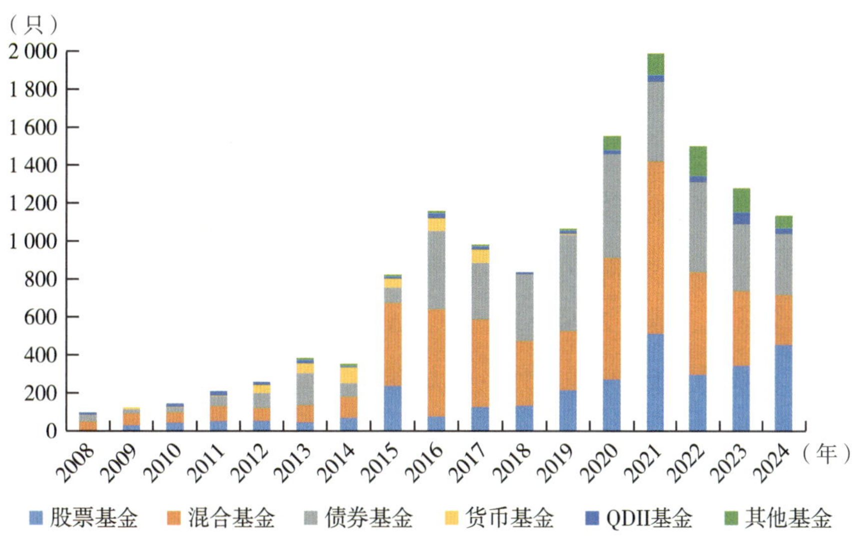

图2–9　2008—2024年各类型基金新设立数量

资料来源：中国银河证券基金研究中心。

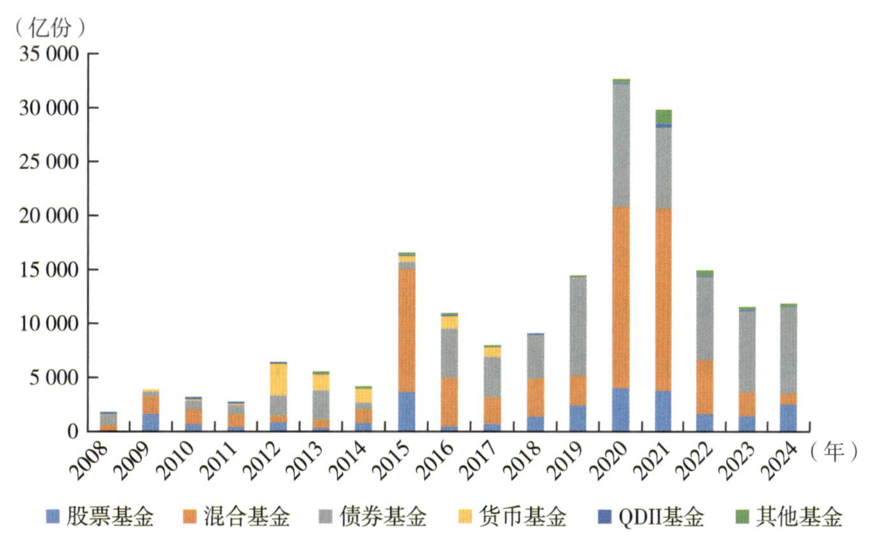

图2–10　2008—2024年各类型基金新发行份额

资料来源：中国银河证券基金研究中心。

从平均募集份额来看，2024年基金平均募集份额为10.44亿份。其中，股票基金平均募集5.50亿份，混合基金平均募集3.83亿份，债券基金平均募集25.00亿份，QDII基金平均募集1.64亿份，其他基金（含公募REITs）平均募集份额4.19亿份。

此外，2024年公募基金行业在产品和政策方面延续创新并不断丰富产品线。一是稳步推进产品创新，为行业高质量发展注入活力。2024年注册32只国企央企主题基金、58只科创主题基金、8只北交所主题基金、79只红利主题基金。二是建立股票ETF快速审批通道，推动指数化投资发展。股票ETF总规模达3.31万亿元，其中宽基ETF规模增长明显，突破2万亿元，全年新成立66只宽基ETF，截至2024年末，存续规模3 110亿元；推动首批中证A50ETF、中证A500ETF及场外指数基金落地，截至2024年末，中证A50相关产品规模突破400亿元，中证A500相关产品规模突破2 700亿元。三是进一步完善ETF产品谱系，完成首批8只基准做市信用债ETF注册。

七、ETF和LOF

ETF是一种在交易所上市交易的、基金份额可变的开放式基金。ETF以某一选定的指数所包含的成分证券（股票、债券等）或商品为投资对象，依据构成指数的证券或商品的种类和比例，采取完全复制或抽样复制进行被动投资。ETF采用实物申购、赎回机制，一级市场与二级市场交易并存。

LOF是一种既可以在场外市场进行基金份额申购、赎回，又可以在交易所（场内市场）进行基金份额交易和基金份额申购或赎回的开放式基金。LOF是我国证券投资基金的本土化创新，结合了银行等代销机构和交易所两者的销售优势，为开放式基金销售开辟了新的渠道。

ETF和LOF都具有开放式申购、赎回和场内交易的特点，但两者存在本质区别。主要表现为：一是申购、赎回的标的不同，ETF与投资者交换的是基金份额与一篮子证券或商品，LOF申购、赎回的是基金份额与现金的对价；二是申购赎回的场所不同，ETF通过交易所进行，LOF既可以在场外销售机构网点进行也可以在交易所进行；三是对申购赎回的限制不同，只有资金在一定规模以上的投资者才能参与ETF一级市场的申购赎回交易，而LOF无特别要求；四是基金投资策略不同，ETF通常采用完全被动式管理方法，LOF则是普通的开放式基金增加了交易所的交易方式，可以是指数基金，也可以是主动管理型基金。截至2024年末，全市场已上市交易的ETF共有1 046只，LOF407只，资产份额分别为26 528.76亿份和4 783.37亿份（见表2-3）。

表2-3 上交所、深交所上市ETF、LOF概览

年份	ETF		LOF	
	数量（只）	份额（亿份）	数量（只）	份额（亿份）
2004	1	54.35	1	27.71
2005	1	81.12	13	86.09
2006	5	89.96	17	331.37
2007	5	77.23	26	2 388.79
2008	5	154.91	28	2 267.82
2009	9	363.39	37	2 389.09
2010	20	702.04	57	2 323.16
2011	37	949.17	82	2 400.96
2012	50	1 156.11	97	2 501.66
2013	87	1 159.50	109	2 186.90
2014	107	1 251.48	124	1 856.87
2015	129	3 544.20	162	1 509.24
2016	147	3 030.06	207	2 201.34
2017	170	2 333.01	272	1 815.15
2018	198	4 462.27	295	3 144.50
2019	285	4 900.13	318	3 795.47
2020	378	7 204.27	341	4 210.32
2021	641	10 275.41	407	5 692.88
2022	764	14 465.29	431	5 871.92
2023	897	20 185.52	416	5 322.58
2024	1 046	26 528.76	407	4 783.37

注：LOF按交易代码口径统计。

资料来源：上海证券基金评价研究中心，Wind。

第二节　专业化投资能力

公募基金是个人投资者低成本参与资本市场、间接分享经济发展成果的重要渠道。以主动管理股票型基金为代表，基金的专业化管理能力体现为在波动市场中的主动管理能力，在市场景气时期能够获得与市场一致的投资回报，在市场不景气时期能够有效地管理市场下行风险。

通过5年滚动年化收益率[①]来衡量基金的主动投资管理能力，除2018年以外，在大部分时间里主动基金的滚动表现均优于以沪深300为代表的基础市场（见图2-11）。这意味着，2004年以来的任一时点上，投资者持有主动管理股票型基金5年以上，通常可以实现好于同期市场指数的平均年化收益率。

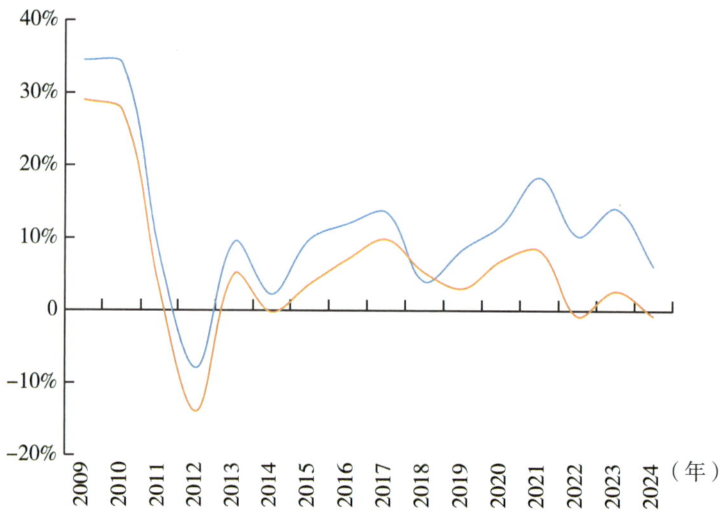

图2-11　主动管理股票型基金和沪深300指数5年滚动年化收益（2009—2024年）

注：图中蓝色代表主动管理股票型基金，红色代表沪深300。

资料来源：上海证券基金评价研究中心。

分年度和从5年滚动收益率来看，各类型主动管理基金均表现出较好的管理能力，在多数情况下能够给长期投资者带来优于市场基准的业绩表现。2024年资

① 即在任一时点上计算的过去5年平均年化收益率。

本市场大幅波动，主动管理股票型基金的表现不佳，全年股基指数收益弱于中证全指。由于当年未能击败基础市场，5年滚动收益率的领先优势进一步收窄（见图2-12）。

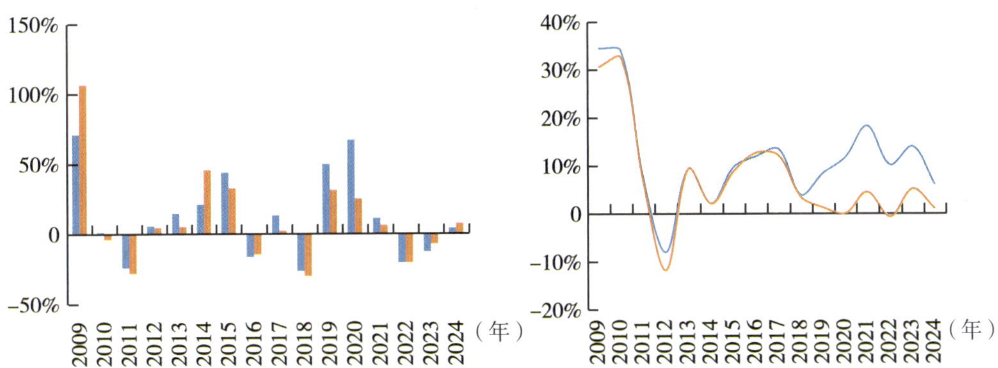

注：图中蓝色代表主动管理股票型基金，红色代表中证全指。

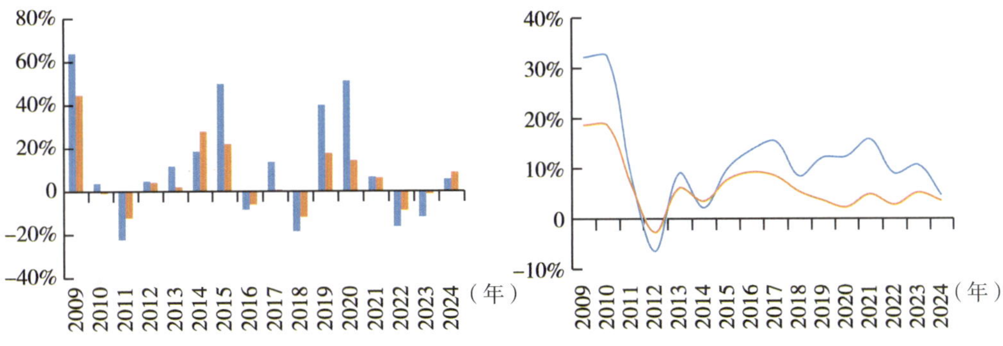

注：图中蓝色代表主动管理混合型基金，红色代表50%中证全指+50%中债总财富指数。

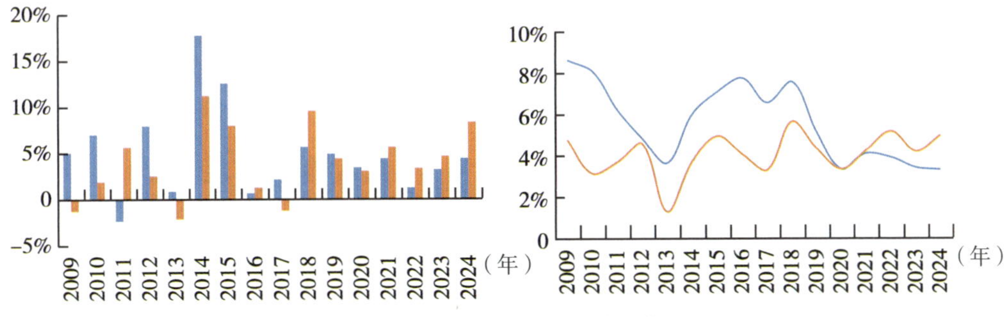

注：图中蓝色代表主动管理债券型基金，红色代表中债总财富指数。

图2-12　各类开放式主动管理基金指数和基准指数分年度及5年滚动收益率情况（2009—2024年）

资料来源：上海证券基金评价研究中心。

第三节 各类型基金

一、股票基金

（一）股票基金的数量与规模

从基金数量来看，截至2024年末，主动管理股票基金、标准指数基金、增强指数基金、股票ETF及其联接基金的数量占比分别是21.5%、13.1%、10.0%、55.5%。从资产规模来看，截至2024年末，主动管理股票基金、标准指数基金、增强指数基金、股票ETF及其联接基金的规模占比分别是11.3%、5.9%、4.7%、78.1%，被动投资的指数基金合计占比89%（见图2-13）。

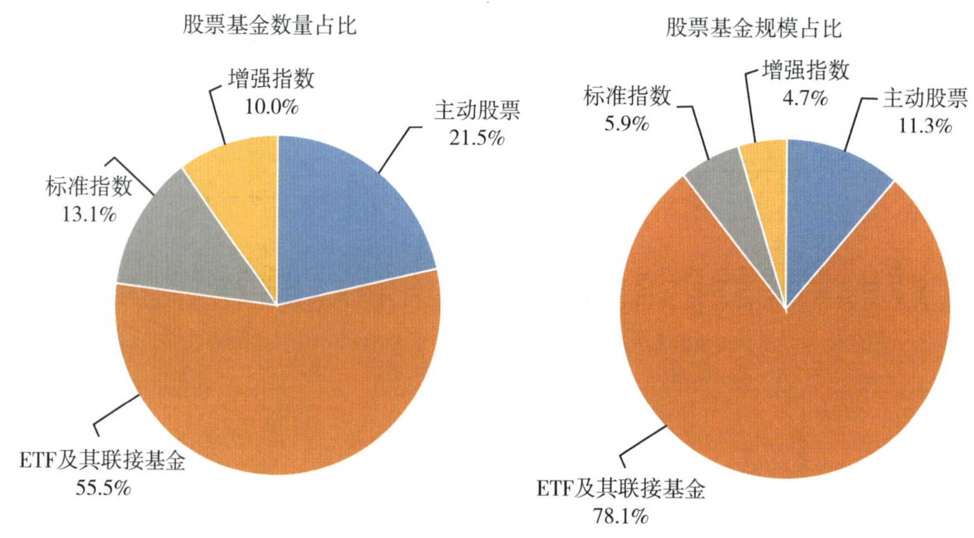

图2-13 2024年底各类型股票基金数量、规模占比

资料来源：中国银河证券基金研究中心。

2024年受指数化投资快速发展影响，主动股票基金资产净值较上年度减少13%，份额规模减少15%。增强指数基金的资产规模较上年度增长10%，标准指数基金的资产规模较上年度略有增加，股票ETF及其联接基金的资产规模较上年度增长93%。总体来看，主动股票基金的资产规模因份额赎回而下降，ETF及其

联接基金由于资金大幅流入，规模接近翻倍。

（二）股票基金的资产配置

截至2024年末，已披露季报的股票基金资产总值43 184亿元。其中，股票投资37 530亿元，占比86.9%；基金投资（全部为ETF联接基金投资对应的ETF）3 942亿元，占比9.1%；银行存款1 329亿元，占比3.1%；包含债券在内的其他资产383亿元，占比0.9%。考虑基金投资的ETF持有的几乎都是股票市值，穿透计算，股票基金持有股票市值的占比约96%。

主动投资的股票基金资产总值5 109亿元。其中，股票市值4 475亿元，占比87.6%；银行存款491亿元，占比9.6%；债券市值70亿元，占比1.4%；其他资产占比1.4%（见图2-14）。

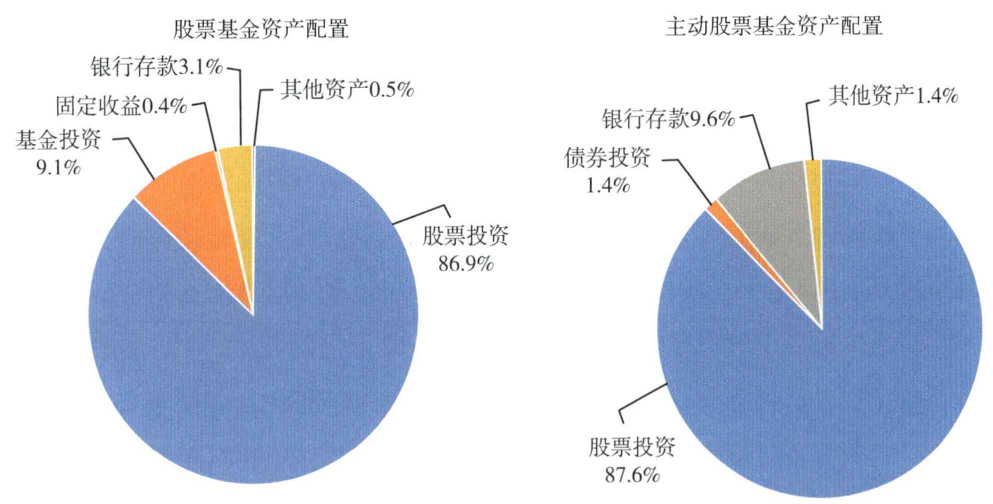

图2-14　2024年底股票基金资产配置

资料来源：中国银河证券基金研究中心。

2015年以来，股票基金的资产配置相对比较稳定，持有的股票市值占总资产的比例保持在85%上下，基金投资（ETF联接基金）保持在10%左右，银行存款占比5%左右。2024年，由于ETF的规模大幅增加，股票基金资产配置中的股票市值占比大幅提升，银行存款的占比大幅下降（见图2-15）。

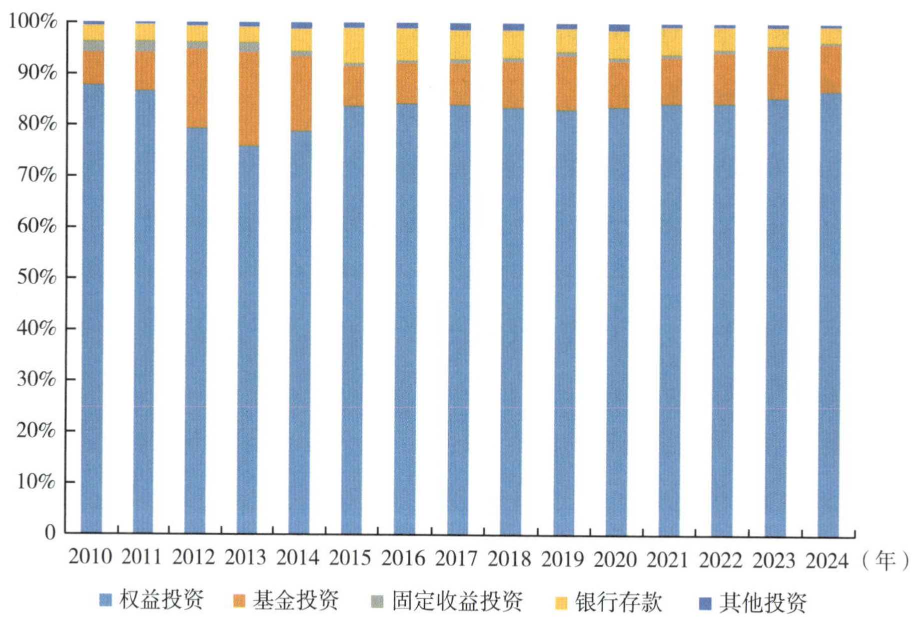

图2-15　2010—2024年股票基金的资产配置

资料来源：中国银河证券基金研究中心。

2015—2018年，股票基金持有的股票市值保持在6 000亿元上下，2018年由于股票ETF基金规模的大幅增长，尽管股市大幅波动，股票基金持有的股票市值逆市上涨到6 618亿元。2019年至2021年在资金净流入和股市上涨的背景下，股票基金持有的股票市值三年内增长了226%，突破2万亿元。2022年，受股票市场下跌影响，股票基金持有的股票市值略有回落。2023年和2024年由于ETF基金规模的增长，股票基金持有的股票市值持续创出新高，特别是2024年增长了1.33万亿元，接近4万亿元（见图2–16）。

2014年新的基金运作管理办法实施以后，股票基金投资股票的比例下限变成80%，主动股票基金的加权股票投资比例一直保持在较高的水平。数据显示，2015年以来剔除处于建仓期的新基金，正常运作的主动股票基金加权股票投资比例常年保持在85%以上，波动较小，最高接近93%，平均89%。即便在2015年第3季度和2018年第4季度，该数据出现相对低点，分别也有86%和87%。截至2024年末，股票基金投资股票的比例为89%，等于历史平均水平（见图2–17）。

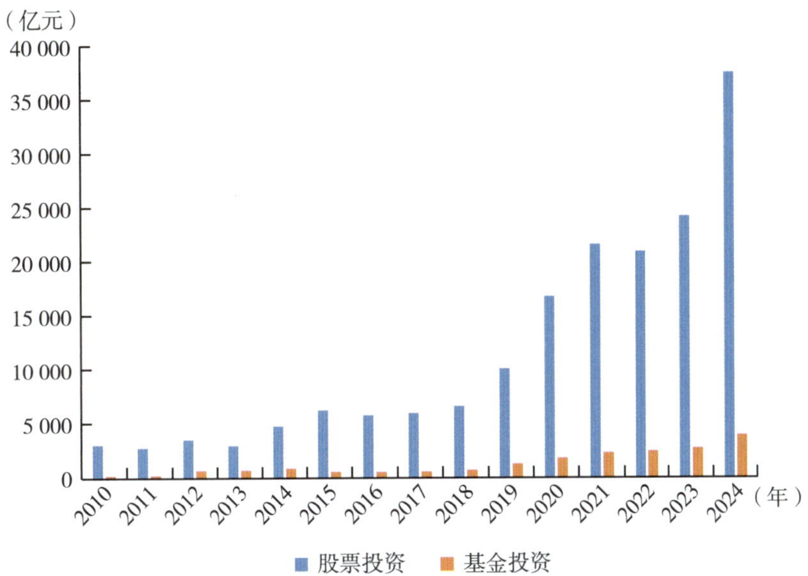

图2-16 2010—2023年股票基金持有的股票投资和基金投资市值

资料来源：中国银河证券基金研究中心。

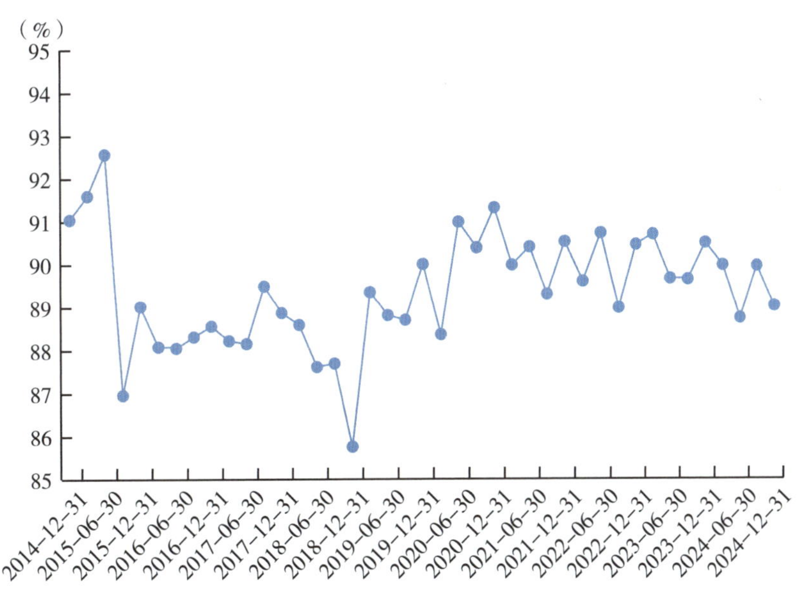

图2-17 2015—2024年主动股票基金的股票投资比例

资料来源：中国银河证券基金研究中心。

（三）股票基金的持有人结构

截至2024年末，股票基金中个人持有资产占比为46%，较上年度下降14个百分点，机构持有资产占比为54%。

从持有的股票基金资产规模来看，个人投资者在股市行情较好的2015年、2017年和2019年、2020年和2021年，持有的资产规模增加，在股市行情下跌的2016年、2018年和2022年，持有的资产规模减小。而机构投资者持有的规模与市场行情的相关性不高，甚至在股市行情下跌的2016年和2018年，持有的资产规模反而逆市增加。2024年由于中央汇金持有的ETF规模大幅增长，机构持有的股票基金规模占比反超个人（见图2-18）。

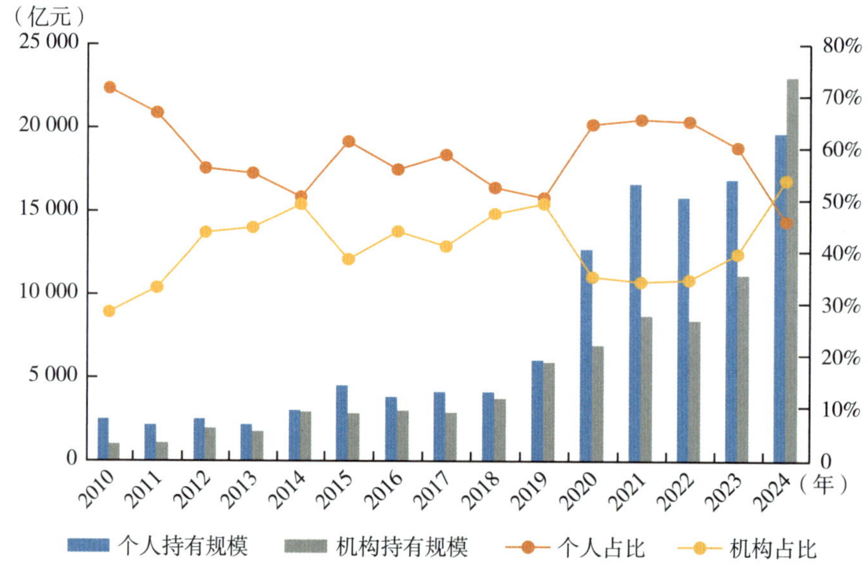

图2-18　2010—2024年股票基金的持有人结构

资料来源：中国银河证券基金研究中心。

2015年至2021年，股票基金的持有人户数（每只基金披露的持有人户数加总合计，下同）逐年大幅攀升，从1 713万户上升到14 406万户，增长了741%，年均复合增长43%。户均持有的资产从4.29万元下降到1.73万元。2022年到2024年，持有人户数开始出现下降，户均资产略有上升。2024年，持有人户数为12 730万户，户均资产为3.36万元（见图2-19）。

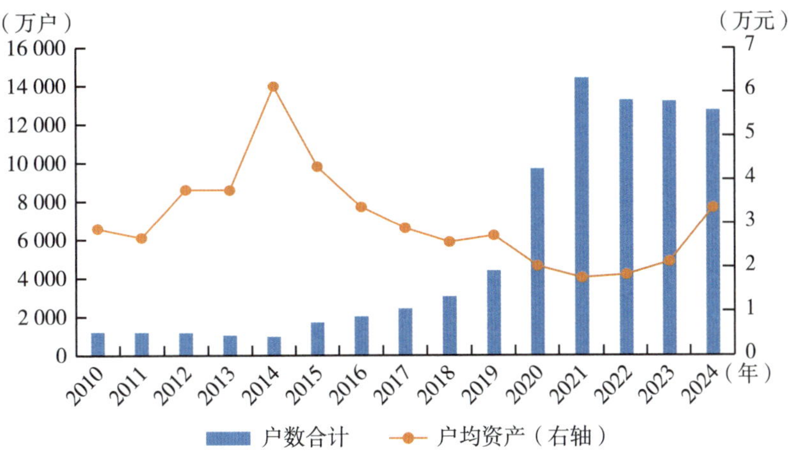

图2-19　2010—2024年股票基金持有人户数与户均资产

资料来源：中国银河证券基金研究中心。

分具体类别来看，主动管理的股票基金，个人投资者持有比例较高，且较为稳定。2010年以来，个人投资者持有的主动股票基金最高在2015年曾占比88%，后逐年略有下降，截至2024年末占比78%，较上年上升2个百分点。个人投资者持有的资产净值随着股市行情起伏，2021年达到6 800亿元，2022年、2023年伴随股票市场波动而回落，2024年末不到4 000亿元（见图2-20）。

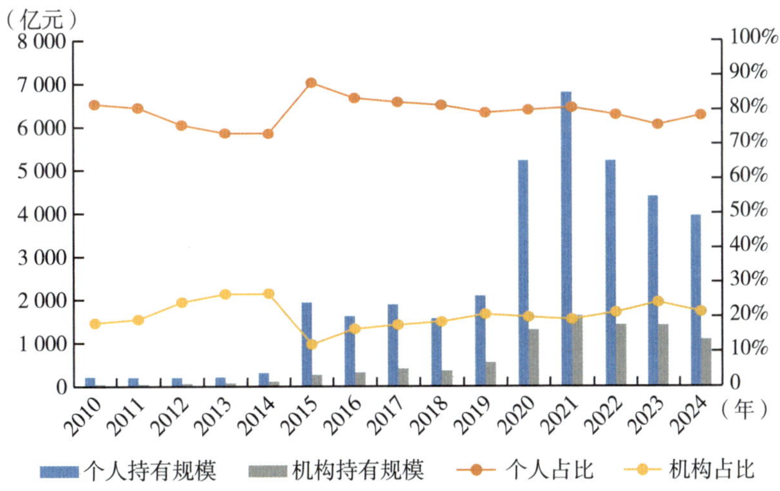

图2-20　2010—2024年主动股票基金的持有人结构

资料来源：中国银河证券基金研究中心。

主动管理的股票基金的持有人户数从2014年底的99万户上升至2021年的4 641万户，增长了46倍。户均持有的资产从4.32万元下降至1.82万元。特别是2020年和2021年，持有人户数爆发性增长了3 542万户。2022年到2024年持有人户数持续减少，户均资产持续下降（见图2-21）。

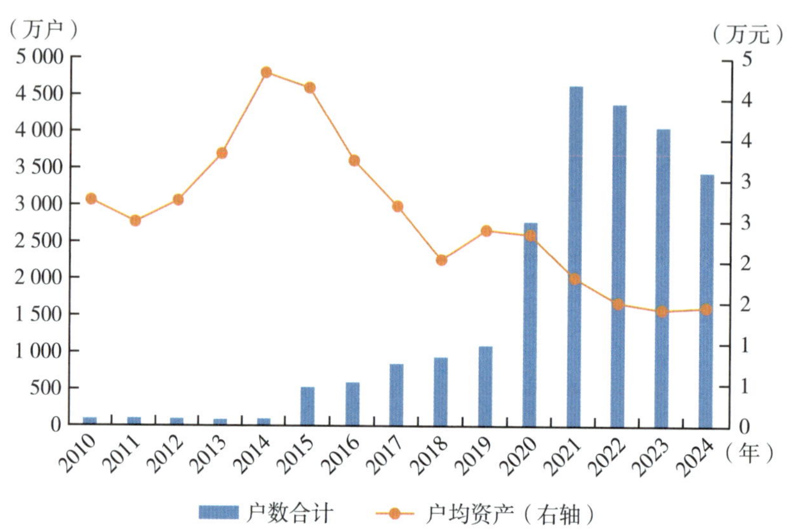

图2-21　2010—2024年主动股票基金持有人户数与户均资产

资料来源：中国银河证券基金研究中心。

在股票基金的细分类别中，仅ETF是机构投资者占主导地位的，最高时机构持有ETF占比接近90%，但2020年至2023年，机构占比显著下降。2024年，机构占比再度大幅上升，截至2024年末，机构持有ETF规模占比71%，较上年度上升了14个百分点，主要是中央汇金持有ETF的资产规模大幅增长（见图2-22）。

股票ETF份额中有一部分是ETF联接基金持有的，虽被统计为机构持有，穿透下去，其实相当一部分是个人持有。按穿透计算，在2014年以前，ETF也是个人持有占主导，只有不到四成是机构持有，2014年机构持有的ETF规模追平个人，2015年大幅超越个人，接下来几年基本维持在略超六成的状态。2020年再次反转，个人持有占比超过机构。截至2024年末，机构实际持有股票ETF规模占比55%，个人持有股票ETF规模占比45%（见图2-23）。

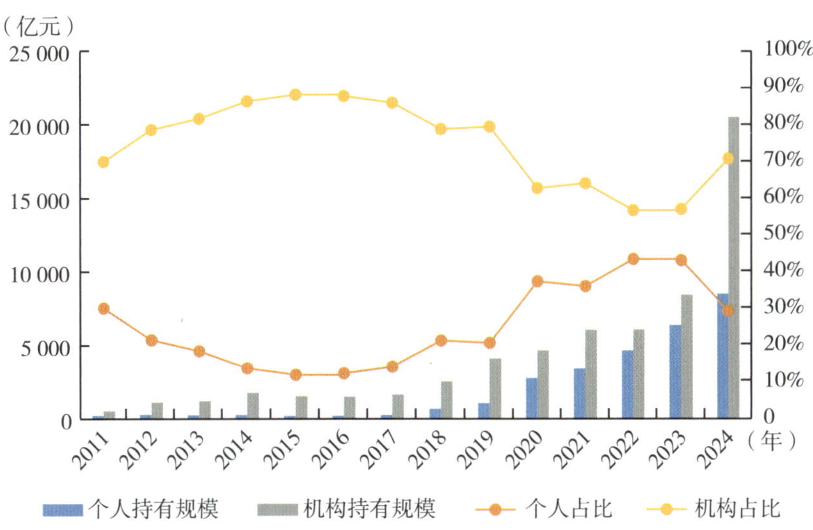

图2-22 2010—2024年股票ETF基金的持有人结构

资料来源：中国银河证券基金研究中心。

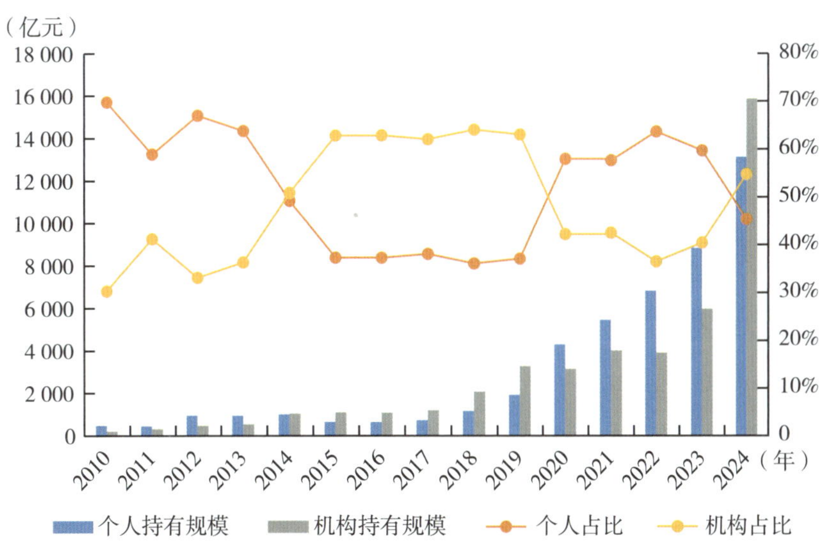

图2-23 2010—2024年股票ETF基金的持有人结构（ETF联接基金穿透计算）

资料来源：中国银河证券基金研究中心。

2010—2017年，股票ETF的持有人户数平稳中略有下降，保持在50万~70万户之间，2018年伴随着股票ETF资产规模的逆市增长，持有人户数大幅上升至161万户，最近几年继续大幅上升至1 749万户，户均资产增至17万元。从持有人的总户数趋势和个人持有比例趋势来看，越来越多的个人投资者通过ETF的方式参与股票市场的投资（见图2-24）。

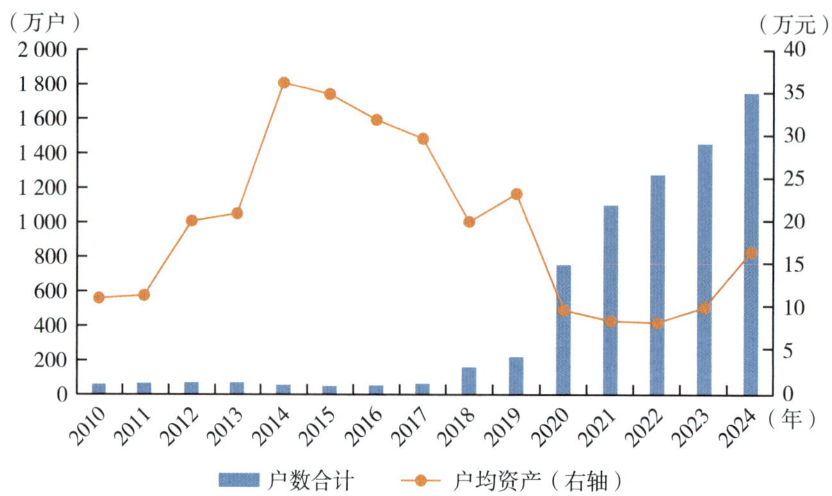

图2-24　2010—2024年股票ETF基金持有人户数与户均资产

资料来源：中国银河证券基金研究中心。

二、债券基金

（一）债券基金数量与规模

从基金数量来看，纯债基金、普通债券基金（部分可投转债和二级市场股票的基金）、指数债券基金、可转债基金的数量占比分别是64.7%、27.9%、6.3%、1.1%（见图2-25）。从基金规模来看，纯债基金、普通债券基金（部分可投转债和二级市场股票的基金）、指数债券基金、可转债基金的规模占比分别是72.9%、15.2%、11.4%、0.5%。

近十年来债券基金的发展主要体现为2012年以来纯债基金的兴起和大发展，在此之前，纯债基金数量仅有极少数几只，规模也可忽略不计。此后的十年时间，纯债基金实现了跨越式发展，数量超过2 000只，规模超过7.5万亿元，数量占比超过六成，规模占比超过七成。

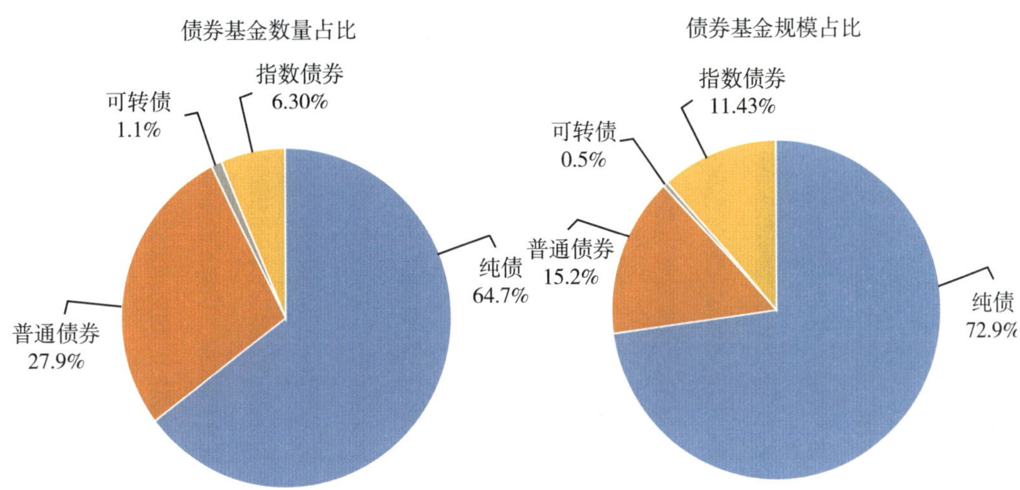

图2-25　2024年底各类型债券基金数量、规模占比

资料来源：中国银河证券基金研究中心。

2024年指数债券基金发展迅速，新增了47只基金，资产规模由上年度的6 184亿元增长到11 791亿元，增长了91%。

（二）债券基金的资产配置

1.债券基金的大类资产配置

截至2024年末，债券基金固定收益投资117 135亿元，占总资产95.8%，银行存款1 602亿元，占总资产1.3%，权益投资983亿元，占总资产0.8%，其他资产2 576亿元（主要是买入返售金融资产），占总资产2.1%。从近十几年的配置趋势来看，债券基金的债性逐步提升，2010年，债券基金配置权益资产的比例曾达到9.4%，如今仅有0.8%，几乎可以忽略（见图2-26）。

2.债券基金的券种配置

在债券类资产配置方面，截至2024年末，金融债券、中期票据、企业债券、企业短期融资券、可转债、国债、同业存单是公募基金债券类资产的主要配置品种，上述各债券品种占债券资产的比例分别为60.32%、16.84%、7.38%、4.23%、2.11%、4.70%和2.21%，合计占比98%。地方政府债和其他债券的占比较低。

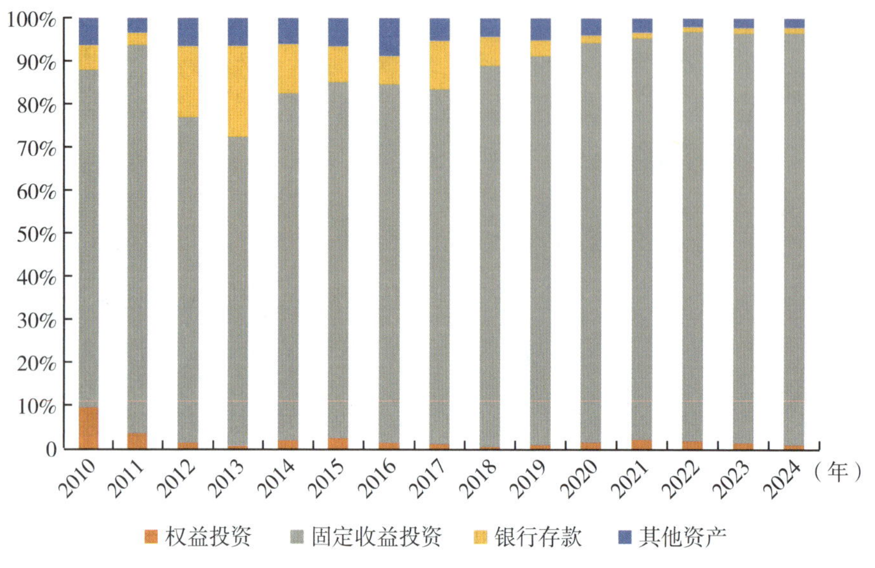

图2-26　2010—2024年债券基金的资产配置

资料来源：中国银河证券基金研究中心。

从债券基金对债券资产配置历史数据看，2008年至2013年，国债与央行票据配置合计占比从41%下降至3.5%，此后不再成为主要配置债券品种。企业债券曾是债券基金配置比例最高的券种，尤其是在2014年二季度，配置比例高达63.1%，之后在2015年和2016年配置比例连续大幅下降，最近几年亦处于持续下降中，其主要原因在于企业债的信用风险升高，债券违约事件频现。与此同时，债券基金对以政策性金融债为主的金融债券配置比例持续上升，2018年反超企业债券，成为配置比例最高券种。2024年金融债券的占比继续维持高位，企业债券占比继续下降，国债占比有所提高（见图2-27）。

3. 债券型基金杠杆率

债券基金杠杆率从2014年6月见顶后持续下降，直到2017年6月触底，之后维持较低的杠杆水平。截至2024年末，全部债券基金加权平均杠杆率为1.19倍，有所下降。其中，纯债基金的杠杆率为1.21倍，普通债券型基金杠杆率为1.18倍，普通债券型基金的杠杆率降幅相对更显著（见图2-28）。

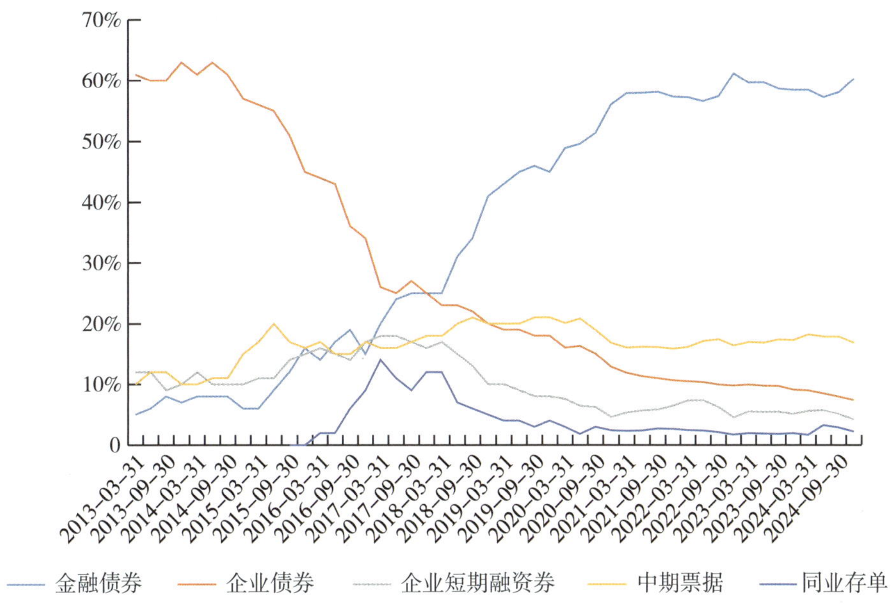

图2-27　2012—2024年债券基金的券种配置

资料来源：中国银河证券基金研究中心。

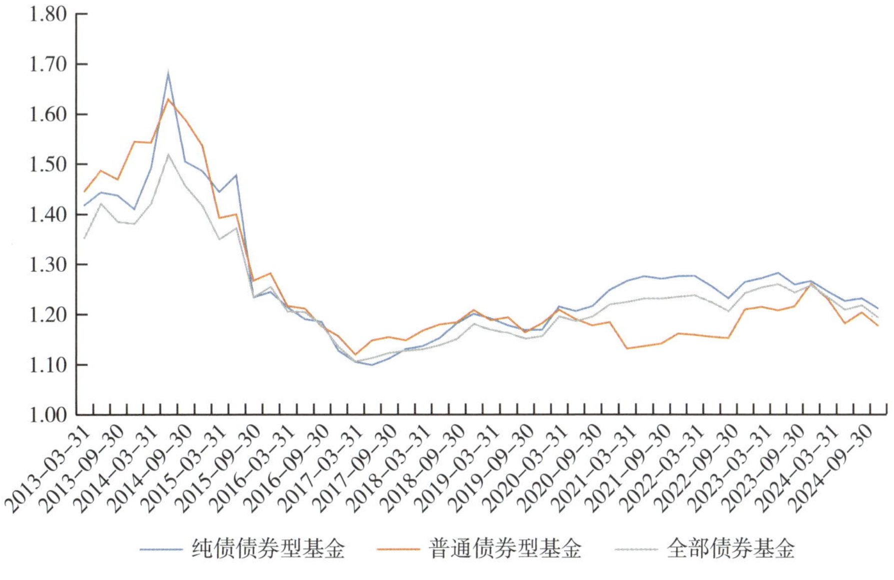

图2-28　2013—2024年债券基金的杠杆率

资料来源：中国银河证券基金研究中心。

（三）债券基金的持有人结构

截至2024年末，机构投资者持有债券基金规模占比84%，较上年末下降了2个百分点，个人投资者持有债券基金规模占比16%。2015年以来，机构持有的债券基金规模从2 000亿元快速攀升至8万亿元以上，机构持有的比例逐渐占据绝对优势，但最近两年个人持有的比例在不断攀升（见图2-29）。

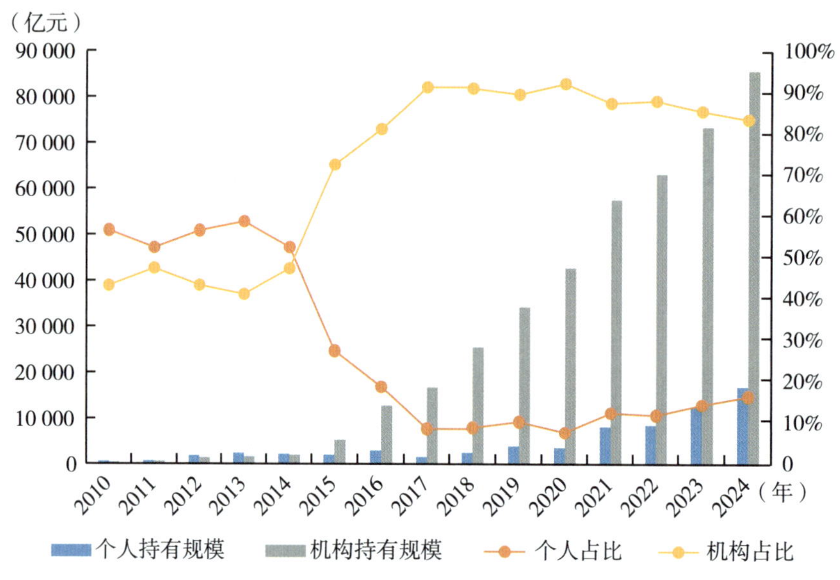

图2-29　2010—2024年债券基金的持有人结构

资料来源：中国银河证券基金研究中心。

2018年以来，债券基金总的持有户数大幅增加，从2017年末的688万户，增加至2024年末的11 188万户，增长15倍；户均持有规模从27万元，显著下降至9万元（见图2-30）。

三、混合基金

（一）混合基金的数量与规模

从基金数量来看，截至2024年末，混合偏股基金、灵活配置基金、股债平衡基金、混合偏债基金、绝对收益目标基金、同业存单基金、其他混合基金的数

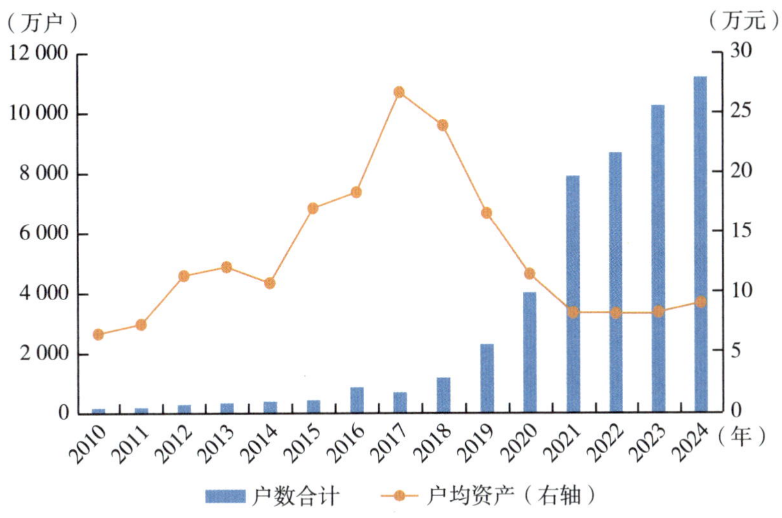

图2-30　2010—2024年债券基金持有人户数及户均资产

资料来源：中国银河证券基金研究中心。

量占比分别为58.5%、21.1%、1.1%、14.4%、2.8%、2.0%、0.1%。从基金规模来看，截至2024年末，混合偏股基金、灵活配置基金、股债平衡基金、混合偏债基金、绝对收益目标基金、同业存单基金、其他混合基金的规模占比分别为67.7%、16.2%、1.3%、7.2%、2.7%、4.7%、0.1%（见图2-31）。

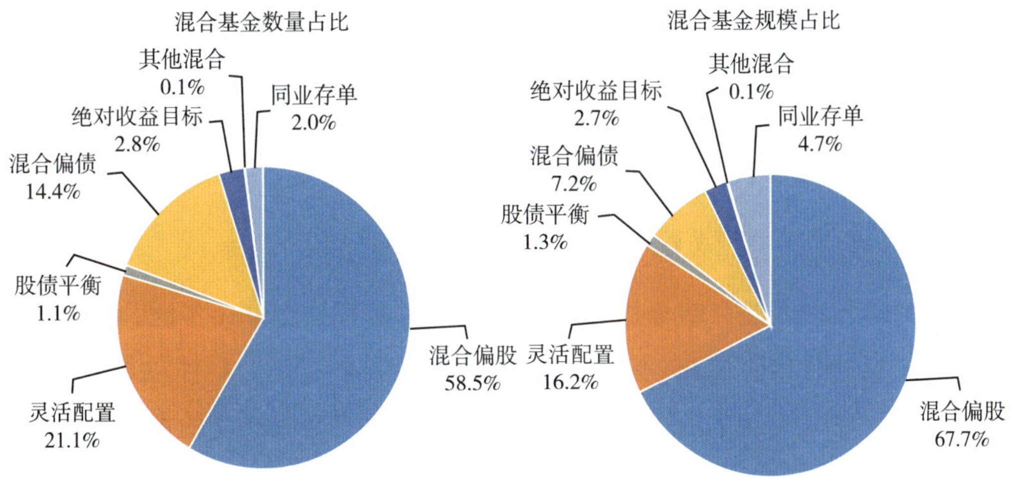

图2-31　2024年底各类型混合基金数量、规模占比

资料来源：中国银河证券基金研究中心。

过去几年，混合基金呈现出资产配置风格明晰的发展趋势，权益投资为主的混合偏股基金与固收投资为主的混合偏债基金的数量增长与资产规模增速都远远快于其他类型的混合基金，而灵活配置和绝对收益目标基金的数量占比不断下降。

（二）混合基金的资产配置

截至2024年末，混合基金持有的权益投资市值25 086亿元，占总资产72.5%；固定收益投资市值5 699亿元，占总资产16.5%；银行存款3 005亿元，占总资产8.7%；其他资产788亿元，占总资产2.3%。与上年度相比，2024年混合基金的权益投资占比和固定收益投资占比均略有下降，银行存款占比略有上升（见图2-32）。

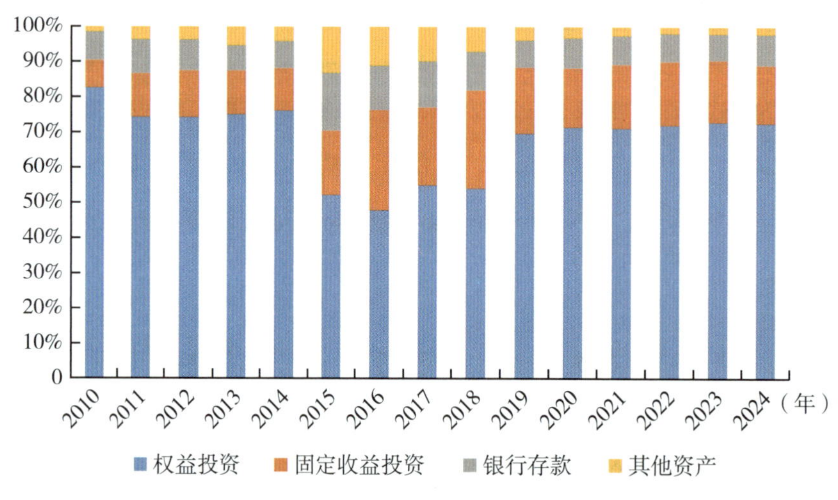

图2-32　2010—2024年混合基金的资产配置

资料来源：中国银河证券基金研究中心。

2010年以来，混合基金持有的权益投资市值先是由2010年的14 382亿元大幅下降至2011年的10 052亿元，并持续多年保持在万亿元左右，2018年降至8 444亿元，为近十年来最低，2019年大幅上涨，回升至2010年的水平，2020年历史性突破上升到3万亿元以上，2021年持续创新高，上升到4.4万亿元。最近三年，受基础市场波动和投资者赎回的影响，截至2024年末，混合基金持有的权益投资市值为2.5万亿元，较历史高点减少1.9万亿元，降幅43%（见图2-33）。

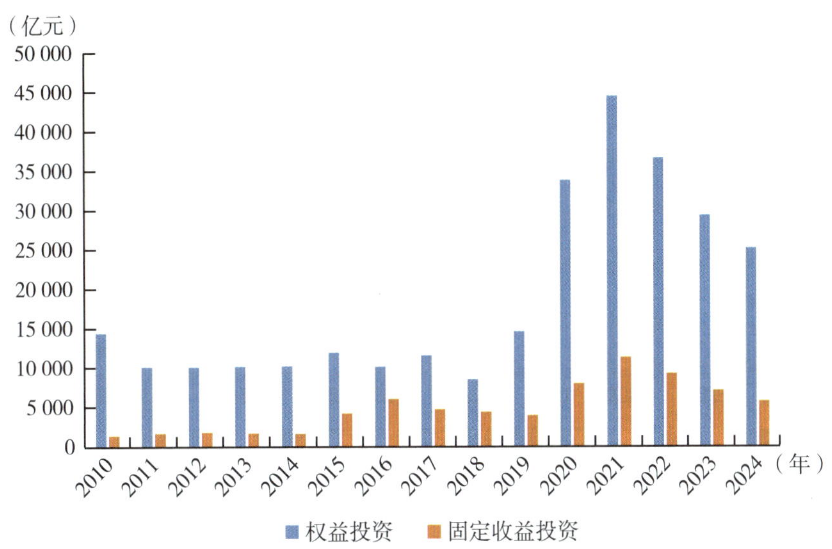

图2-33　2010—2024年混合基金的权益投资市值和固定收益投资市值

资料来源：中国银河证券基金研究中心。

（三）混合基金的持有人结构

混合基金整体上是以个人持有为主。截至2024年末，个人投资者持有混合基金的规模占比为83%，机构投资者持有混合基金的规模占比为17%。2010—2019年，个人投资者持有的混合基金规模一直比较平稳，在1万亿元至1.5万亿元之间摆动，投资比例的变化主要由机构持有规模的大幅变动导致。机构投资者持有的混合基金规模在2015年显著增长，从过去的2 000亿元左右，突破到1万亿元，持有比例也从不到20%上升至46%，此后几年机构持有的规模不断萎缩，占比下降，直到2018年见底后，持有规模开始回升，但占比依然下降。2022年以来，机构与个人持有的混合基金规模均在持续减少，但是占比保持平稳，维持二八格局（见图2-34）。

截至2024年末，混合基金持有人户数22 584万户，较上年减少了3 049万户，户均资产1.5万元，持续下降。2020年和2021年混合基金持有人户数大幅上升，增加了19 851万户，增幅263%，户均资产2.2万元。2010年以来的数据显示，混合持有人户数经过了先降后升的“V”形走势，于2015年见底，于2019年回升至2010年水平，并于2020年、2021年大幅提升，最近三年持续下降（见图2-35）。

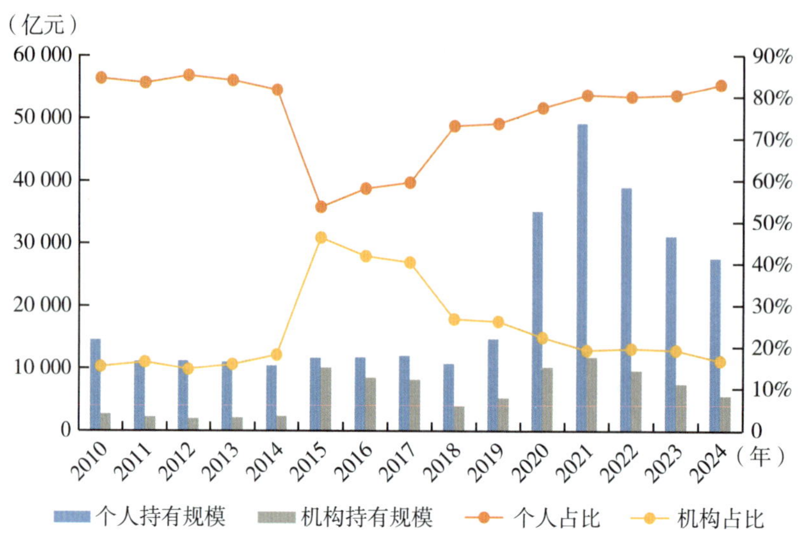

图2-34　2010—2024年混合基金的持有人结构

资料来源：中国银河证券基金研究中心。

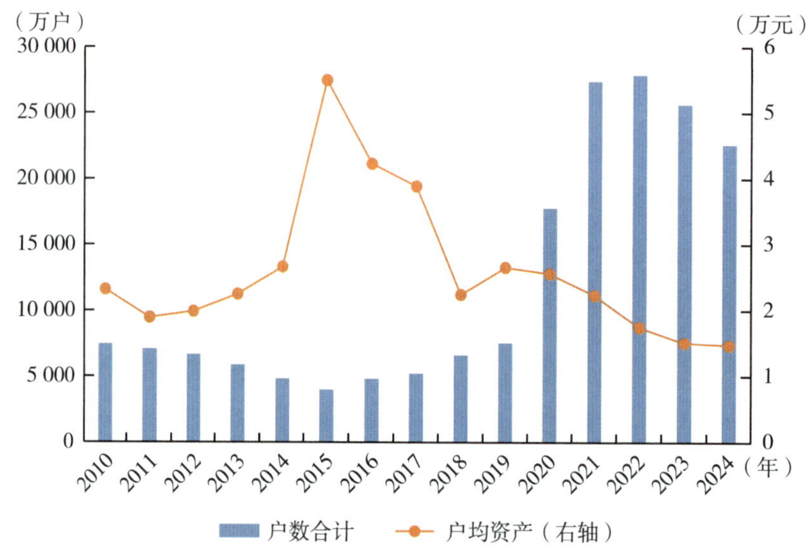

图2-35　2010—2024年混合基金持有人户数及户均资产

资料来源：中国银河证券基金研究中心。

四、货币市场基金

（一）货币市场基金数量与规模

2013年以来，在普惠金融和利率市场化改革的背景下，货币市场基金发展成为最大的公募基金类别。2019年浮动净值型货币市场基金面世，成为货币市场基金发展过程中一个探索。2024年摊余成本货币市场基金依然占据绝对的主导地位。

从基金数量来看，截至2024年末，摊余成本型货币市场基金占比98.2%，浮动净值型货币市场基金占比1.8%。从基金规模来看，截至2024年末，摊余成本型货币市场基金占比99.91%，浮动净值型货币市场基金占比0.09%（见图2–36）。

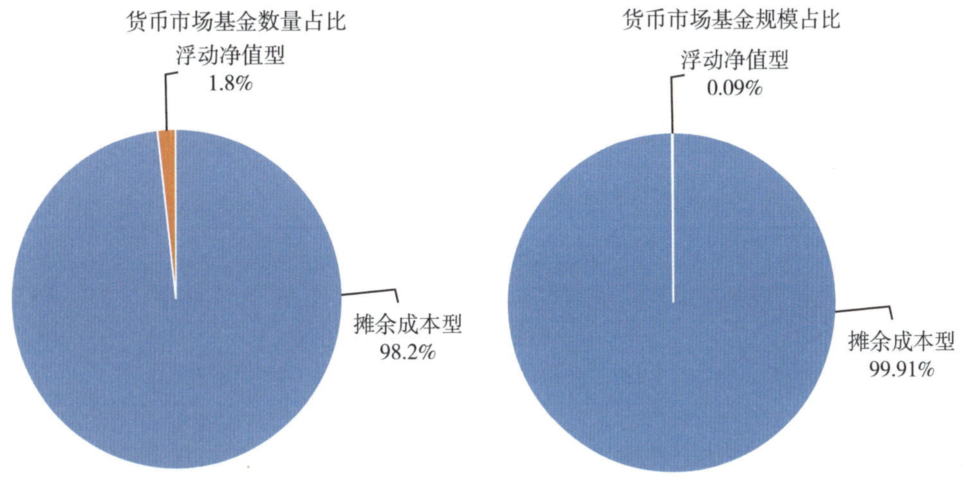

图2–36　2024年底各类型货币市场基金数量、规模占比

资料来源：中国银河证券基金研究中心。

（二）货币市场基金的资产配置

截至2024年末，货币市场基金持有的固定收益投资市值65 261亿元，占总资产45.2%；买入返售35 723亿元，占总资产24.7%；银行存款43 789亿元，占总资产29.6%；其他资产764亿元，占总资产0.5%（见图2–37）。与上年度比较，银行存款的占比大幅下降，固定收益投资和买入返售资产的占比大幅上升。

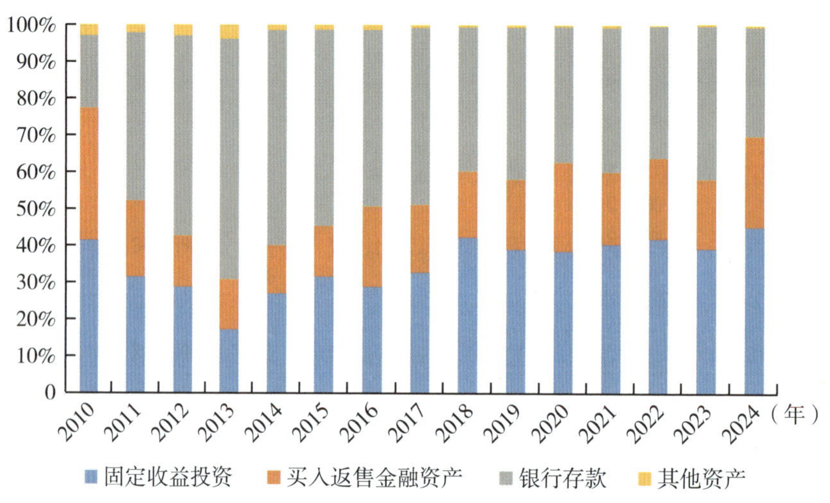

图2-37　2010—2024年货币市场基金的资产配置

资料来源：中国银河证券基金研究中心。

2024年货币市场基金的资产规模较上年度增加2.33万亿元，货币市场基金持有的固定收益投资市值增加了17 314亿元，买入返售增加了12 539亿元，银行存款减少了8 039亿元，规模的上升对应在资产配置上，主要是增加了固定收益投资和买入返售的配置（见图2-38）。

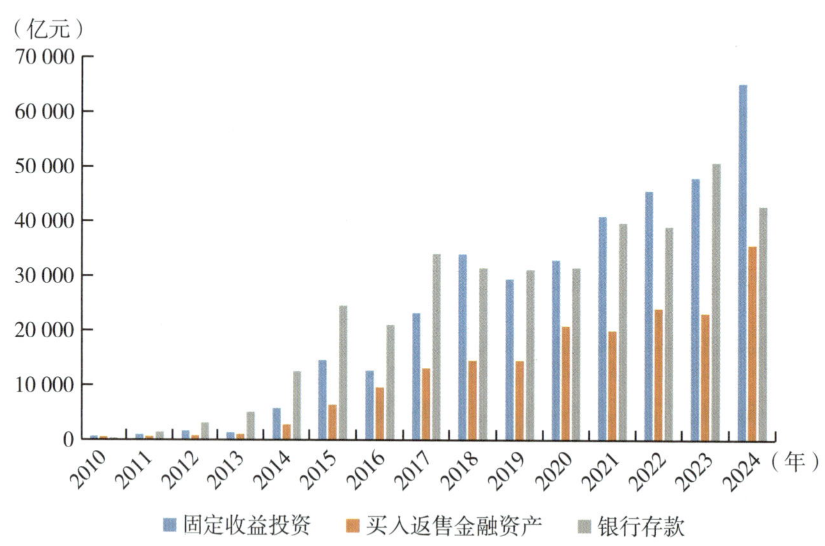

图2-38　2010—2024年货币市场基金主要资产类别持有的市值

资料来源：中国银河证券基金研究中心。

（三）货币市场基金的持有人结构

截至2024年末，个人投资者持有货币市场基金占比72%，机构投资者持有货币市场基金占比28%。2024年个人投资者持有的货币市场基金资产规模增加1.6万亿元，接近10万亿元。过去十年的数据显示，货币市场基金的规模在2015年和2017年出现显著的跃升，从持有人结构看，2015年为机构投资者主导，机构持有规模增加2.15万亿元，而2017年则为个人投资者主导，个人持有规模增加2.21万亿元。2015年以来，机构持有的货币市场基金规模相对稳定在3万亿元左右，个人持有的货币市场基金规模从1.6万亿元持续攀升到9.8万亿元（见图2-39）。

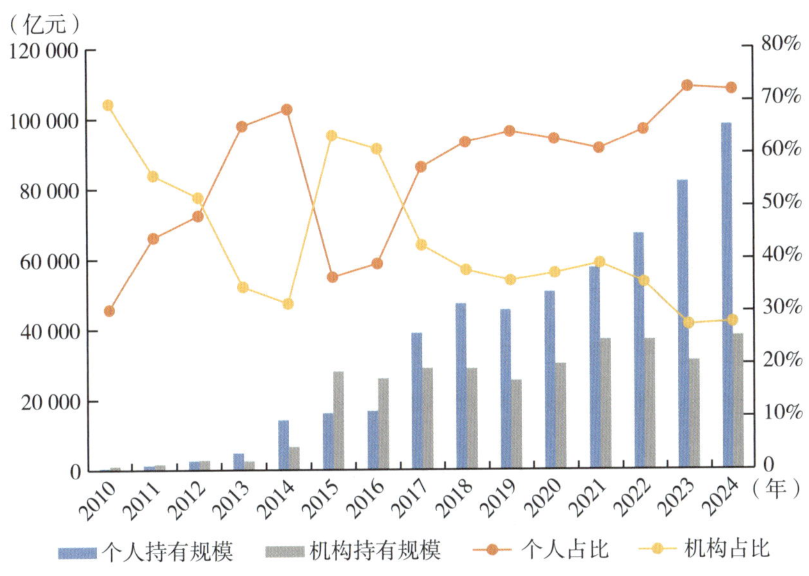

图2-39　2010—2024年货币市场基金的持有人结构

资料来源：中国银河证券基金研究中心。

截至2024年末，货币市场基金持有人户数合计19.28亿户，户均持有资产0.71万元。2010年以来数据显示，2013年以前，货币市场基金的持有人户数不超过300万户，2013年爆发式增长到4 696万户，此后逐年大幅增长，成为投资者最为广泛持有的基金类别（见图2-40）。

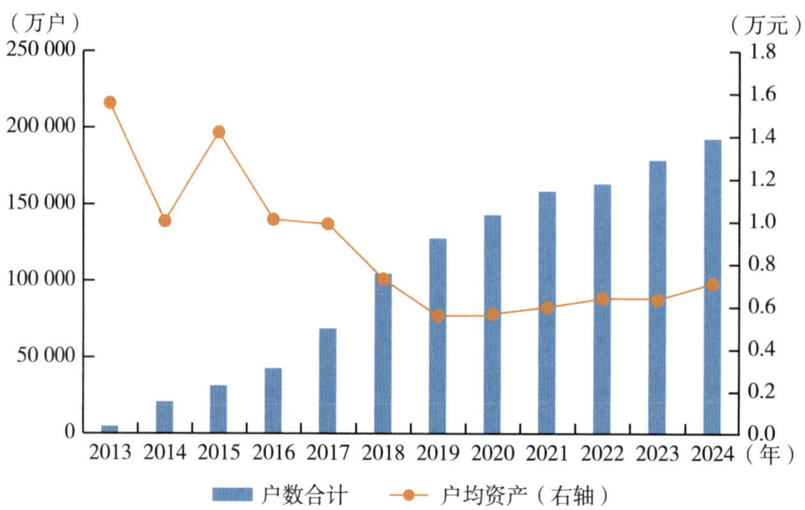

图2-40　2013—2024年货币市场基金持有人户数及户均资产

资料来源：中国银河证券基金研究中心。

五、QDII基金

（一）QDII基金数量与规模

从基金数量上看，QDII股票基金、QDII混合基金、QDII债券基金、QDII其他基金（主要是黄金、商品和房地产信托基金）的数量占比分别是68.0%、18.5%、7.9%、5.6%。从基金规模上看，QDII股票基金、QDII混合基金、QDII债券基金、QDII其他基金（主要是黄金、商品和房地产信托基金）的数量占比分别是85.1%、7.7%、6.5%、0.7%（见图2-41）。

（二）QDII的资产配置

截至2024年末，QDII基金持有的权益投资市值4 094亿元，占总资产66.2%；基金投资市值1 226亿元，占总资产19.8%；固定收益投资市值397亿元，占总资产6.4%；银行存款380亿元，占总资产6.1%；其他资产84亿元，占总资产1.4%。与上年度相比，主要是基金投资的比例上升2个百分点，固定收益投资上升2个百分点，权益投资的比例有所下降（见图2-42）。

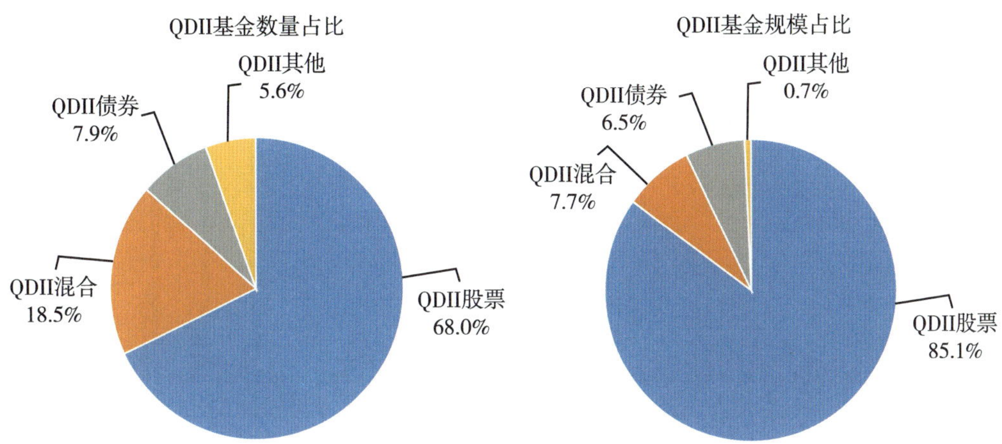

图2-41　2024年底QDII基金数量、规模占比

资料来源：中国银河证券基金研究中心。

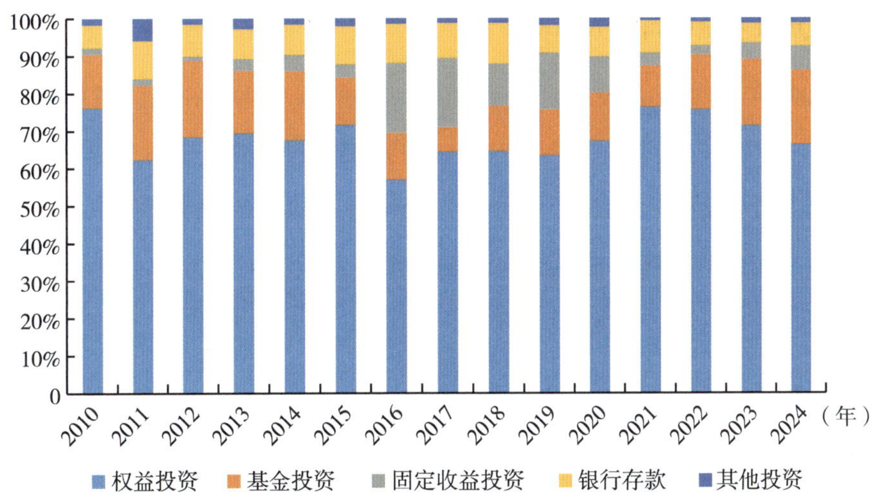

图2-42　2010—2024年QDII基金的资产配置

资料来源：中国银河证券基金研究中心。

截至2024年末，QDII基金持有的权益投资市值较上年度增加1 069亿元，增幅35%，达到4 094亿元，创历史新高。QDII基金持有的固定收益投资市值较上年度增加214亿元，增幅117%。QDII基金持有的基金投资市值较上年度增加479亿元，增长64%（见图2-43）。

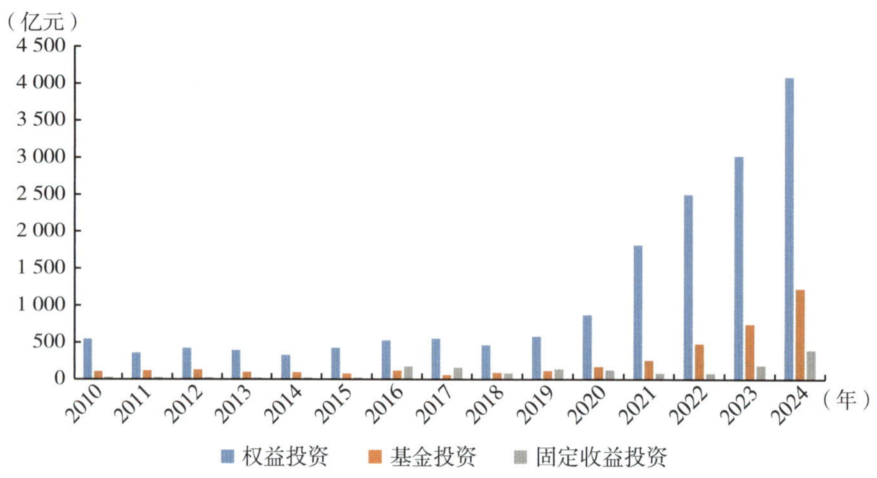

图2-43　2010—2024年QDII基金主要资产类别持有的市值

资料来源：中国银河证券基金研究中心。

（三）QDII基金的持有人结构

截至2024年末，个人投资者持有QDII基金的规模占比68%，机构投资者持有QDII基金的规模占比32%（见图2-44）。自2007年QDII基金诞生以来，起初几乎全部由个人投资者持有，2015年开始，机构持有的资产规模开始大幅上升，个人投资者的占比相对下降，但依然占据主导地位。

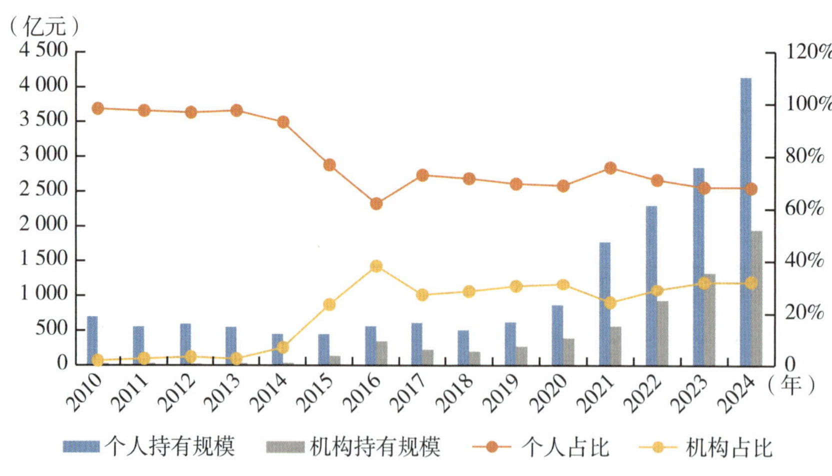

图2-44　2010—2024年QDII基金的持有人结构

资料来源：中国银河证券基金研究中心。

截至2024年末，QDII基金的持有人户数合计2 764万户，户均持有资产2.4万元。与上年度比较，持有人户数大幅增加了989万户，户均资产略有下降。过去十年的数据显示，QDII基金的持有人户数先是逐年下降，于2015年见底，再逐步回升创新高（见图2-45）。

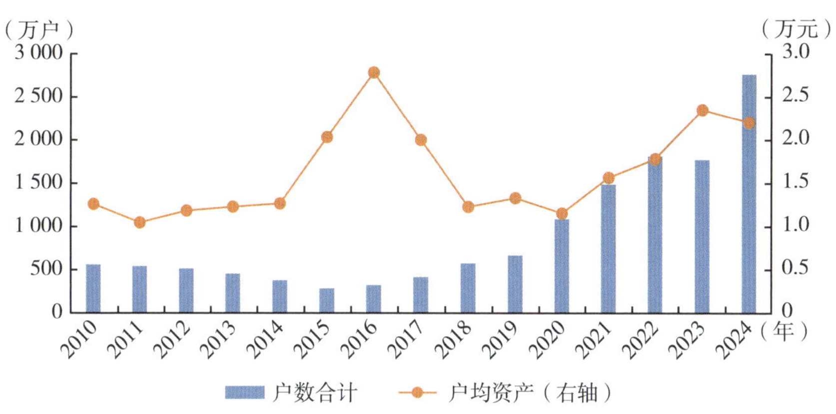

图2-45　2010—2024年QDII基金持有人户数及户均资产

资料来源：中国银河证券基金研究中心。

六、基金中基金（FOF）

（一）FOF的基金数量与规模

从基金数量上看，养老目标日期FOF、养老目标风险FOF、其他混合型FOF、股票型FOF、债券型FOF的数量占比分别是23.5%、31.0%、40.4%、1.2%、3.9%。

从基金规模上看，养老目标日期FOF、养老目标风险FOF、其他混合型FOF、股票型FOF、债券型FOF的规模占比分别是17.2%、28.3%、50.0%、0.6%、3.8%（见图2-46）。

（二）FOF的资产配置

截至2024年末，FOF的基金投资市值1 186亿元，占比88.1%；权益投资市值22亿元，占比1.7%；固定收益投资61亿元，占比4.5%；银行存款56亿元，占比4.2%；其他资产21亿元，占比1.6%（见图2-47）。与上年相比，基金投资占比持平，权益投资的比例下降了1个百分点，银行存款的比例上升了1.3个百分点。

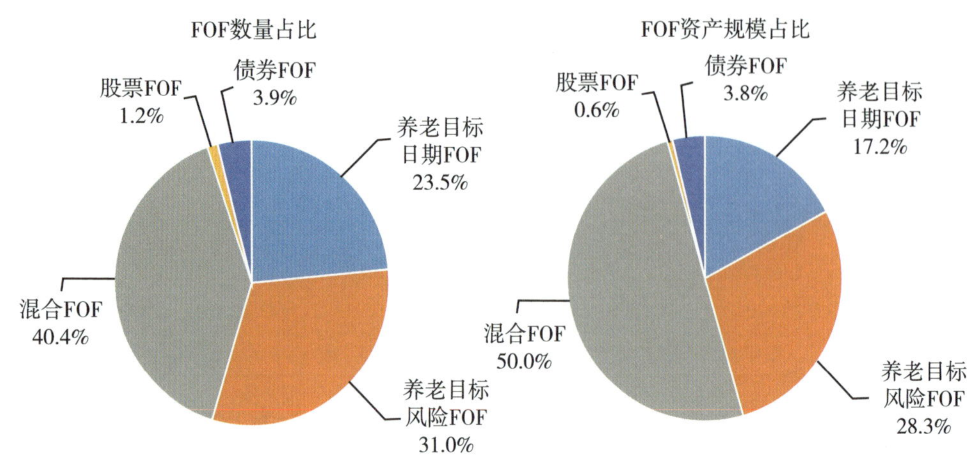

图2-46 2024年底各类FOF数量、规模占比

资料来源：中国银河证券基金研究中心。

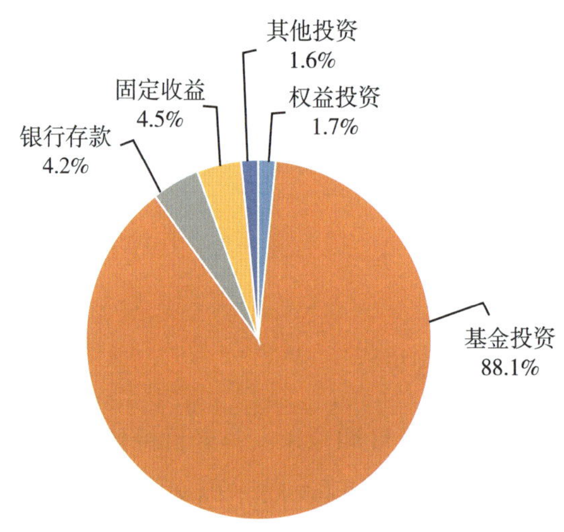

图2-47 2024年底FOF的资产配置

资料来源：中国银河证券基金研究中心。

（三）FOF的持有人结构

截至2024年末，个人投资者持有FOF的规模占比89%，机构投资者持有FOF的规模占比11%，较上年度增加2个百分点（见图2-48）。自2017年FOF起步发展以来，个人投资者一直占据主导地位。

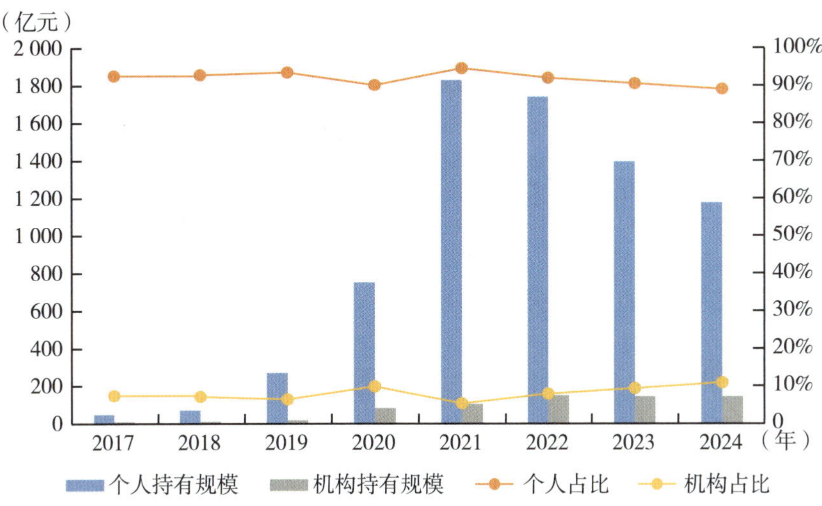

图2-48　2017—2024年FOF的持有人结构

资料来源：中国银河证券基金研究中心。

截至2024年末，FOF的持有人户数合计1 184万户，较上年度减少了111万户，户均持有资产1.1万元。得益于个人养老金投资公募基金业务落地，在股、混基金持有人户数持平甚至略有下降的2022年和2023年，FOF持有人户数显著提升（见图2-49）。

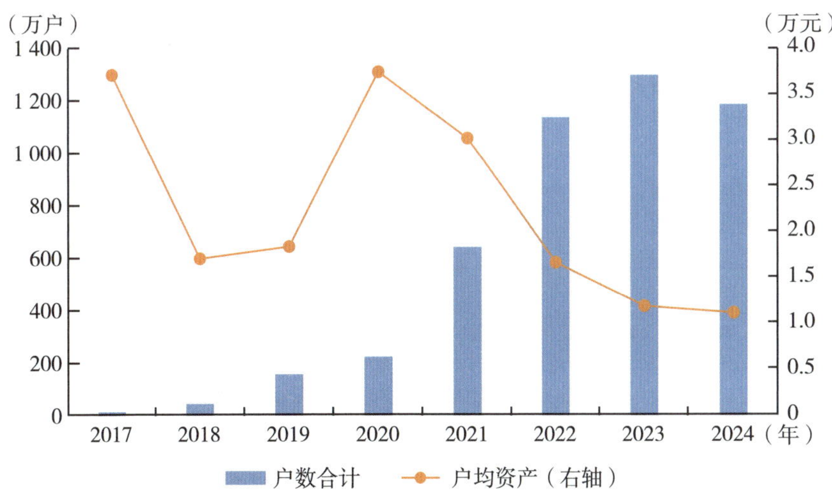

图2-49　2017—2024年FOF持有人户数与户均资产

资料来源：中国银河证券基金研究中心。

第四节 公募基金销售及基金费率

一、基金销售业务概况

（一）基金销售认/申购及赎回情况

1. 认/申购情况

2024年度基金销售认/申购金额中，商业银行渠道占比最高，为39.43%，为2017年以来首次占比较上年有所下降；其次为独立基金销售机构渠道（以下简称“独销渠道”），占比38.44%，该渠道自展业以来占比连续提升；再次为直销渠道，占比11.09%，且自2017年以来占比连续下降；证券公司渠道占比为10.67%，较上年有所提升（见图2-50）。

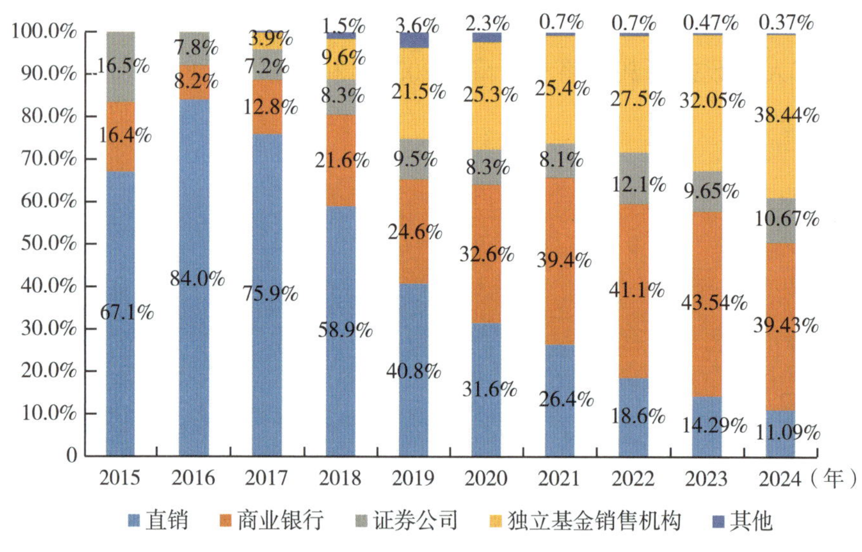

图2-50 基金认/申购渠道占比情况

资料来源：中国证券投资基金业协会。

从各基金类型看，2024年度股票基金认/申购金额中，证券公司渠道占比最高，为80.47%，其次为独销渠道，占比8.90%；混合基金认/申购金额中，独销渠道占比最高，为32.43%，其次为商业银行，占比31.40%；债券基金认/申购金额中，独销渠道占比最高，为32.29%，其次为直销渠道，占比31.03%；货币市场基金认/申购金额中，商业银行渠道占比最高，为42.10%，其次为独销渠道，占比40.04%；QDII基金认/申购金额中，独销渠道占比最高，为42.19%，其次为证券公司渠道，占比35.47%（见图2–51）。

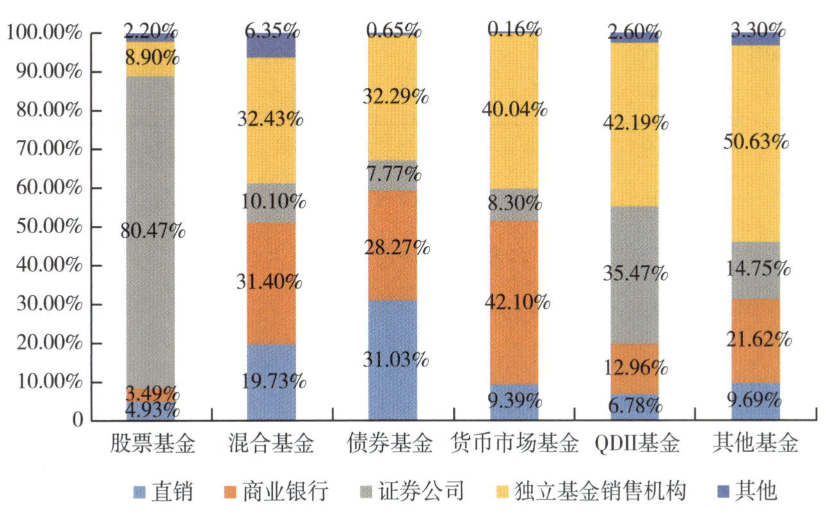

图2–51　2024年度各类型基金认/申购渠道占比情况

资料来源：中国证券投资基金业协会。

2.赎回情况

2024年度基金赎回金额中，商业银行渠道占比最高，为41.73%，较上年有所下降；其次为独销渠道，占比34.55%，较上年有所提升；再次为直销渠道，占比12.79%，较上年有所下降；证券公司渠道占比为10.61%，较上年有所提升。

从各基金类型看，股票基金赎回金额中，证券公司占比最高，为75.30%，其次为独销渠道，占比12.46%；混合基金赎回金额中，商业银行渠道占比最高，为36.05%，其次为独销渠道，占比29.04%；债券基金赎回金额中，直销渠道占比最高，为32.03%，其次为独销渠道，占比31.87%；货币市场基金赎回金额中，商业银行渠道占比最高，为44.41%，其次为独销渠道，占比35.40%；QDII基金赎回金额中，独销渠道占比最高，为44.13%，其次为证券公司渠道，占比35.82%（见图2–52）。

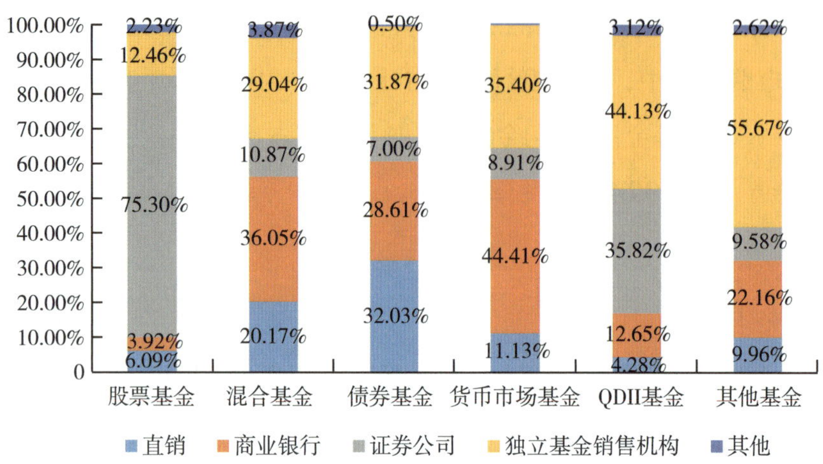

图2-52　各类型基金赎回渠道占比情况

资料来源：中国证券投资基金业协会。

（二）基金销售保有规模情况

截至2024年末，直销渠道保有规模占比最高，为31.91%，但呈现逐年下降趋势；其次为独销渠道，占比27.66%，该渠道自展业以来保有规模占比连续提升；再次为商业银行渠道，占比26.07%，较上年基本持平；证券公司渠道保有规模占比13.74%，较上年有所提升（见图2-53）。

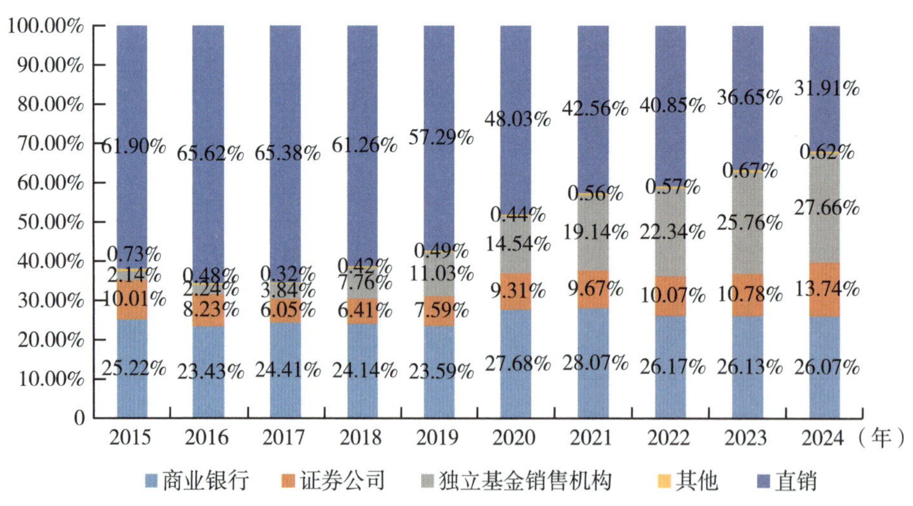

图2-53　各渠道基金销售保有规模占比情况

资料来源：中国证券投资基金业协会。

1. 股票基金

截至2024年末，股票基金保有规模中，证券公司渠道占比最高，为69.97%，较上年提升幅度较大；其次为商业银行渠道，占比11.39%，呈现逐年下降趋势；再次为独销渠道，占比11.13%，较上年下降明显；直销渠道占比为6.52%，较上年下降幅度较大（见图2-54）。

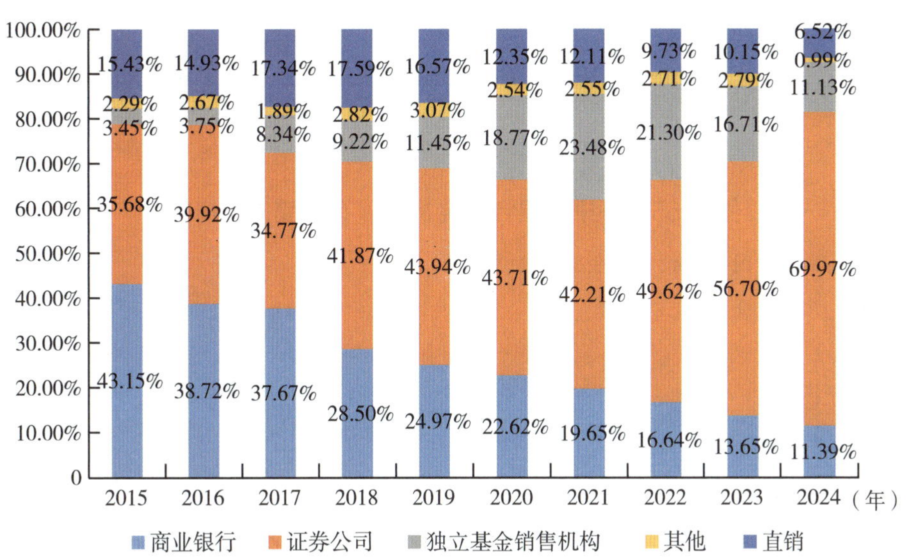

图2-54 各渠道股票基金销售保有规模占比情况

资料来源：中国证券投资基金业协会。

2. 混合基金

截至2024年末，混合基金保有规模中，商业银行渠道占比最高，为50.62%，较上年略有提升；其次为独销渠道，占比22.63%，呈现逐年上升趋势；再次为直销渠道，占比14.25%，呈现逐年下降趋势；证券公司渠道占比为10.30%，较上年略有下降（见图2-55）。

3. 债券基金

截至2024年末，债券基金保有规模中，直销渠道占比最高，为56.96%，呈现下降趋势；其次为商业银行渠道，占比19.41%，较上年有所提升；再次为独销渠道，占比18.69%，较上年提升幅度较大；证券公司渠道占比为4.44%，较上年有所提升（见图2-56）。

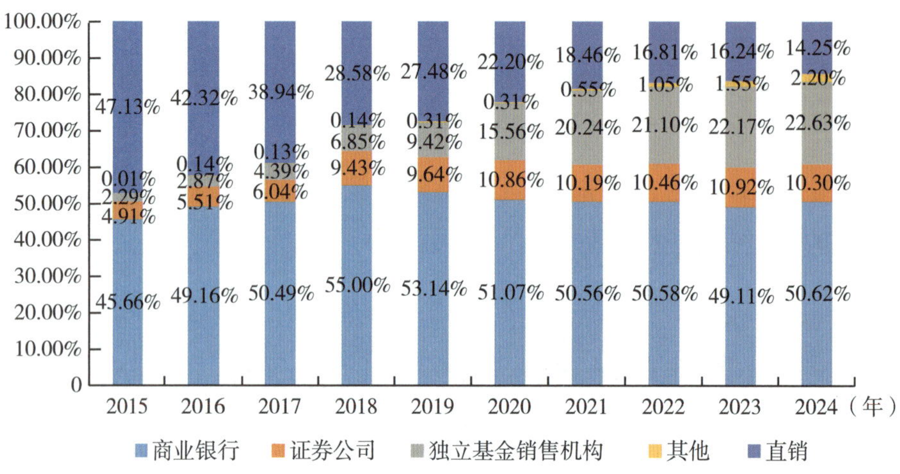

图2-55　各渠道混合基金销售保有规模占比情况

资料来源：中国证券投资基金业协会。

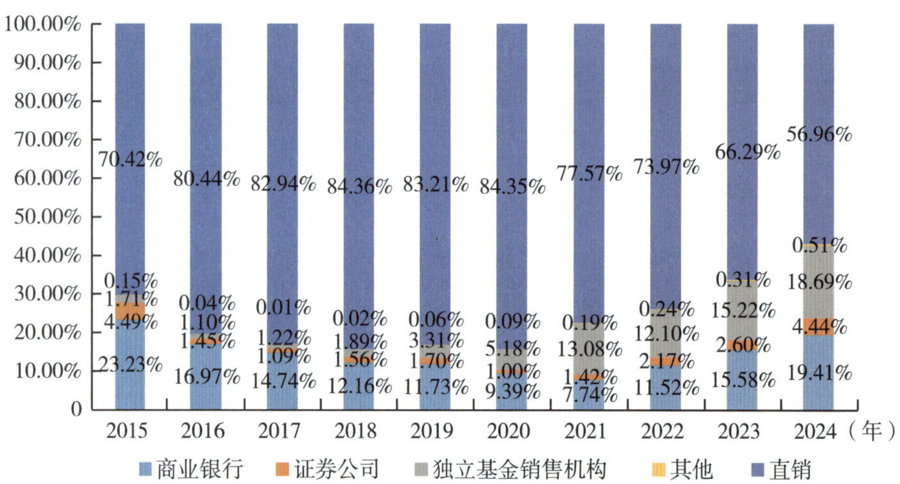

图2-56　各渠道债券基金销售保有规模占比情况

资料来源：中国证券投资基金业协会。

4.货币市场基金

截至2024年末，货币市场基金保有规模中，独销渠道占比最高，为39.95%，呈现逐年上升趋势；其次为商业银行渠道，占比28.97%，较上年基本持平；再次为直销渠道，占比25.38%，呈现下降趋势；证券公司渠道占比为5.53%，较上年略有提升（见图2-57）。

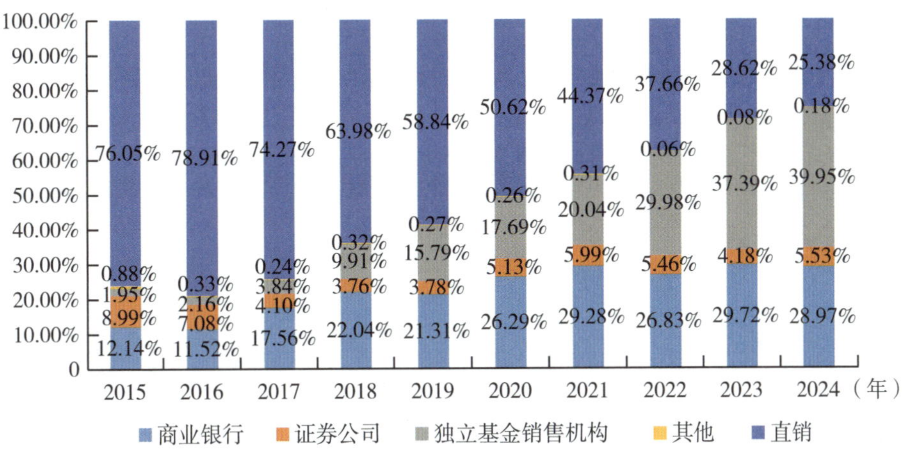

图2-57 各渠道货币市场基金销售保有规模占比情况

资料来源：中国证券投资基金业协会。

5.基金中基金

截至2024年末，基金中基金保有规模中，商业银行渠道占比最高，为73.19%，较上年略有下降；其次为独销渠道，占比10.64%，较上年有所提升；再次为直销渠道，占比9.65%，较上年略有提升；证券公司渠道占比为6.27%，较上年基本持平（见图2-58）。

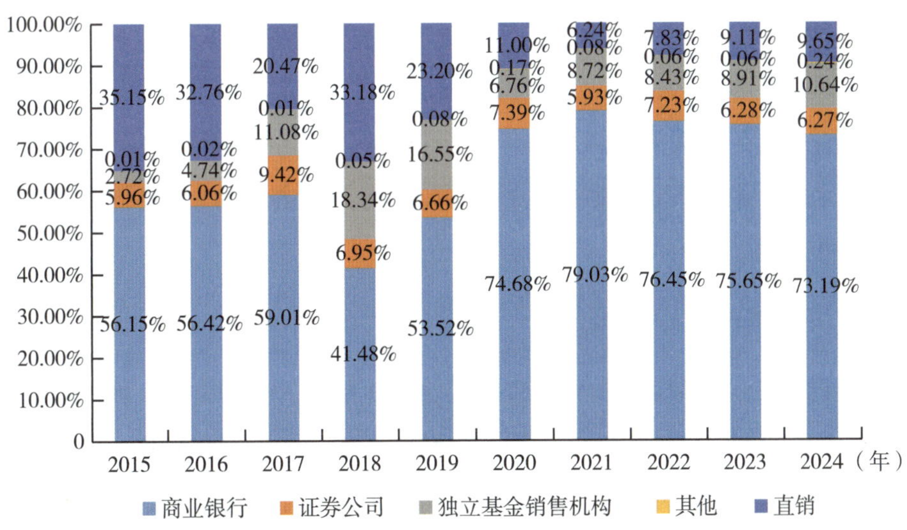

图2-58 各渠道基金中基金销售保有规模占比情况

资料来源：中国证券投资基金业协会。

6.QDII基金

截至2024年末，QDII基金保有规模中，证券公司渠道占比最高，为55.57%，较上年有所下降；其次为独销渠道，占比19.31%，较上年有所提升；再次为商业银行渠道，占比14.84%，较上年有所提升；直销渠道占比为10.14%，较上年有所提升（见图2–59）。

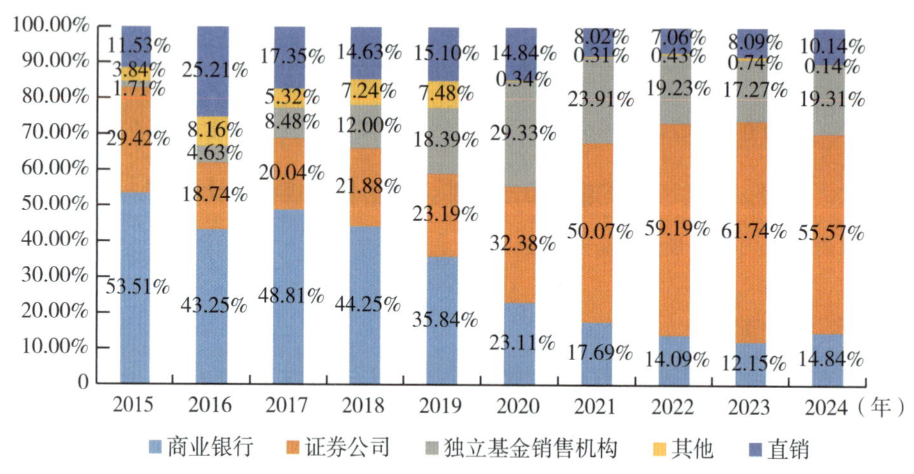

图2–59　各渠道QDII基金销售保有规模占比情况

资料来源：中国证券投资基金业协会。

7.其他基金

截至2024年末，其他基金保有规模中，证券公司渠道占比最高，为91.64%，较上年有所提升；其次为直销渠道，占比3.46%，较上年有所下降；再次为独销渠道，占比2.69%，较上年大幅下降；商业银行渠道占比为1.09%，较上年略有提升（见图2–60）。

（三）基金销售收入[①]结构

2024年度基金销售收入中，销售服务费占比最高，为77.82%，较上年有所提升；其次为申购费，占比10.97%，较上年有所下降；再次为赎回费，占比8.37%，较上年有所下降；认购费收入占比为1.83%，较上年有较大幅度下降（见图2–61）。

① 基金销售收入是指根据《开放式证券投资基金销售费用管理规定》，由投资者直接承担的认购费、申购费、赎回费、转换费和销售服务费等所产生的销售收入。

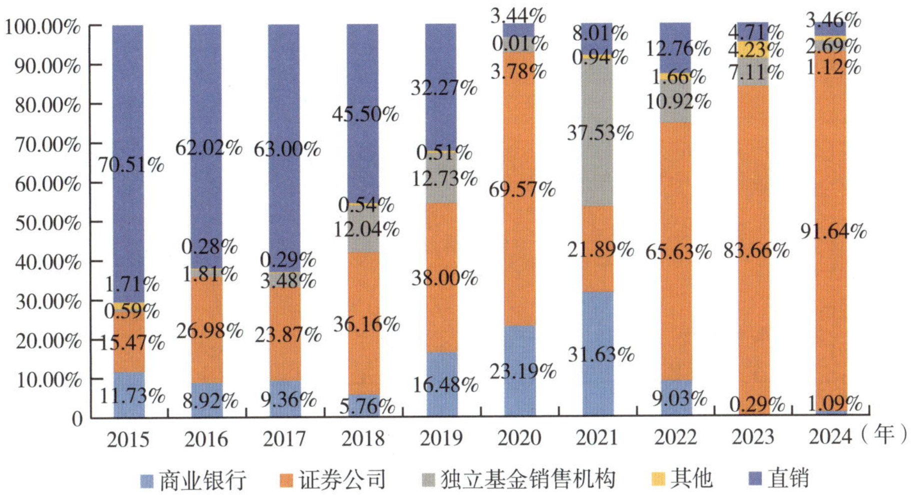

图2-60　各渠道其他基金销售保有规模占比情况

资料来源：中国证券投资基金业协会。

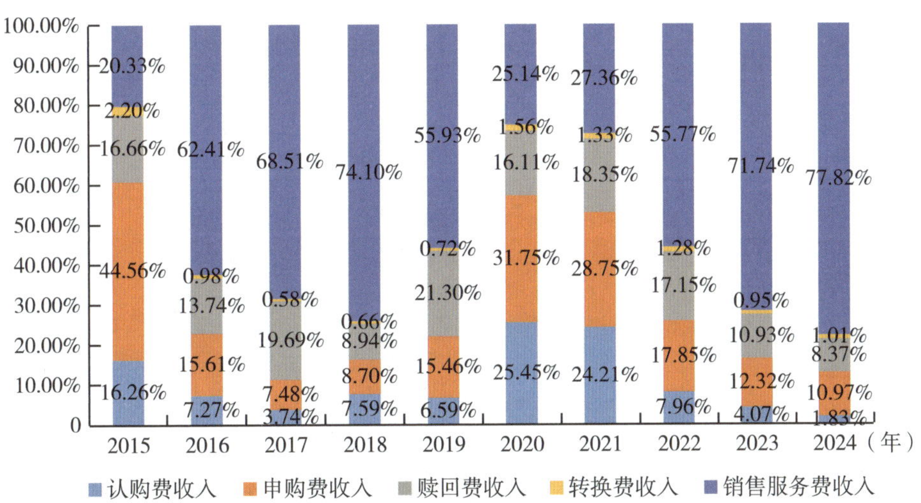

图2-61　销售收入结构

资料来源：中国证券投资基金业协会。

1. 商业银行

2024年度商业银行渠道销售收入中，销售服务费占比最高，为71.49%，较上年略有提升；其次为申购费，占比19.95%，较上年略有提升；再次为认购费，占比4.21%，较上年有较大幅度下降；赎回费占比为3.70%，较上年基本持平（见图2-62）。

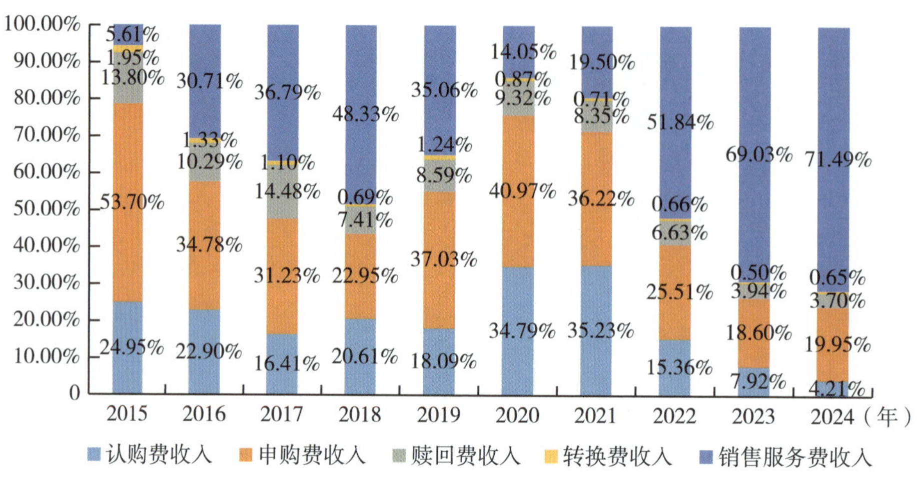

图2-62　商业银行销售收入结构

资料来源：中国证券投资基金业协会。

2. 证券公司

2024年度证券公司渠道销售收入中，销售服务费占比最高，为67.94%，较上年有所提升；其次为申购费，占比22.27%，较上年略有下降；再次为认购费，占比5.25%，较上年有较大幅度下降；赎回费收入占比为4.25%，较上年基本持平（见图2-63）。

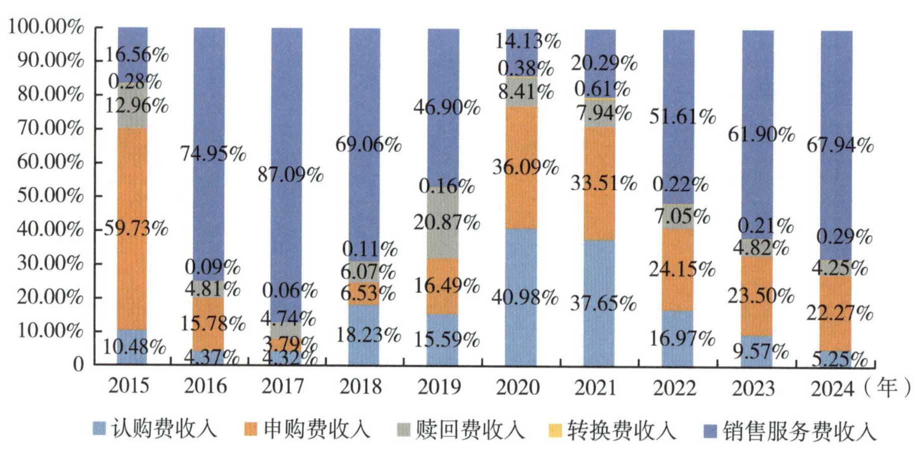

图2-63　证券公司销售收入结构

资料来源：中国证券投资基金业协会。

3. 独立基金销售机构

2024年度独销渠道销售收入中，销售服务费占比最高，为86.48%，较上年有所提升；其次为赎回费，占比7.50%，较上年有一定幅度下降；再次为申购费，占比5.77%，较上年有一定幅度下降；认购费收入占比仅为0.10%（见图2-64）。

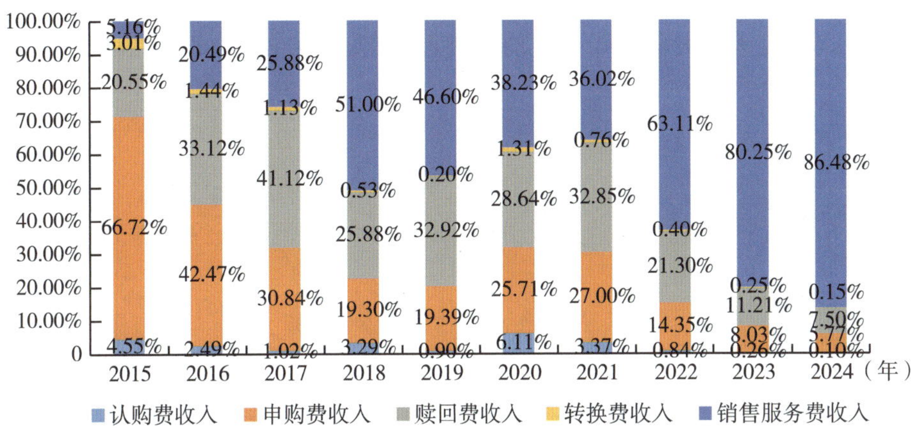

图2-64 独销销售收入结构

资料来源：中国证券投资基金业协会。

4.直销

2024年度直销渠道销售收入中，销售服务费占比最高，为74.57%，较上年有所提升；其次为赎回费，占比19.06%，较上年有一定幅度下降；再次为转换费，占比3.15%，较上年基本持平；认购费占比仅为0.33%（见图2-65）。

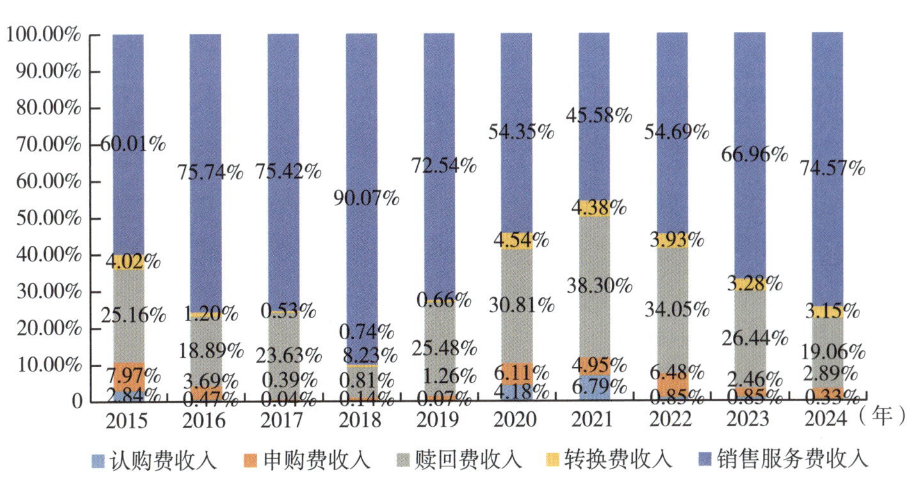

图2-65 直销销售收入结构

资料来源：中国证券投资基金业协会。

5. 其他

2024年度其他渠道销售收入中，销售服务费占比最高，为38.63%，较上年有一定幅度下降；其次为赎回费，占比29.09%，较上年有所提升；再次为申购费，占比10.90%，较上年大幅下降；认购费收入占比仅为0.04%（见图2-66）。

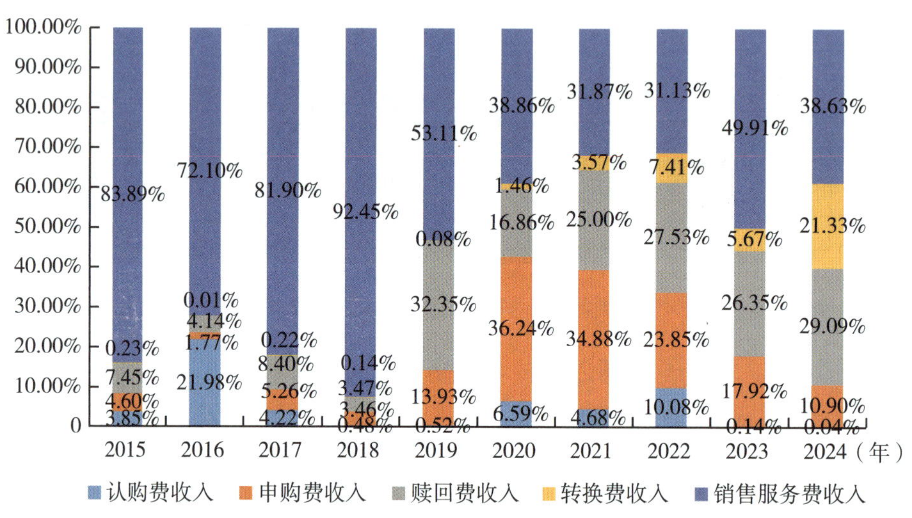

图2-66　其他渠道销售收入结构

资料来源：中国证券投资基金业协会。

二、基金销售费率

从可追溯的数据来看，近年来随着基金市场分工的精细化程度提升、互联网信息技术应用的渗透度增加等因素，加之2023年7月《公募基金行业费率改革工作方案》（以下简称《费率改革工作方案》）的发布，由投资者负担的公募基金费率水平总体呈现下行趋势。

（一）认购费率

2024年，不同类型基金成立规模加权平均认购费率中（基金合同约定的最高认购费率，以下简称新发产品平均认购费率），股票基金、债券基金、FOF、QDII基金以及其他基金新发产品平均认购费率较上年分别降至0.82%、0.43%、0.63%、0.84%以及0.42%；混合基金新发产品平均认购费率上升至1.23%，主要原因为认购费率为1.5%的新发产品规模占比由上年0.18%提升至17.01%。收取认购费的基金中，新发产品平均认购费率最高的为混合基金，其次为QDII基金、股票基金和FOF（见图2-67）。

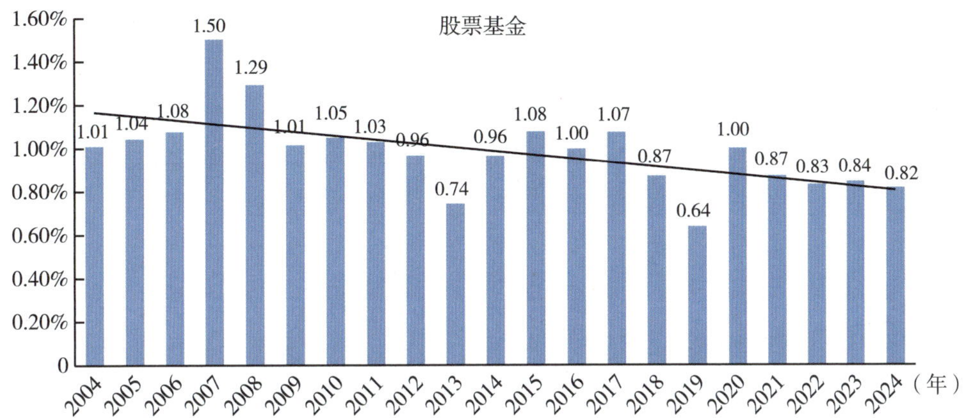

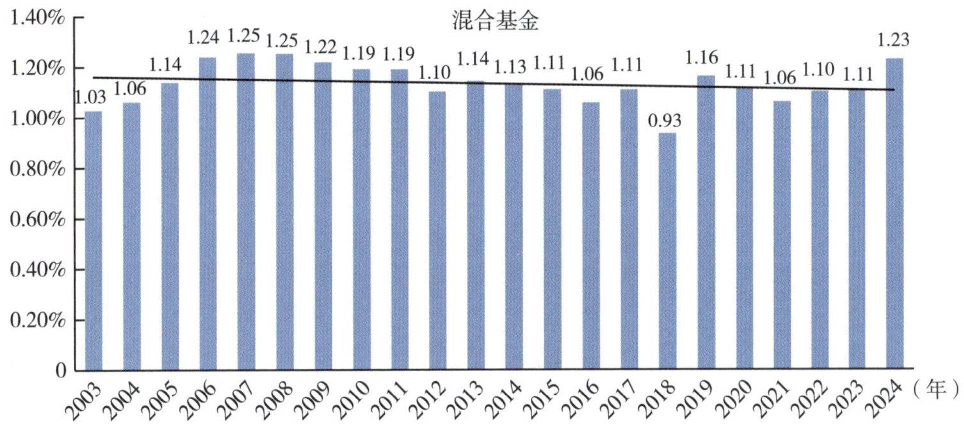

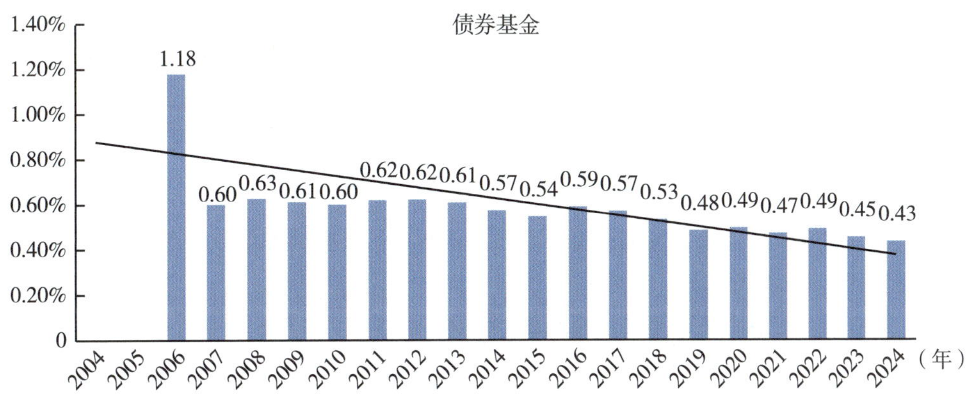

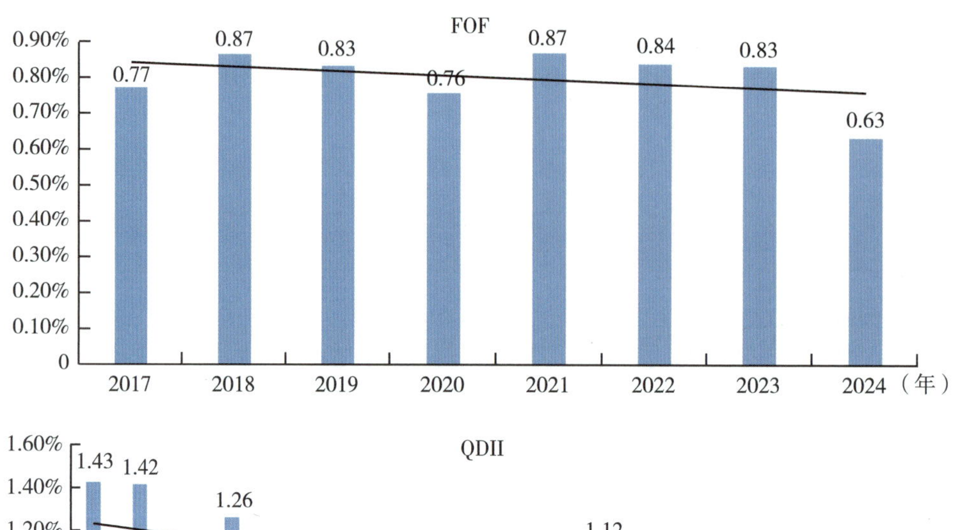

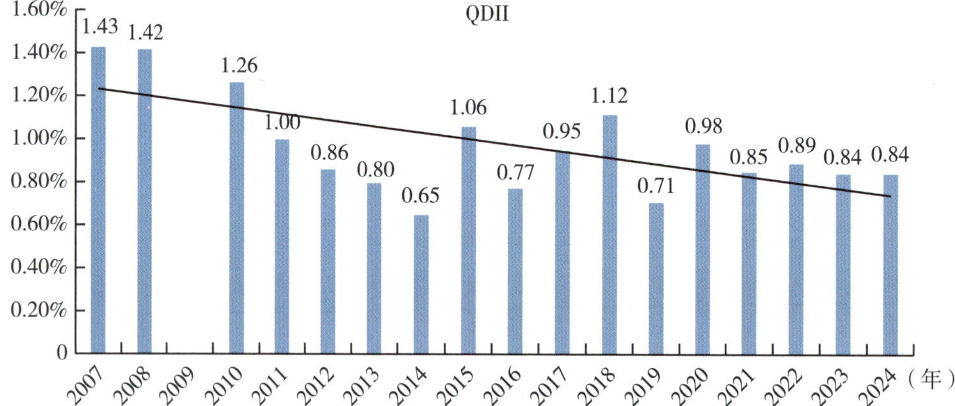

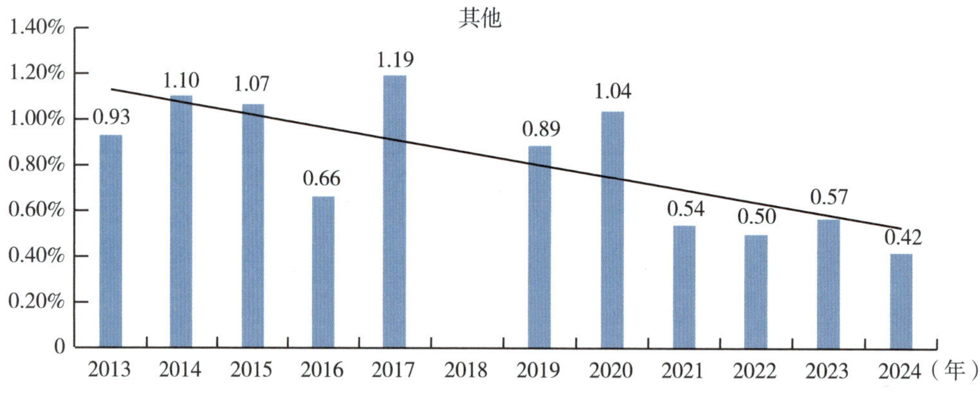

图2-67　各类型基金平均认购费率

注：（1）当年无新成立产品或者当年新成立产品中无收取该项费用的产品，则对应年度无相关数据，图中以空白列示，下同。

（2）部分年份因满足统计要求的样本数量较少，或存在异常值导致平均费率水平过高/过低，下同。

资料来源：上海证券基金评价研究中心，Wind。

（二）申购费率

2024年，股票基金、债券基金以及FOF基金成立规模加权平均申购费率[①]（基金合同约定的最高申购费率，以下简称新发产品平均申购费率）较上年分别降至1.08%、0.57%以及0.77%。混合基金和QDII基金新发产品平均申购费率小幅上升，混合基金上升至1.45%，主要原因为申购费率为1.5%的新发产品规模占比由上年81.71%提升至91.31%；QDII基金上升至1.21%，主要原因为申购费率为1.5%及以上的新发产品规模占比由12.55%提升至23.12%。收取申购费的基金中，混合基金新发产品平均申购费率最高，其次为QDII基金和股票基金（见图2-68）。

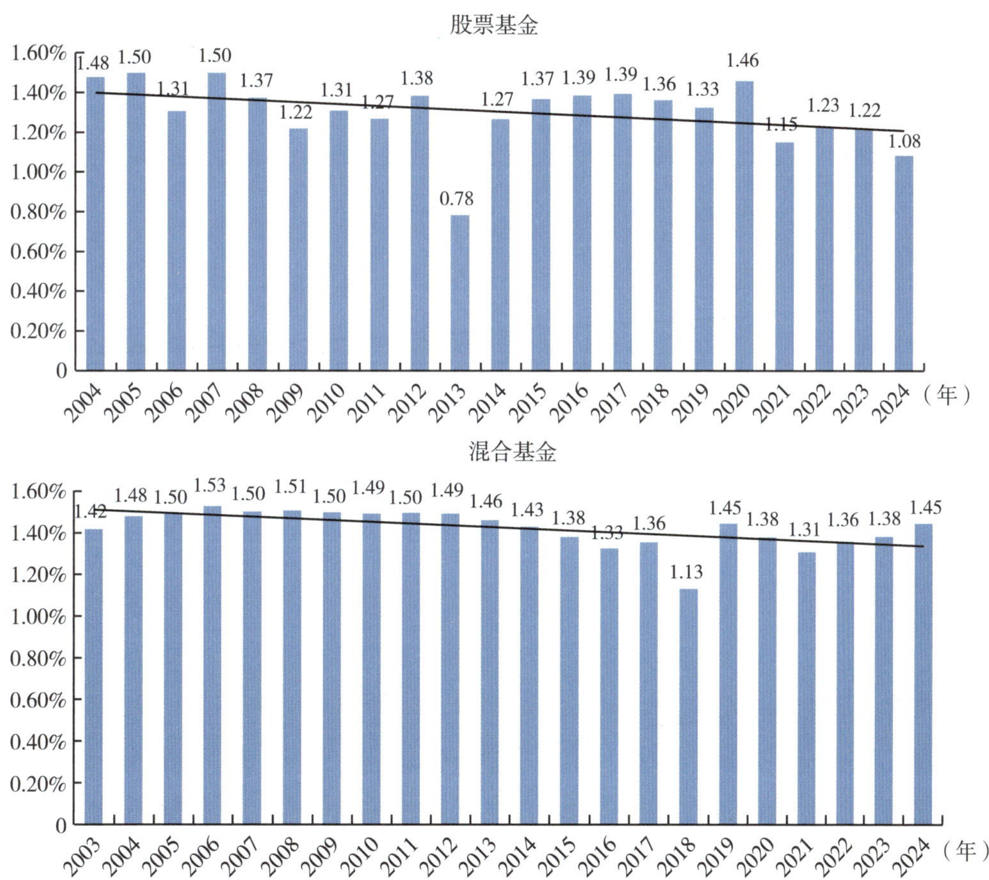

① 其他基金2024年平均申购费率为0，主要因新成立的其他基金均为REITs基金，其采取封闭式运作方式，不开放申购与赎回，因此无申购费率。

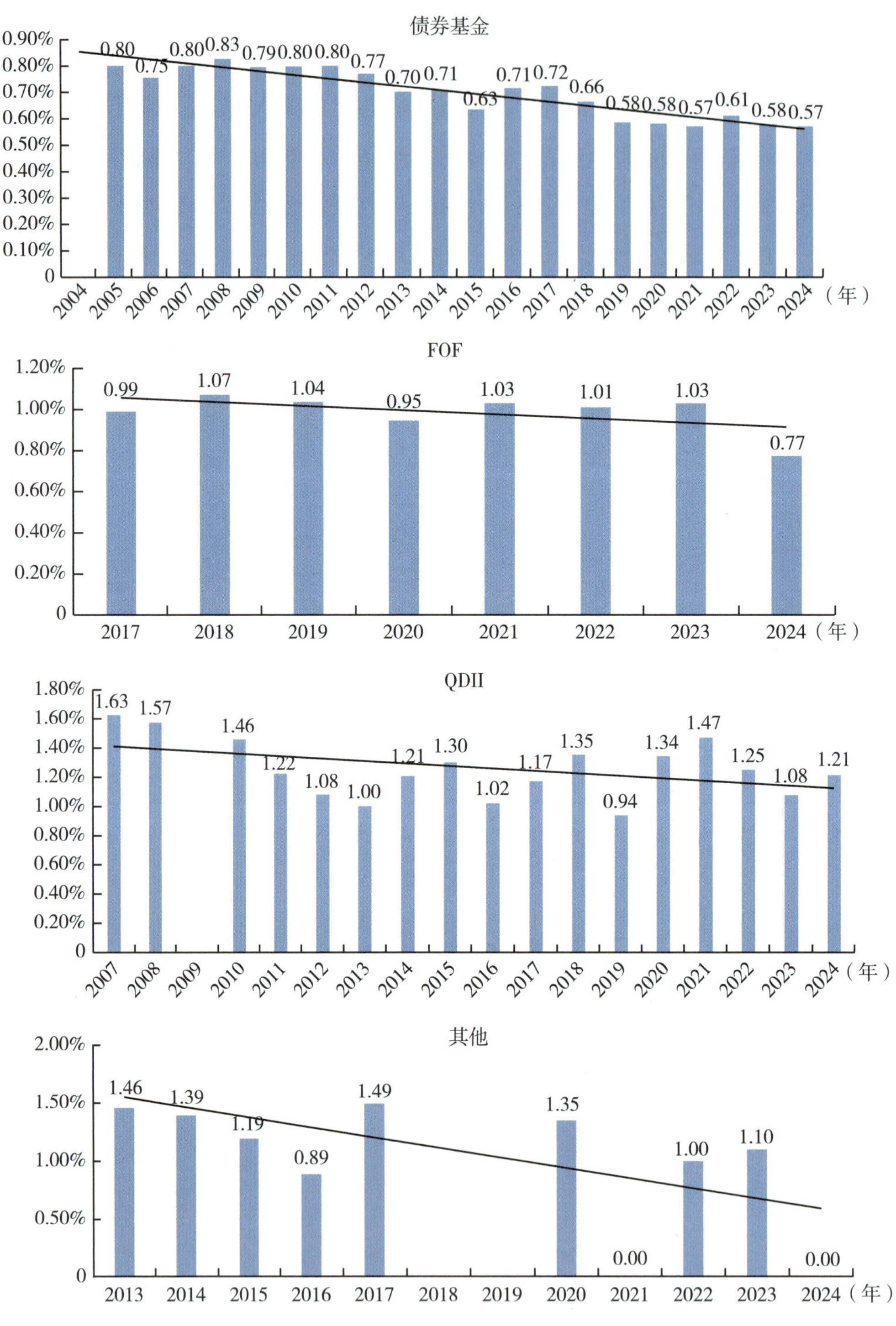

图2-68　各类型基金平均申购费率

资料来源：上海证券基金评价研究中心，Wind。

（三）赎回费率

设置赎回费的目的主要是鼓励投资者长期持有以获取长期收益，基金赎回费率随着投资者持有基金份额期限加长而逐步降低，持有时间过短的投资者将缴纳较高的赎回费率。同时，作为对其他基金持有人的补偿，赎回费将全部或部分计入基金财产。

2024年，除FOF成立规模加权平均赎回费率（基金合同约定的最高赎回费率，以下简称新发产品平均赎回费率）下降至1.21%，其余类型基金新发产品平均赎回费率维持在上年水平，均为1.50%（见图2-69）。

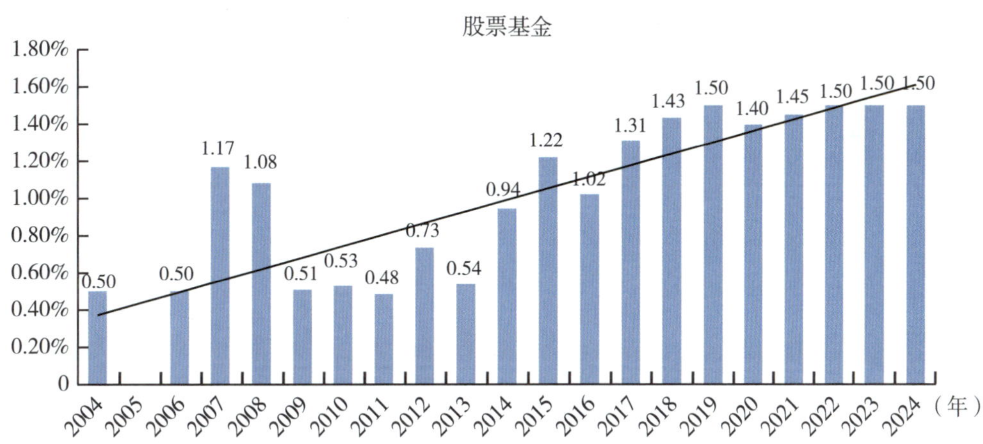

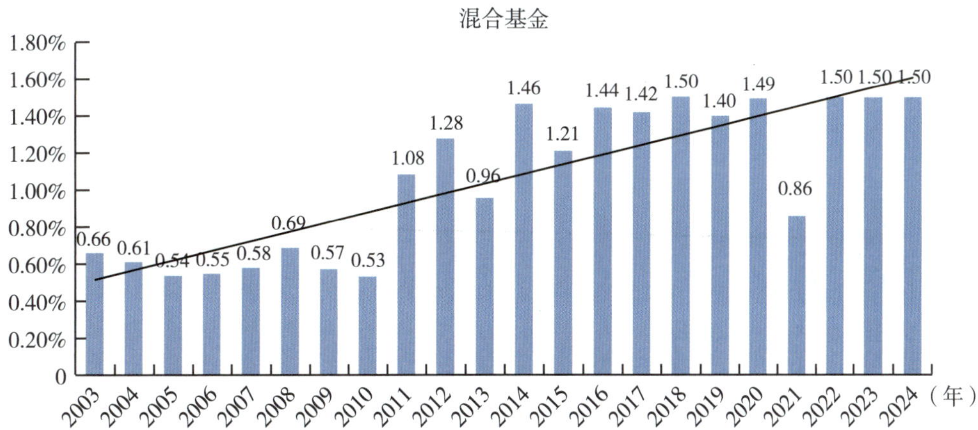

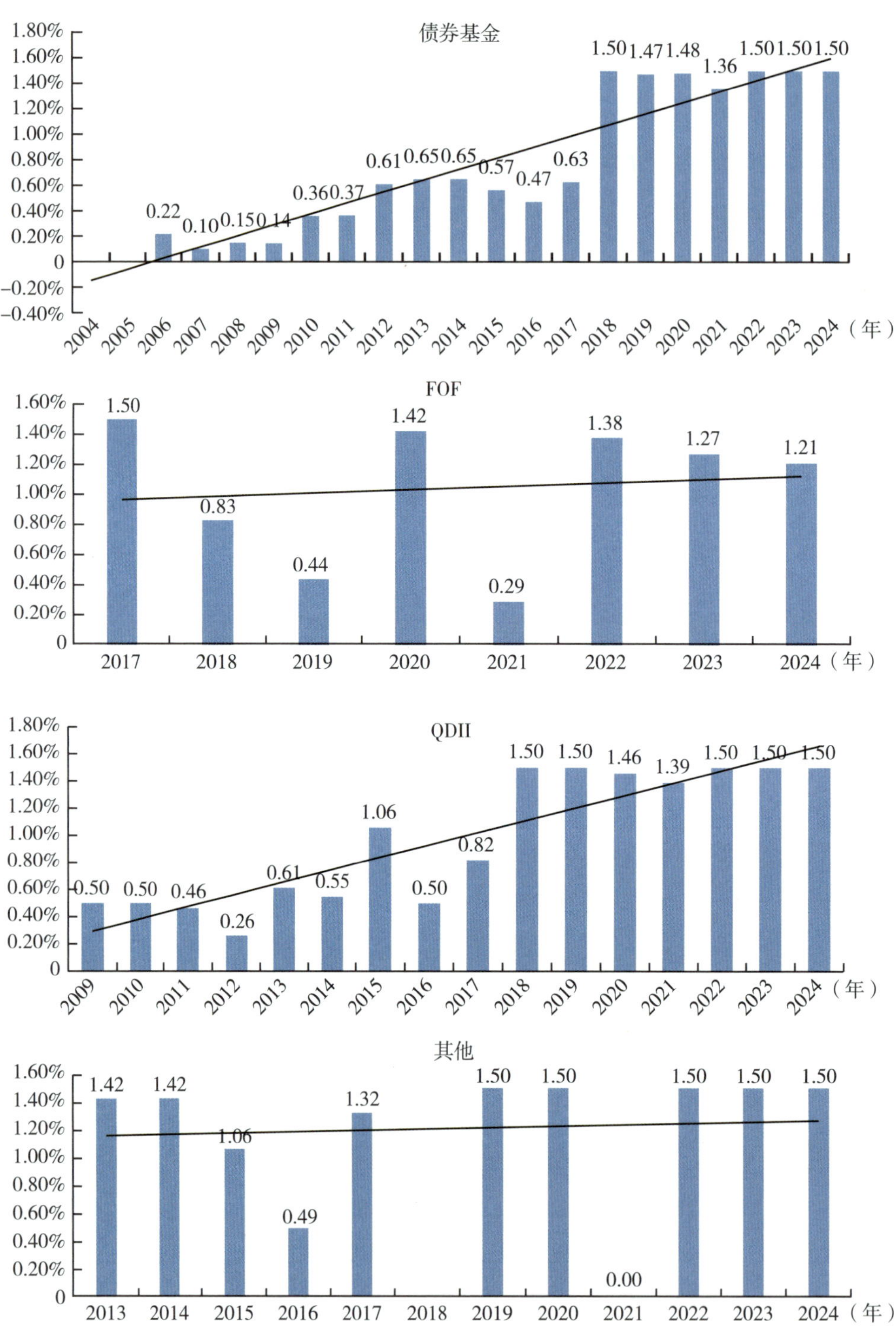

图2-69　各类型基金平均赎回费率

资料来源：上海证券基金评价研究中心，Wind。

（四）销售服务费率

2024年，股票基金、混合基金、债券基金、FOF、QDII基金、其他基金以及货币基金成立规模加权平均销售服务费率（以下简称新发产品平均销售服务费率）较上年均有所下降，分别降至0.24%、0.37%、0.17%、0.36%、0.26%、0.28%以及0.06%。收取销售服务费的基金中，混合基金新发产品平均销售服务费率最高，其次为FOF（见图2-70）。

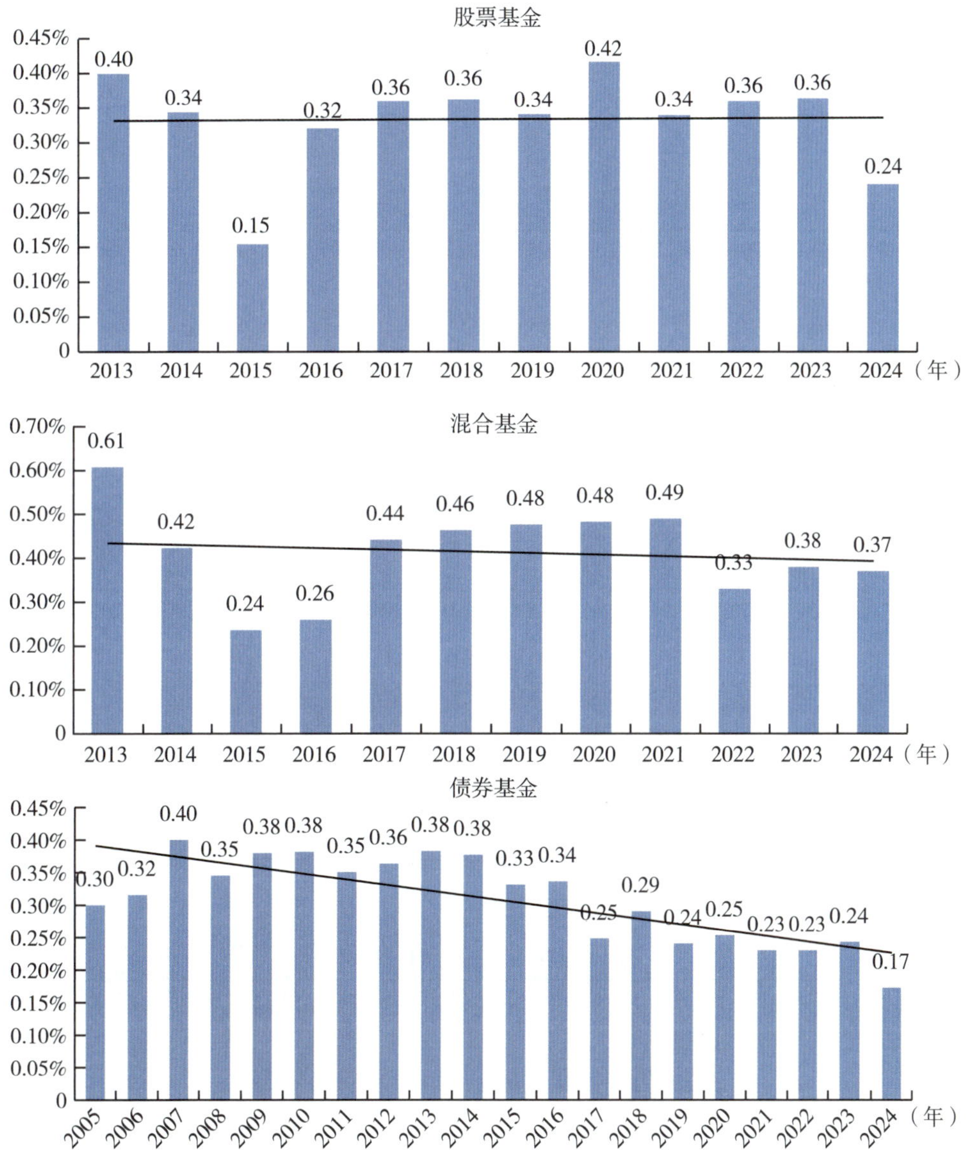

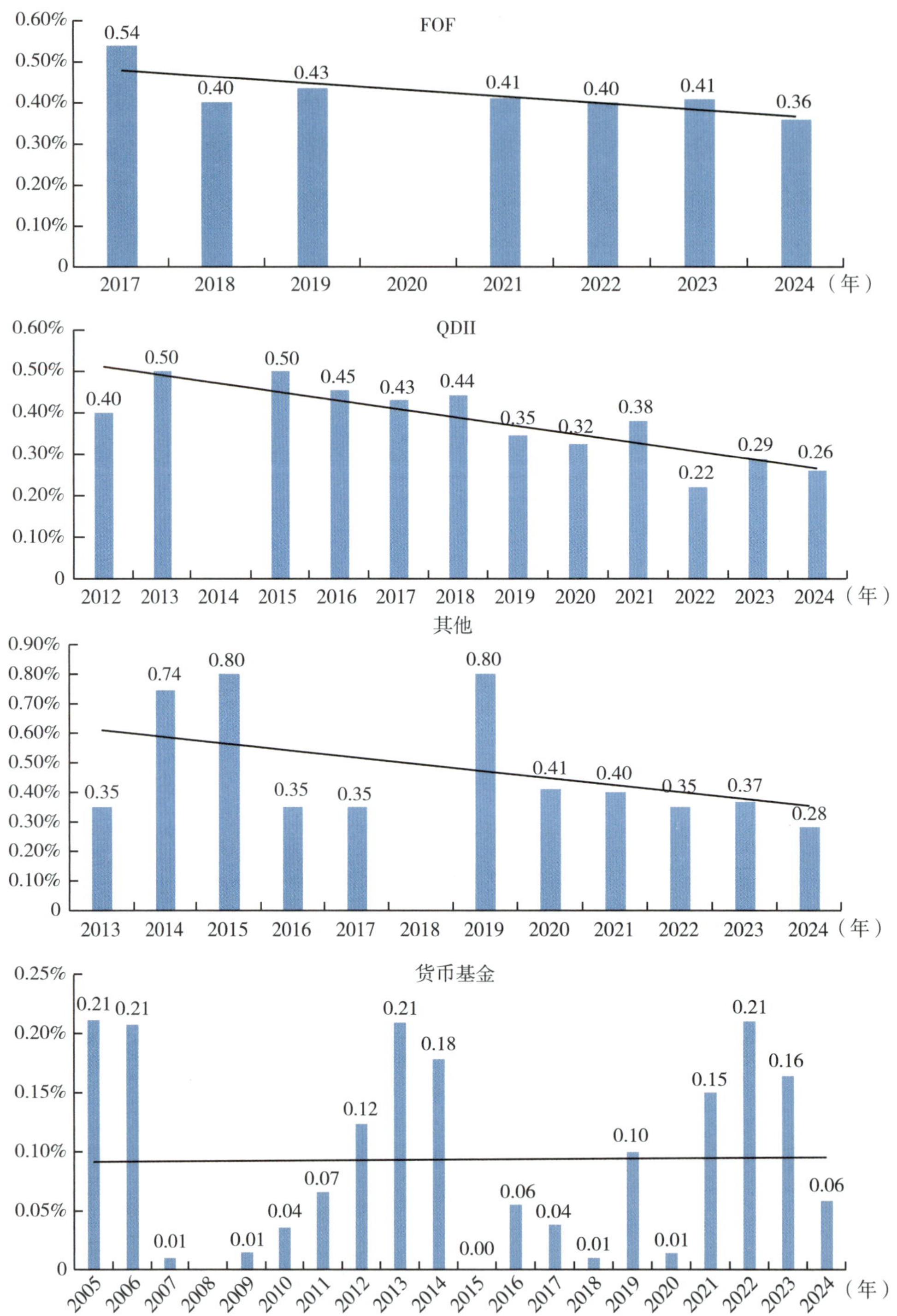

图2-70　各类型基金平均销售服务费率

资料来源：上海证券基金评价研究中心，Wind。

三、基金管理费率与托管费率

（一）管理费率

2024年，共有453只存量基金（以基金份额统计）下调了管理费率，主要为被动管理型股票基金、混合基金和主动管理型债券基金。同时，市场新发12只浮动管理费率基金（以主份额基金统计），均为REITs基金。

在降费新规落地的大背景下，2024年度，股票基金、债券基金、FOF、QDII基金以及其他基金成立规模加权平均管理费率（以下简称“新发产品平均管理费率”）较上年均有所下降①，分别下降至0.31%、0.25%、0.54%以及0.54%。混合基金和其他基金新发产品平均管理费率小幅上升至0.92%和0.22%，混合基金新发产品平均管理费率受同业存单指数基金影响较大，相较于其他混合基金管理费率大多为1.2%，同业存单指数基金的管理费率仅为0.2%，新发同业存单指数基金占新发混合基金规模比例由2023年的35.27%下降至2024年的25.54%，使混合基金整体费率水平有所提升。其他基金新发产品平均管理费率受REITs基金影响较大，相较于其他REITs基金管理费率大多为0.2%，收取0.3%及以上管理费率的新发REITs基金规模比例由2023年的0.48%提升至2024年的8.27%，使其他基金整体费率水平有所提升（见图2-71）。

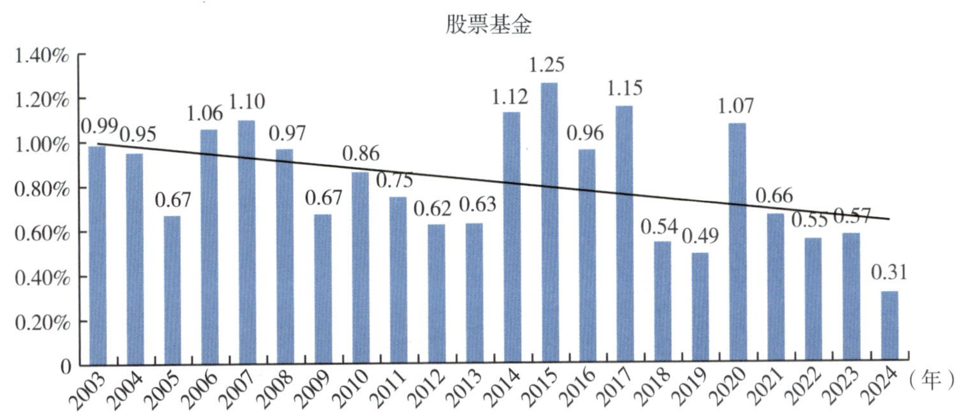

① 货币市场基金2021年度和2022年度平均管理费率较高，主要原因是该期间新增的货币市场基金大多是券商资管的现金管理类大集合产品转化为公募货币市场基金，其管理费率相较基金管理公司发行的货币市场基金更高。

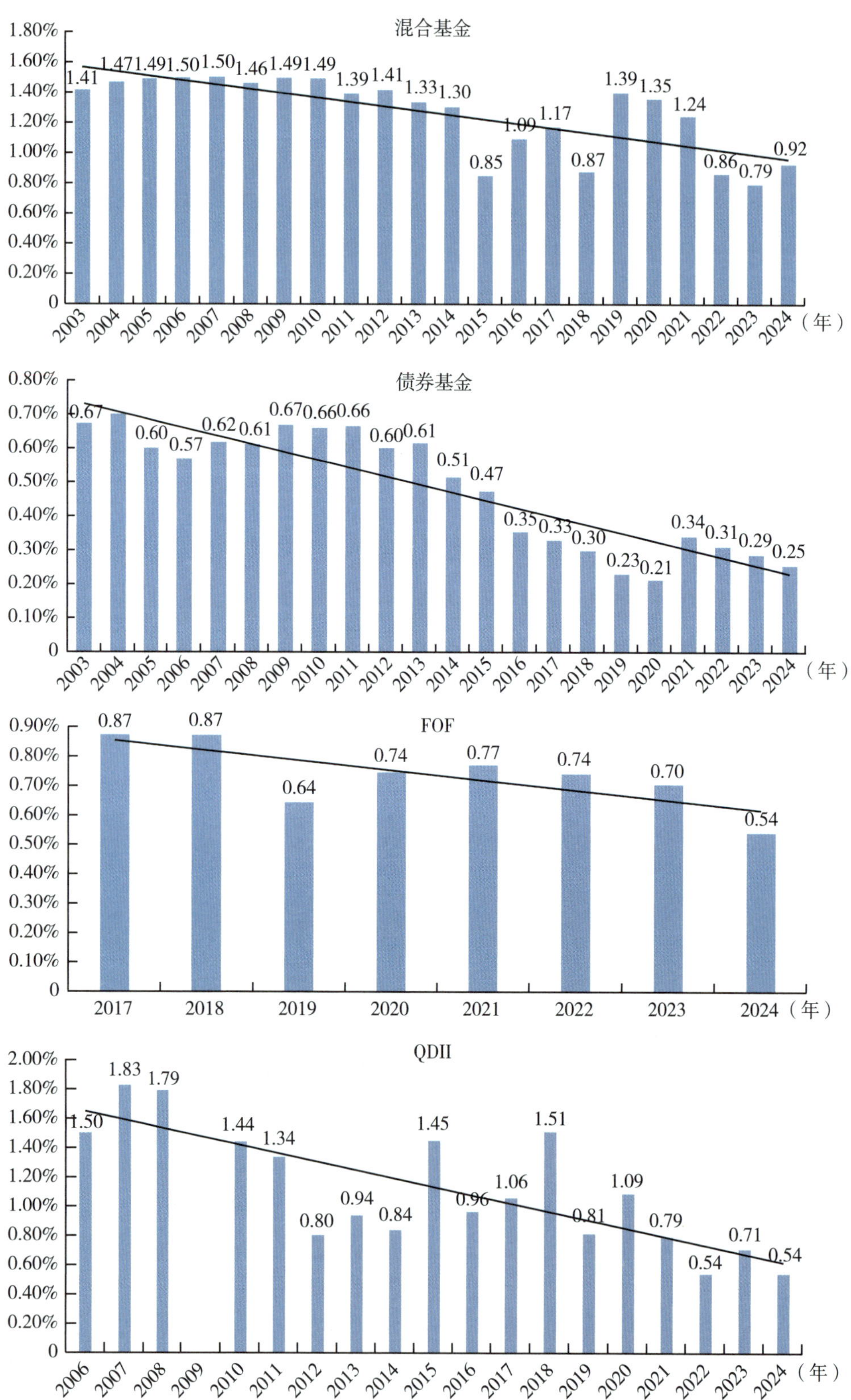
混合基金
1.41
1.47
1.49
1.50
1.50
1.46
1.49
1.49
1.39
1.41
1.33
1.30
0.85
1.09
1.17
0.87
1.39
1.35
1.24
0.86
0.79
0.92
（年）
债券基金
0.67
0.60
0.57
0.62
0.61
0.67
0.66
0.66
0.60
0.61
0.51
0.47
0.35
0.33
0.30
0.23
0.21
0.34
0.31
0.29
0.25
（年）
FOF
0.87
0.87
0.64
0.74
0.77
0.74
0.70
0.54
（年）
QDII
1.50
1.83
1.79
1.44
1.34
0.80
0.94
0.84
1.45
0.96
1.06
1.51
0.81
1.09
0.79
0.54
0.71
0.54
（年）

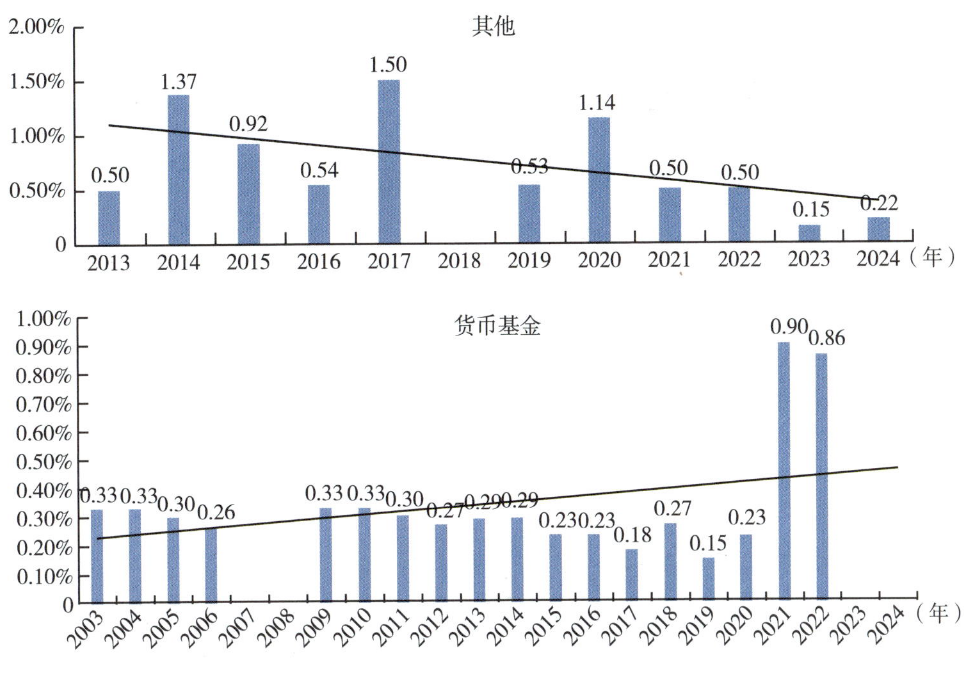

图2-71　各类型基金平均管理费率

资料来源：上海证券基金评价研究中心、Wind。

（二）托管费率

2024年，股票基金、混合基金、债券基金、FOF以及QDII基金成立规模加权平均托管费率（以下简称新发产品平均托管费率）均有所下降，分别降至0.06%、0.11%、0.07%、0.13%以及0.13%，其他基金的新发产品平均托管费率基本维持在上年水平，为0.01%（见图2-72）。

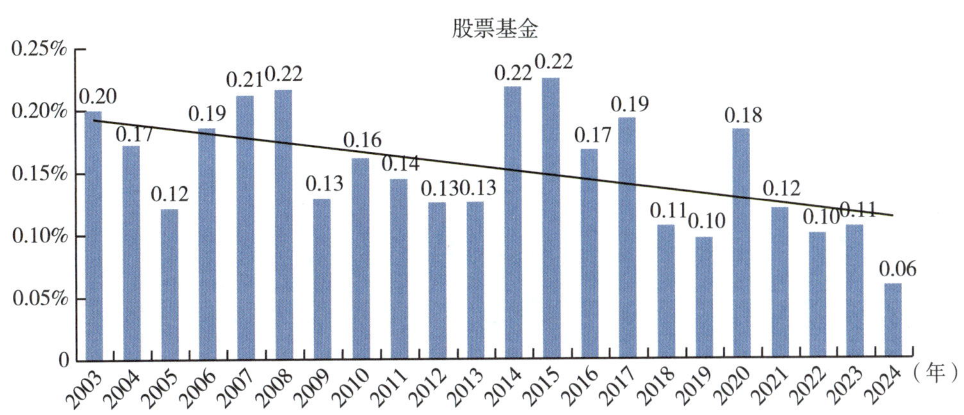

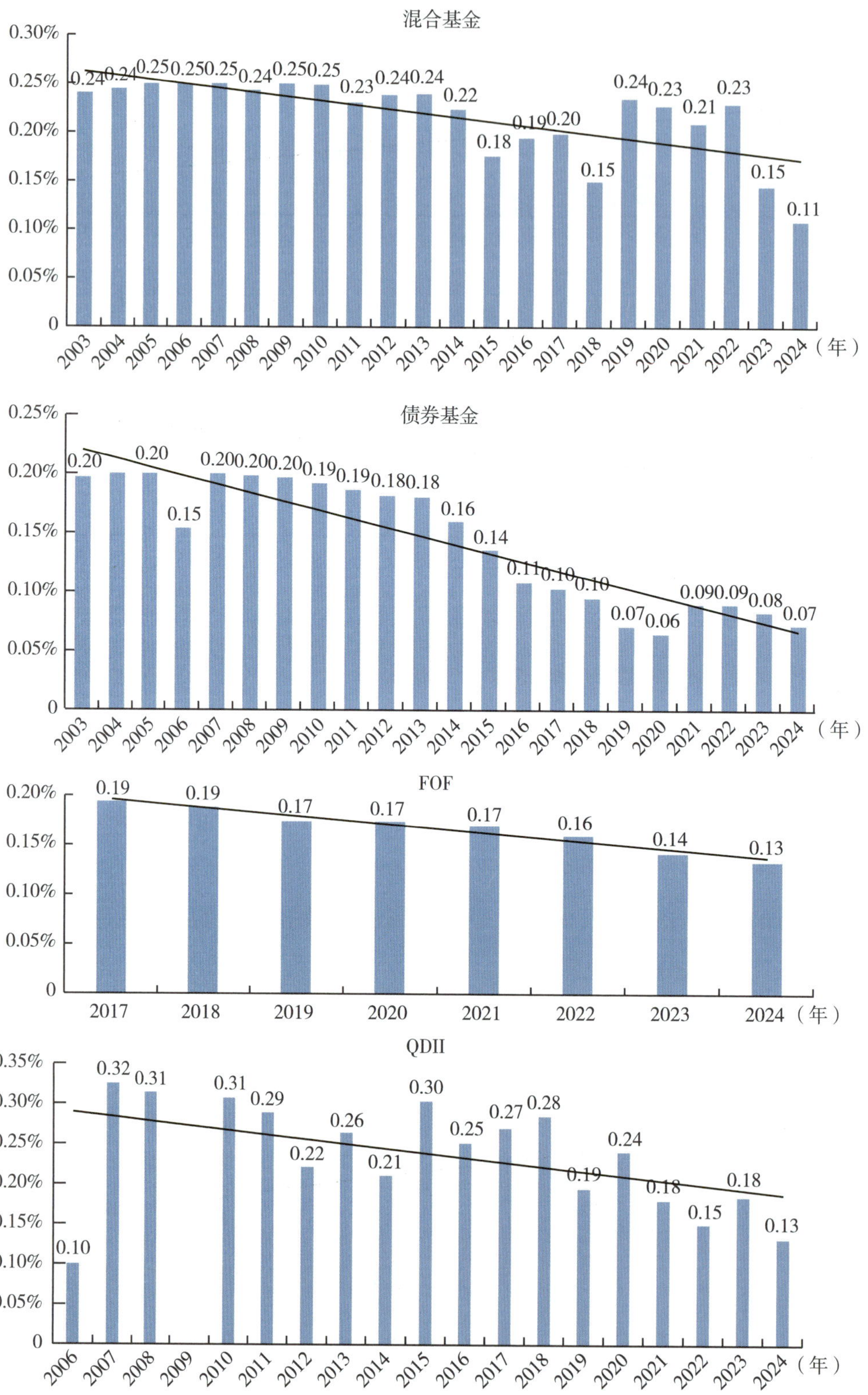
混合基金
0.30%
0.25%
0.20%
0.15%
0.10%
0.05%
0
0.24 0.24 0.25 0.25 0.25 0.24 0.25 0.25 0.23 0.24 0.24 0.22 0.18 0.19 0.20 0.15 0.24 0.23 0.21 0.23 0.15 0.11
2003 2004 2005 2006 2007 2008 2009 2010 2011 2012 2013 2014 2015 2016 2017 2018 2019 2020 2021 2022 2023 2024（年）
债券基金
0.25%
0.20%
0.15%
0.10%
0.05%
0
0.20 0.20 0.15 0.20 0.20 0.20 0.19 0.19 0.18 0.18 0.16 0.14 0.11 0.10 0.10 0.07 0.06 0.09 0.09 0.08 0.07
2003 2004 2005 2006 2007 2008 2009 2010 2011 2012 2013 2014 2015 2016 2017 2018 2019 2020 2021 2022 2023 2024（年）
FOF
0.20%
0.15%
0.10%
0.05%
0
0.19 0.19 0.17 0.17 0.17 0.16 0.14 0.13
2017 2018 2019 2020 2021 2022 2023 2024（年）
QDII
0.35%
0.30%
0.25%
0.20%
0.15%
0.10%
0.05%
0
0.10 0.32 0.31 0.31 0.29 0.22 0.26 0.21 0.30 0.25 0.27 0.28 0.19 0.24 0.18 0.15 0.18 0.13
2006 2007 2008 2009 2010 2011 2012 2013 2014 2015 2016 2017 2018 2019 2020 2021 2022 2023 2024（年）

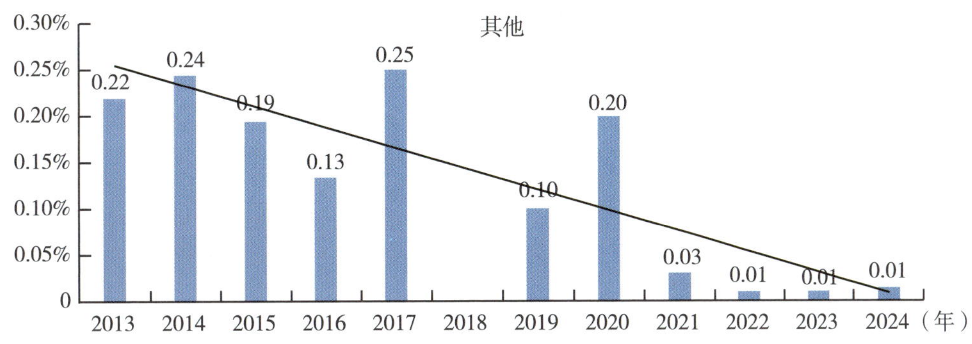

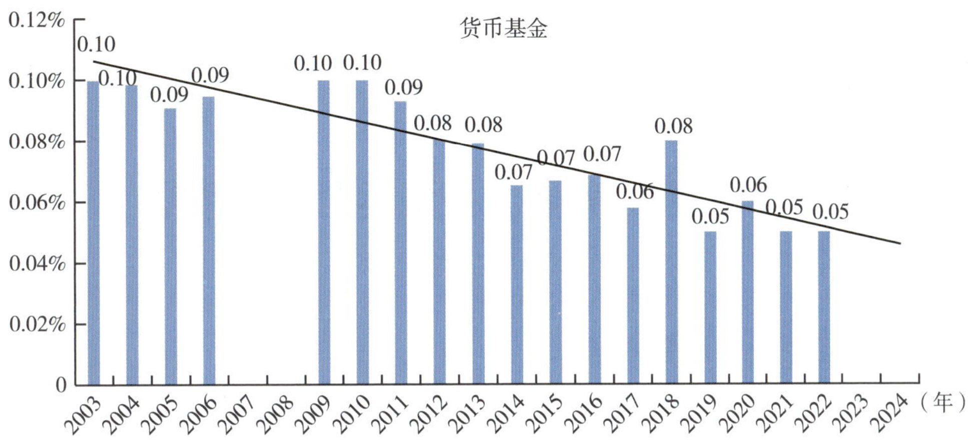

图2-72　各类型基金平均托管费率

资料来源：上海证券基金评价研究中心，Wind。

第三章
我国境内养老金投资管理

第一节　我国养老金投资运营情况概览

一、养老金投资运营规模

截至2023年末，我国养老金总规模约16.57万亿元，较2022年增长11.97%，养老金总规模约占我国同期GDP的12.80%。[①]其中，基本养老保险基金（以下简称“基本养老金”）结余规模7.82万亿元，较2022年增长11.91%；全国社会保障基金（以下简称“社保基金”）资产总额为3.01万亿元，较2022年增长4.54%；企业年金和职业年金规模合计5.75万亿元，较2022年增长15.37%；个人养老金总缴费金额约280亿元[②]，较2022年增长97.18%（见表3–1）。基本养老金在养老金总规模中占比为47.19%，相较2022年下降0.02%。我国多层次养老保障体系结构仍不平衡，较为依赖第一支柱。

投资方面，2023年末我国已开展投资运营的养老金（含直接投资或受托直投、委托投资）约10.95万亿元，投资规模较2022年增长13.27%，约占养老金总规模的66.12%。投资运营已实现收益约2.74万亿元，占养老金总资产的16.54%，养老金投资作用逐步显现。

① 根据国家统计局统计，2023年我国GDP总量为129.43万亿元。

② 个人养老金相关数据来源于新闻报道。

具体来看，社保基金和企业年金投资规模占各自总规模比例分别为100%和99%，已实现全部投资运营。基本养老金自2016年底开始启动市场化投资运营，截至2023年末，投资规模达2.23万亿元，所有省份均启动实施基本养老金委托投资工作，其中风险基金自2023年开始独立运营。职业年金自2019年开启市场化投资运营，2023年末投资规模达2.56万亿元。

表3-1　　2023年末我国养老金规模情况统计

类别	规模（亿元）	投资规模（亿元）	委托投资规模（亿元）	当年收益率（%）	年均收益率[1]（%）	已实现投资收益（亿元）	投资规模占养老金规模（%）	投资收益占养老金规模（%）
社保基金	30 146[2]	30 146[3]	20 739	−0.96[4]	7.36	16 826	100.00	55.81
基本养老金	78 173	22 316[5]	—[6]	2.42[7]	5.00	3 068	28.55	3.92
企业年金	31 874	31 480	31 051	1.21	6.26	7 510[8]	98.76	23.56
职业年金	25 600	25 600	—	—	4.37	—[9]	100.00	—
个人养老金	280	—	—	—	—	—	—	—
总计	165 672[10]	109 541	51 789	—	—	27 404	66.12	16.54

注：（1）自成立以来按年统计收益率的几何平均。社保基金为2000—2023年，基本养老金为2017—2023年，企业年金为2007—2023年。

（2）（3）此处引用的是《全国社会保障基金理事会基本养老保险基金受托运营2023年度报告》中的“2023年末社保基金资产总额”。该口径包含了负债余额，此处使用该口径是为与本表格中“委托投资规模”的数据口径保持一致。

（4）扣除非经常性损益后的投资收益率为1.02%。

（5）此处引用的是《全国社会保障基金理事会基本养老保险基金受托运营年度报告（2023年度）》中“养老基金资产总额”。该口径包含了负债余额，此处使用该口径是为与本表格中“委托投资规模”的数据口径保持一致。

（6）2023年基本养老金未披露委托投资规模。

（7）基本养老金包括地方养老基金和风险基金，风险基金于2023年正式独立投资运营。根据《全国社会保障基金理事会基本养老保险基金受托运营2023年度报告》披露数据：①地方养老基金2023年投资收益额395.89亿元，投资收益率2.42%；②风险基金2023年投资收益额1.48亿元，投资收益率2.41%。根据上述数据，两者加权计算得到基本养老金的当年收益率为2.42%。

（8）2012年后的企业年金投资收益是人力资源和社会保障部年报数据披露，2012年之前采用“规模 × 当年的加权平均收益率”的方式进行估算。

（9）2023年职业年金未披露当年投资收益额。

（10）为避免重复计算，规模和投资规模已剔除社保受托管理的做实个人账户资金400.60亿元。

资料来源：人力资源和社会保障部官网，全国社会保障基金理事会官网。

二、养老金投资管理机构及市场占比

截至2023年末，从各行业管理的养老金规模①看，公募基金、保险、券商和专业养老金管理机构分别占比56.08%、34.12%、9.00%和0.80%，从管理养老金资产规模占比情况看，基金行业是我国养老金投资主力军（见表3-2）。

社保基金自成立以来至2023年末取得了7.36%的年均收益率，累计投资收益1.68万亿元，投资收益占社保基金总规模比例达55.81%。18家境内社保基金投管人中16家为基金管理公司，基金管理公司管理规模占社保基金委托投资规模的66.50%，助力社保基金获取了优异的长期业绩。

企业年金方面，基金行业市场份额占比先降后升，从2011年的43.5%下降至2019年的35.79%的低点后，2021—2023年连续增长，2023年末基金行业市场份额占比提升至40.61%，同期保险业市场份额占比从51.77%下降至51.73%，减少了0.04个百分点。

表3-2　2023年末不同行业投资管理社保基金（境内外）和企业年金规模情况

行业类别	社保基金（亿元）	占社保基金委托投资（境内外）比例（%）	企业年金（亿元）	占企业年金委托投资比例（%）	投资管理总规模（亿元）	行业占比（%）
基金[(1)]	13 791	66.50[(2)]	12 610	40.61	26 402	56.08
保险			16 062	51.73	16 062	34.12
券商	2 235	10.78[(3)]	2 001	6.45	4 236	9.00

① 含社保基金境内投资与境外投资、企业年金，基本养老金和职业年金由于无法获取各行业细分数据，因此未包含在内。

续表

行业类别	社保基金（亿元）	占社保基金委托投资（境内外）比例（%）	企业年金（亿元）	占企业年金委托投资比例（%）	投资管理总规模（亿元）	行业占比（%）
专业养老金管理机构[(4)]			377	1.21	377	0.80
总计	16 026	—	31 051	100.00	47 077	100.00

注：（1）为公募基金受托管理规模，不包含社保直投私募基金规模。

（2）为占2023年社保委托投资总规模（境内外）20 739亿元的比重。

（3）为占2023年社保委托投资总规模（境内外）20 739亿元的比重。

（4）为建信养老金管理有限责任公司。

资料来源：人力资源和社会保障部官网，全国社会保障基金理事会官网，中国证券投资基金业协会。

三、养老金投资收益

（一）全国社会保障基金投资收益

1.历年收益率

截至2023年末，社保基金在已公布投资业绩的23年间取得了7.36%的年均收益率。社保基金在23年之中有20年获得正收益，正收益最高的两年发生在2007年与2006年，分别为43.19%和29.01%；在2008年、2018年、2022年取得负收益，分别为–6.79%、–2.28%和–5.07%（见图3–1）。

2.历年累计收益占权益总额的比例

截至2023年末，社保基金权益总额为26 569.42亿元，累计投资收益额为16 825.76亿元，累计收益额占权益总额比例为63.33%。2023年，社保基金投资收益额250.11亿元。

社保基金累计投资收益额占权益总额比例在2001年至2007年间呈上升趋势，该数值于2008年大幅下降至31.15%，又在随后11年中逐步上升，于2021年达到峰值66.50%（见图3–2）。社保基金累计收益额于2008年单年下降655.20亿元，投资收益额占权益总额比例在2008年大幅下降，主要有两方面原因：一是2008

年投资亏损，收益率为-6.79%，亏损393.72亿元；二是2008年首次执行新会计准则，调减以前年度收益261.48亿元[①]。

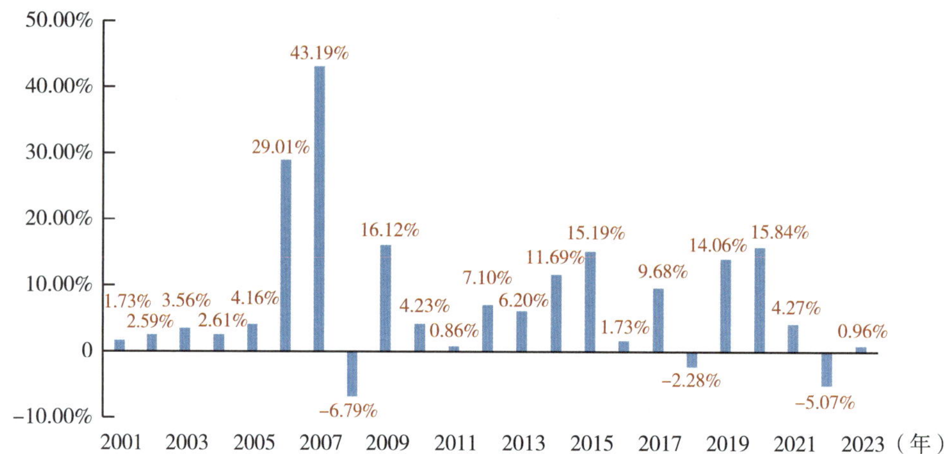

图3-1 社保基金历年投资收益率

资料来源：全国社会保障基金理事会官网。

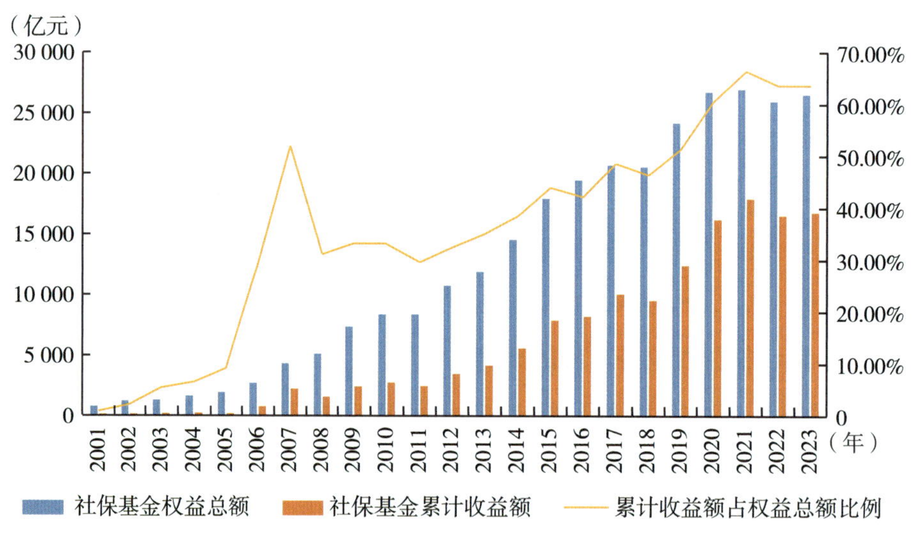

图3-2 社保基金历年累计收益占权益总额比例情况

资料来源：全国社会保障基金理事会官网。

① 摘自全国社会保障基金理事会官网披露的“社保基金历年收益情况表”。

（二）企业年金投资收益

1.历年收益率

截至2024年，企业年金公布投资业绩以来，18年间取得了6.17%的年均收益率。企业年金在18年之中有15年获得正收益，当年加权平均收益率超10%的两年发生在2007年与2020年，分别为41.00%和10.31%；在2008年、2011年和2022年取得负收益，分别为–1.83%、–0.78%和–1.83%（见图3–3）。

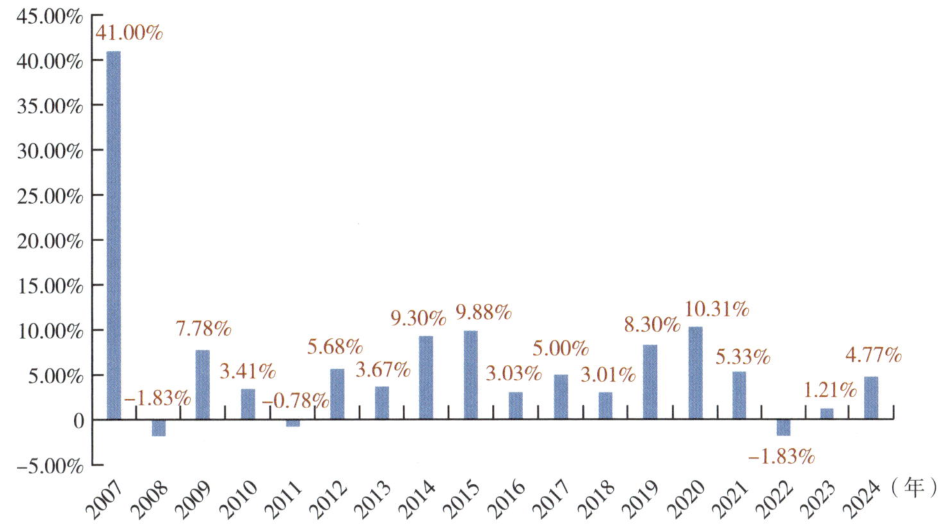

图3–3　企业年金历年投资收益率

注：历年投资收益率由每年加权平均收益率组成，计算方法详见人社部公布的企业年金2024年年报。

资料来源：人力资源和社会保障部官网。

2.历年累计收益占积累基金比例

截至2024年末，企业年金积累基金为36 421.88亿元，累计收益额为9 073.65亿元①，累计收益额占积累基金比例为24.91%，较2023年末增长1.35%。

从整体趋势看，企业年金累计收益占积累基金比例逐步升高，从2007年的4.17%提高至2024年的24.91%，显示出持续投资对资产长期增值的贡献。可以

① 2012年后的企业年金投资收益是人社部年报数据披露，2012年之前是用规模×当年的加权平均收益率估算。

看到，累计收益占积累基金比例在上升的过程中有三次比较明显的回落，发生在2008年、2011年和2022年，2008年从4.17%回落到2.38%，2011年从9.01%回落至6.36%，2022年从29.02%回落至25.02%。2008年、2011年和2022年正是企业年金投资发生亏损的三年（见图3-4）。

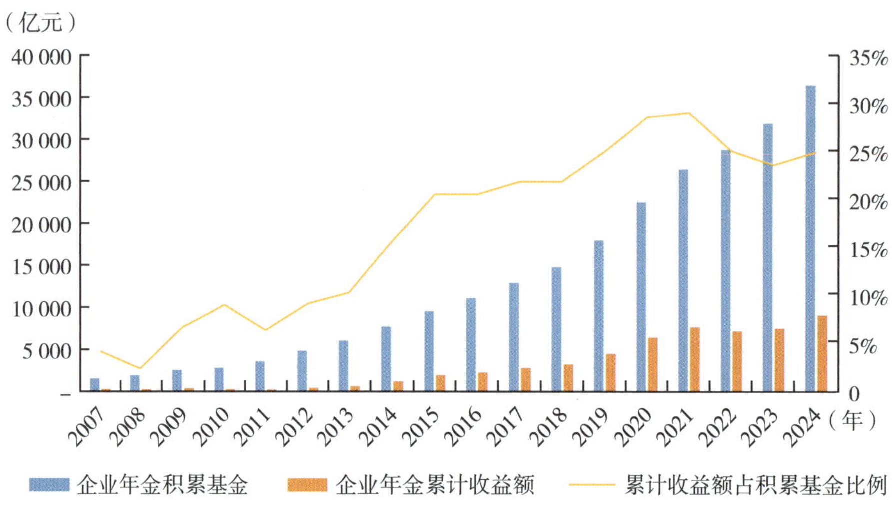

图3-4　企业年金历年累计收益占积累基金比例情况

资料来源：人力资源和社会保障部官网。

第二节　公募基金行业管理养老金情况

一、公募基金行业管理养老金规模情况

截至2024年末，公募基金行业管理包括社保基金、基本养老金、企业年金、职业年金、个人养老金和其他境外养老金在内的各类养老金资产合计5.94万亿元，较2023年末增加10 535亿元，增幅21.56%。

具体来看，基金行业管理基本养老金、企业年金、职业年金规模实现稳健增长，资产增幅均在10%以上（见表3-3）。

表3-3　　公募基金行业管理养老金规模情况

类别	2023年（亿元）	2024年（亿元）	较2023年规模增量（亿元）	较2023年规模增长百分比（%）
社保基金	13 791	15 658	1 867	13.54
基本养老金	9 678	13 080	3 402	35.15
企业年金	12 610	14 646	2 035	16.14
职业年金	12 712	15 910	3 198	25.15
个人养老金	58	91	33	57.03
其他境外养老金（作为投顾）	7	—	—	—
总计	48 857	59 385	10 535	21.56

资料来源：中国证券投资基金业协会。

二、养老目标基金

（一）总体情况

养老目标基金是指以追求养老资产的长期稳健增值为目的，鼓励投资者长期持有，采用成熟的资产配置策略，合理控制投资组合波动风险的公开募集证券投资基金，是公募基金行业为服务个人投资者养老投资推出的一类产品。

中国证监会于2018年上半年发布《养老目标证券投资基金指引（试行）》，首只养老目标基金产品于2018年9月成立。截至2024年末，共有64家基金公司发行的269只养老目标基金成立并存续运作，较2023年末增加9只，其中2024年新发行21只、清盘12只；总规模599.58亿元，持有人户数为512.04万户①，规模较2023年下降了15.02%，户数较2023年下降了5.94%（见表3-4）。

① 已披露年报的基金持有人户数采用年报披露数据计算，未披露年报的基金持有人户数采用认购户数计算。

表3-4　　养老目标基金基本情况表

类别	2023年	2024年	较2023年增量	较2024年增长百分比（%）
养老目标基金的管理人数量（家）	61	64	3	4.92
养老目标基金产品数量（只）	260	269	9	3.46
养老目标基金总规模（亿元）	705.58	599.58	–106.00	–15.02
养老目标基金持有人户数（户）	5 443 836	5 120 426	–323 410	–5.94

资料来源：Wind，中国证券投资基金业协会。

（二）采用目标日期策略的养老目标基金

1. 基本情况

截至2024年末，采用目标日期策略的养老目标基金（以下简称目标日期基金）总共有116只，较2023年末减少2只，降幅为–1.69%，其中2024年新发行7只、清盘9只；规模为226.72亿元，较2023年末增加10.82亿元，增幅为5.01%；持有人户数为215.14万户，较2023年末增加0.29万户，增幅为0.14%（见表3–5）。

表3-5　　目标日期基金基本情况表

类别	2023年	2024年	较2023年增量	较2023年增长百分比（%）
目标日期基金的管理人数量（家）	44	44	0	0
目标日期基金产品数量（只）	118	116	–2	–1.69
目标日期基金总规模（亿元）	215.90	226.72	10.82	5.01
目标日期基金持有人户数（户）	2 148 524	2 151 437	2 913	0.14

资料来源：Wind，中国证券投资基金业协会。

2. 目标日期分布情况

目标日期策略是指随着所设定目标日期的临近，逐步降低权益类资产的配置比例，增加非权益类资产的配置比例。截至2024年末，44家已发行目标日期基金的管理人中，布局8只目标日期基金的管理人有2家，布局6只目标日期基金的管理人有5家，布局5只目标日期基金的管理人有2家，布局4只目标日期基金的管理人有4家，布局3只目标日期基金的基金公司有3家，布局2只目标日期基金的基金公司有7家，布局1只目标日期基金的基金公司有21家。

其中，布局数量前四的目标日期为2035年、2045年、2040年、2050年，分别有24只、24只、22只、16只产品布局（见表3-6）。

表3-6　　2024年末目标日期分布情况表

目标日期（年）	2025	2030	2033	2035	2036	2038	2040	2043	2045	2050	2055	2060	总计
产品数量（只）	4	9	1	24	1	1	22	1	24	16	8	5	116

资料来源：Wind，中国证券投资基金业协会。

3. 目标日期基金资产组合情况

截至2024末，披露年报的116只目标日期基金总资产合计232.25亿元；其中，持有基金市值为200.57亿元，占基金总资产的86.36%；持有股票市值为5.01亿元，占基金总资产的2.16%；持有债券市值为10.82亿元，占基金总资产的4.66%；持有银行存款市值为11.16亿元，占基金总资产的4.81%；持有其他资产市值为4.69亿元，占基金总资产的2.02%（见图3-5）。

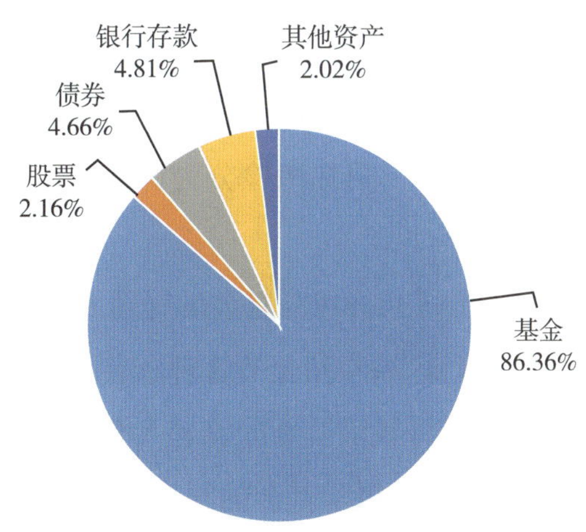

图3-5　2024年末目标日期基金资产组合情况

资料来源：Wind。

（三）采用目标风险策略的养老目标基金

1. 基本情况

截至2024年末，采用目标风险策略的养老目标基金（以下简称目标风险基金）总共有153只，较2023年末增加11只，增幅为7.75%，其中2024年新发行14只、清盘3只；规模为372.85亿元，较2023年末减少116.82亿元，降幅为-23.86%；持有人户数为296.90万户，较2023年末减少32.63万户，降幅为-9.90%（见表3-7）。

表3-7　　目标风险基金基本情况表

类别	2023年	2024年	较2023年增量	较2023年增长百分比（%）
目标风险基金的管理人数量（家）	56	62	6	10.71
目标风险基金产品数量（只）	142	153	11	7.75
目标风险基金总规模（亿元）	489.67	372.85	-116.82	-23.86
目标风险基金持有人户数（户）	3 295 312	2 968 989	-326 323	-9.90

资料来源：Wind，中国证券投资基金业协会。

2. 目标风险分布情况

目标风险策略是指根据特定的风险偏好设定权益类资产、非权益类资产的恒定配置比例，或使用广泛认可的方法界定组合风险（如波动率），并采取有效措施控制基金组合风险。在实践中，目标风险分为稳健/保守、平衡/均衡、积极/进取三档，对应低、中、高组合风险。

截至2024年末，62家发行了目标风险基金的管理人中，布局9只目标风险基金的管理人有1家，布局7只目标风险基金的管理人有1家，布局5只目标风险基金的管理人有5家，布局4只目标风险基金的管理人有7家，布局3只目标风险基金的管理人有10家，布局2只目标风险基金的管理人有16家，布局1只目标风险基金的管理人有22家。其中，88只产品选择了稳健/保守目标风险，占比57.52%；49只产品选择了平衡/均衡目标风险，占比32.03%；16只产品选择积极/进取目标风险，占比10.46%（见表3-8）。

表3-8　2024年末目标风险分布情况表

目标风险	稳健/保守	平衡/均衡	积极/进取	总计
产品数量（只）	88	49	16	153

资料来源：Wind，中国证券投资基金业协会。

3. 目标风险基金资产组合情况

截至2024年末，披露年报的152只目标风险基金总资产合计378.68亿元；其中，持有基金市值为330.26亿元，占基金总资产的87.21%；持有股票市值为7.32亿元，占基金总资产的1.93%；持有债券市值为17.88亿元，占基金总资产的4.72%；持有银行存款市值为15.78亿元，占基金总资产的4.17%；持有其他资产市值7.43亿元，占基金总资产的1.96%（见图3-6）。

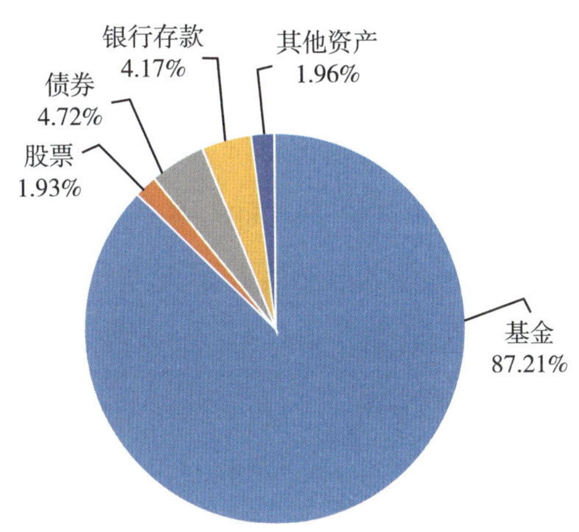

图3-6　2024年末目标风险基金资产组合情况

资料来源：Wind。

三、个人养老金基金

根据中国证监会发布的《个人养老金投资公开募集证券投资基金业务管理暂行规定》，个人养老金基金应当针对个人养老金投资公募基金业务设立单独的份额类别（Y类份额）。增设Y类份额，有利于与其他非个人养老金账户资金相区分，个人投资者在购买Y类份额时可享有税收优惠，未来随着个人养老金基金的发展壮大，设立单独份额也有利于进行统筹管理。

与普通公募基金相比，个人养老金基金的Y类份额在费率上具有一定优势，不得收取销售服务费，可以豁免申购限制和申购费等销售费用（法定应当收取并计入基金资产的费用除外），可以对管理费和托管费实施一定的费率优惠。长远来看，个人养老金基金实施费率优惠，可以降低个人投资者的实际投资成本，有助于提升其个人养老金的投资回报，同时吸引更多投资者参与个人养老金基金投资，进一步推动第三支柱个人养老金的稳步发展。

2022年11月18日，中国证监会公布了首批个人养老金基金名录和个人养老金基金销售机构名录，标志着个人养老金投资公募基金业务正式落地，基金行业开始迈入服务个人养老金事业发展的新阶段。首批个人养老金基金为129只养老目标基金，包括50只养老目标日期基金和79只养老目标风险基金，涉及40家基金管理人。首批个人养老金基金均对Y类份额的管理费、托管费实施了五折优惠。

2024年12月12日，人社部、财政部、国家税务总局、国家金融监督管理总局及中国证监会五部门联合发布《关于全面实施个人养老金制度的通知》，明确自12月15日起，全面实施个人养老金制度，个人养老金税收优惠政策的实施范围从先行城市（地区）同步扩大到全国。同时，将国债纳入个人养老金产品范围，将特定养老储蓄、指数基金纳入个人养老金产品目录，推动更多养老理财产品纳入个人养老金产品范围。首批共有85只权益类指数基金Y类份额纳入个人养老金基金名录。

截至2024年末，共有56家基金公司发行的285只个人养老金基金Y类份额成立并存续运作，总规模为91.43亿元，其中养老目标基金Y类份额200只，规模88.27亿元，指数基金Y类份额85只，规模3.16亿元。

养老目标基金方面，截至2024年末，共有54家基金公司发行的200只养老目标基金Y类份额成立并存续运作，较2023年末增加20只，其中2024年新发行22只、清盘2只。根据产品公开披露的年报信息，养老目标基金Y类份额总规模为88.27亿元。其中，养老目标日期基金79只，Y份额规模为52.93亿元；养老目标风险基金121只，Y份额规模为35.33亿元。

指数基金方面，截至2024年末，共有30家基金公司发行的85只指数基金Y类份额成立并存续运作，均为首批纳入个人养老金投资范围的指数基金。根据产品公开披露的年报信息，指数基金Y类份额总规模为3.16亿元（见表3-9）。

表3-9　　2024年末个人养老金基金基本情况

Y份额类型	数量（只）	规模（亿元）
目标日期FOF	79	52.93
目标风险FOF	121	35.33
指数基金	85	3.16
总计	285	91.43

第四章 证券期货经营机构私募资产管理业务

第一节 总体情况

证券期货经营机构私募资产管理计划[①]（以下简称私募资管产品）净资产（以下简称规模）近10年先快速增长，2016年达顶峰后连续下降。截至2024年末，存续产品3.40万只，较上年末增长1.39%；规模降至12.17万亿元[②]，较上年末下降1.91%（见图4–1）。

2024年私募资管产品备案[③]9 332只，同比减少5.47%；备案规模[④]5 749.69亿

① 证券期货经营机构私募资产管理计划包括证券公司及其资管子公司（简称证券公司）私募资管计划、基金管理公司（简称基金公司）私募资管计划、基金子公司私募资管计划、期货公司及其资管子公司（简称期货公司）私募资管计划、证券公司私募子公司（简称私募子公司）私募基金、基金管理公司私募子公司私募基金等。

② 存续规模中，证券公司与基金公司私募子公司的私募基金指存续产品期末实缴规模，其余指存续产品期末净资产规模。因个别机构在报送时点后更正数据，本部分统计结果存在与此前已公布数据不一致的情况。

③ 某时间段内备案产品指在中国证券投资基金业协会AMBERS系统备案通过日期在该时间段内的产品。根据《证券期货经营机构私募资产管理业务管理办法》要求，证券期货经营机构私募资产管理计划应于成立后5个工作日内在基金业协会进行备案，故产品备案时间与成立时间存在时间差。年度备案统计基于官网已公布月度统计的加总。

④ 备案规模指产品备案时填报的募集规模或初始规模，证券公司与基金公司私募子公司私募基金备案规模指备案时填报的实缴规模。备案规模仅衡量产品备案时点资金到账情况。

元，同比下降0.33%（见图4-2）。

2024年，私募资管产品延续净流出状态，全年净流出4 101亿元，其中固定收益类产品贡献64%。资金来源结构变化最大的是银行理财资金，2024年末占比为38%，同比下降1.21个百分点。债类资产[①]是私募资管产品最大配置类别，截至2024年末占67.25%。

图4-1　私募资管产品数量与存续规模趋势

注：关于历史数据起点问题的说明：我们尽可能进行历史追溯，但受条件所限，本部分私募资管产品增量统计（如备案统计）追溯至2019年；对于存量统计，不同分类的统计起点有差异，如总体数据自2013年起，按产品类型分类数据自2015年起，按投资类型分类数据自2019年起等。

资料来源：中国证券投资基金业协会。

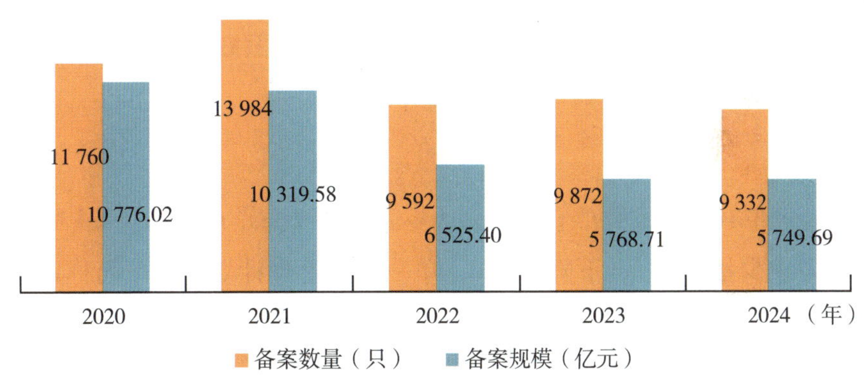

图4-2　私募资管产品备案数量与备案规模情况

资料来源：中国证券投资基金业协会。

① 债类资产具体范围见图4-17的注解。

一、产品备案情况

2024年私募资管产品备案数量较上年小幅下降。全年备案9 332只，比上年减少540只，降幅5.47%。

从管理人类型分布看，证券公司备案6 052只，占64.85%，同比增加94只，增幅1.58%；基金公司备案1 717只，占18.40%，同比减少565只，降幅24.76%；期货公司备案672只，占7.20%，同比减少137只，下降16.93%；基金子公司备案688只[①]，占7.73%，同比增加136只，增长24.64%；私募子公司备案203只，占2.18%，同比减少68只，下降25.09%（见图4–3）。

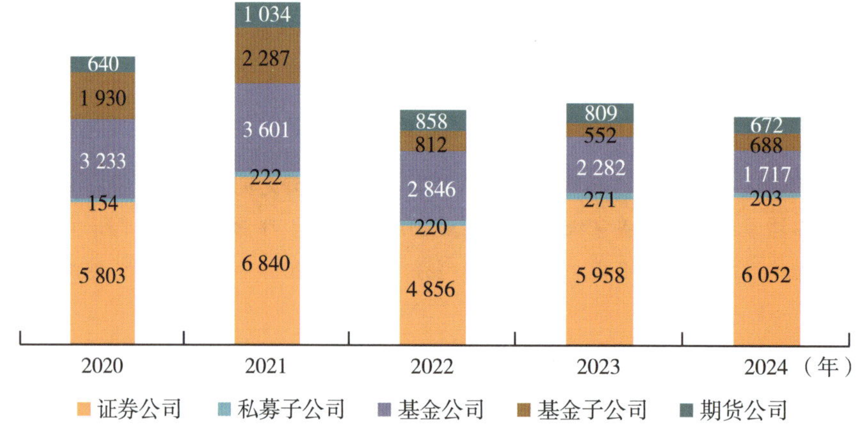

图4–3　按管理人类型分私募资管产品备案数量（只）

注：基金公司私募子公司产品纳入基金子公司统计中。

资料来源：中国证券投资基金业协会。

按产品类型看，集合资产管理计划（以下简称集合产品）[②]备案4 667只，占50.01%，同比少备191只，下降3.93%；单一资产管理计划（以下简称单一产品）备案4 665只，占49.99%，同比少备349只，下降6.96%（见图4–4）。

① 包括基金公司私募子公司当年备案的2只产品。

② 证券公司与基金公司私募子公司的私募基金大多为有限合伙形式，为简便起见，在总体统计中，统一纳入集合资产管理计划。

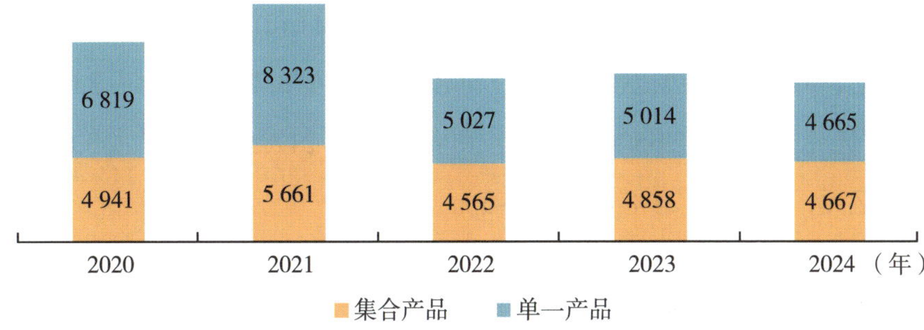

图4-4　按产品类型分私募资管产品备案数量（只）

资料来源：中国证券投资基金业协会。

按投资类型看，权益类产品[①]备案583只，占6.25%，同比少备411只，下降41.35%；固定收益类产品（以下简称固收类产品）备案5 286只，占56.64%，同比多备140只，增长2.72%；期货和衍生品类产品备案491只，占5.26%，同比少备139只，下降22.06%；混合类产品备案2 972只，占31.85%，同比少备130只，下降5.47%（见图4-5）。

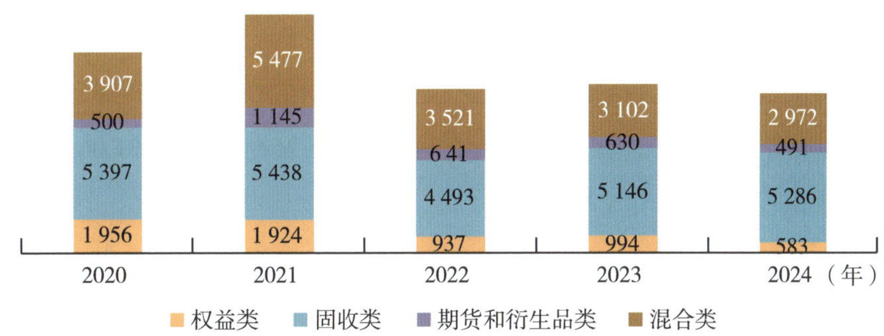

图4-5　按投资类型分私募资管产品备案数量（只）

资料来源：中国证券投资基金业协会。

2024年私募资管产品备案规模共5 749.69亿元，比上年减少19.03亿元，下降0.33%，降幅最大的是证券公司私募子公司私募资管产品，降幅达52.65%。

从管理人类型分布看，证券公司备案规模3 624.96亿元，占63.05%，同比增加600.48亿元，增幅19.85%；基金公司备案规模1 124.42亿元，占19.56%，同比

① 证券公司与基金公司私募子公司的私募基金主要为股权类基金，为简便起见，在总体统计中，统一纳入权益类产品。

减少572.37亿元，降幅33.73%；基金子公司备案规模612.80[①]，占10.66%，同比增加72.29亿元，增长13.37%；私募子公司备案规模175.29亿元，占3.05%，同比减少194.94亿元，下降52.65%；期货公司备案规模212.22亿元，占3.69%，同比增加75.52亿元，增长55.24%（见图4-6）。

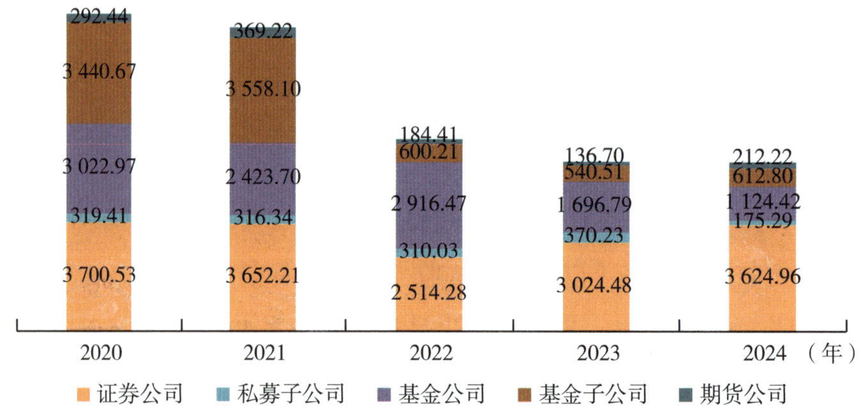

图4-6　按管理人类型分私募资管产品备案规模（亿元）

资料来源：中国证券投资基金业协会。

按产品类型看，集合产品备案规模3 963.92亿元，占68.94%，同比增加161.78亿元，增长4.26%；单一产品备案规模1 785.76亿元，占31.06%，同比减少180.81亿元，下降9.19%（见图4-7）。

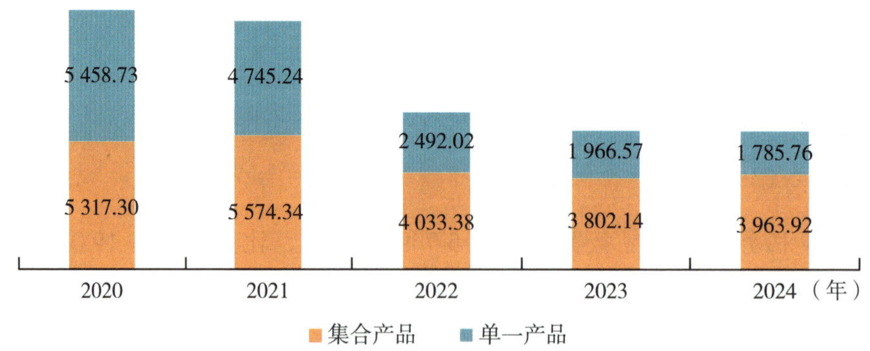

图4-7　按产品类型分私募资管产品备案规模（亿元）

资料来源：中国证券投资基金业协会。

① 包括基金公司私募子公司当年备案的2只产品，备案规模0.7亿元。

按投资类型看，权益类产品备案规模264.04亿元，占4.59%，同比减少300.47亿元，下降53.23%；固收类产品备案规模4 386.47亿元，占76.29%，同比增加340.10亿元，增长8.40%；期货和衍生品类产品备案规模294.78亿元，占5.13%，同比增加42.15亿元，增长16.69%；混合类产品备案规模804.39亿元，占13.99%，同比减少100.80亿元，下降11.14%（见图4-8）。

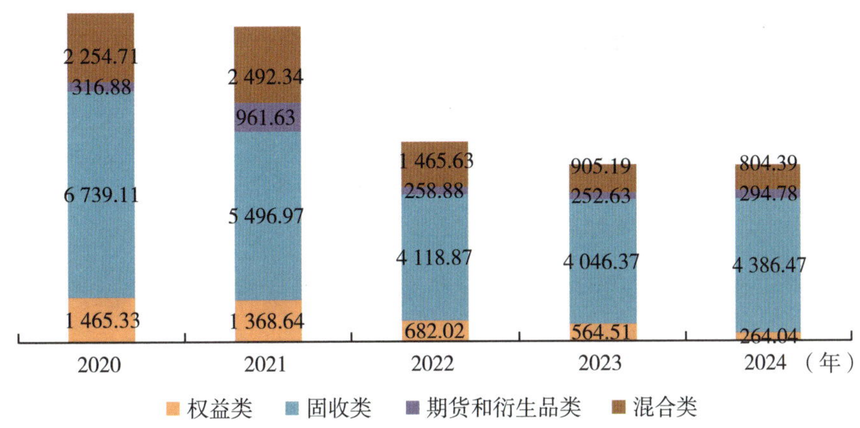

图4-8　按投资类型分私募资管产品备案规模（亿元）

资料来源：中国证券投资基金业协会。

二、产品存续情况

截至2024年末，私募资管产品存续数量34 023只，较2023年末增加468只，增长1.39%。

从管理人类型分布看，证券公司管理产品20 122只，占59.14%，同比增加1 370只，增幅7.31%；基金公司管理产品7 627只，占22.42%，同比减少672只，下降8.10%；基金子公司管理产品2 662只①，占7.82%，同比减少331只，下降11.06%；期货公司管理产品2 085只，占6.13%，同比减少32只，下降1.51%；私募子公司管理产品1 527只，占4.49%，同比增加133只，增长9.54%（见图4-9）。

① 包括基金公司私募子公司存续的56只产品。

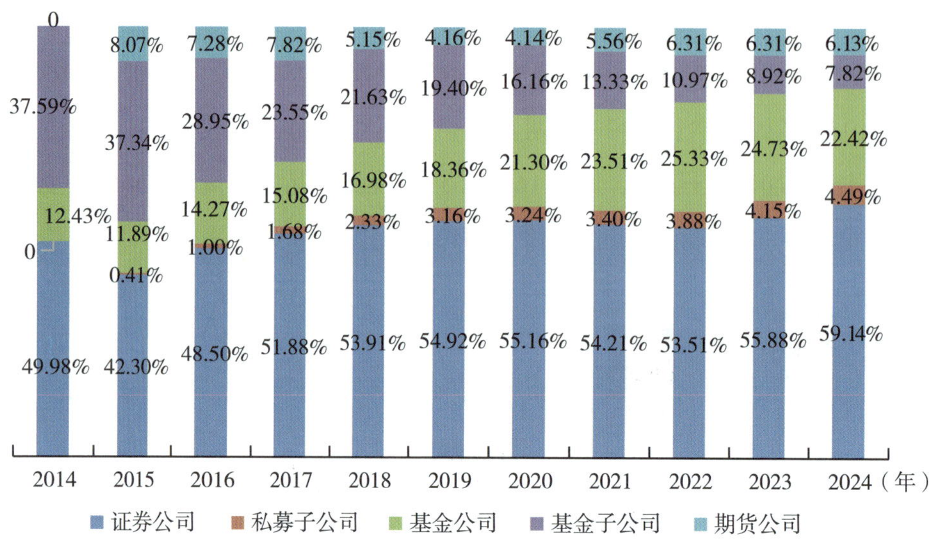

图4-9　按管理人类型分私募资管产品存续数量分布

资料来源：中国证券投资基金业协会。

按产品类型看，存续集合产品17 565只，占51.63%，同比增加1 255只，增长7.69%；存续单一产品16 458只，占48.37%，同比减少787只，下降4.56%（见图4-10）。

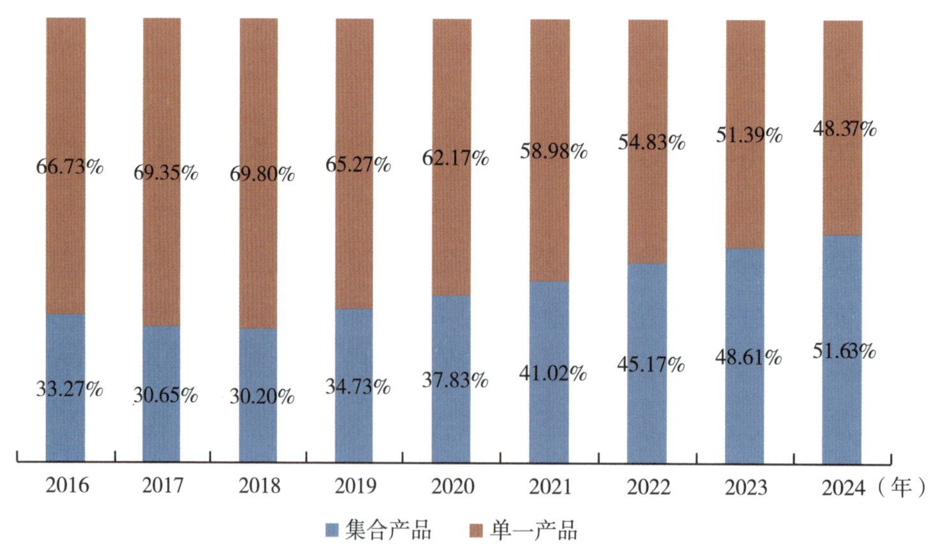

图4-10　按产品类型分私募资管产品存续数量分布

资料来源：中国证券投资基金业协会。

按投资类型看，存续权益类产品5 082只，占14.94%，同比减少500只，下降8.96%；固收类产品15 913只，占46.77%，同比增加1 062只，增长7.15%；期货和衍生品类产品1 366只，占4.01%，同比减少93只，下降6.37%；混合类产品11 662只，占34.28%，同比减少1只，下降0.01%（见图4–11）。

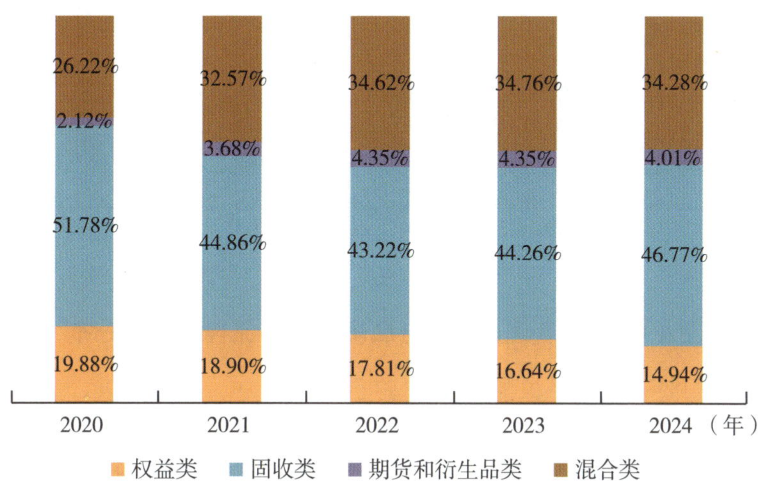

图4–11　按投资类型分私募资管产品存续数量分布

资料来源：中国证券投资基金业协会。

截至2024年末，私募资管产品存续规模121 716.89亿元，较2023年末减少2 369.4亿元，下降1.91%。

从管理人类型分布看，证券公司管理产品存续规模54 656.87亿元，占44.9%，同比增加1 611.03亿元，涨幅3.04%；基金公司管理产品46 602.96亿元，占38.29%，同比减少1 107.26亿元，下降2.32%；基金子公司管理产品11 025.06亿元①，占9.06%，同比减少3 354.80亿元，下降23.33%；私募子公司管理产品6 351.40亿元，占5.22%，同比增加146.61亿元，增长2.36%；期货公司管理产品3 086.6亿元，占2.53%，同比增加335.03亿元，增长12.2%（见图4–12）。

按产品类型看，集合产品存续规模58 853.25亿元，占48.35%，同比增加627.83亿元，增长1.08%；单一产品存续规模62 863.65亿元，占51.65%，同比减少2 997.22亿元，下降4.55%（见图4–13）。

① 包括基金公司私募子公司存续的56只产品，存续规模114.25亿元。

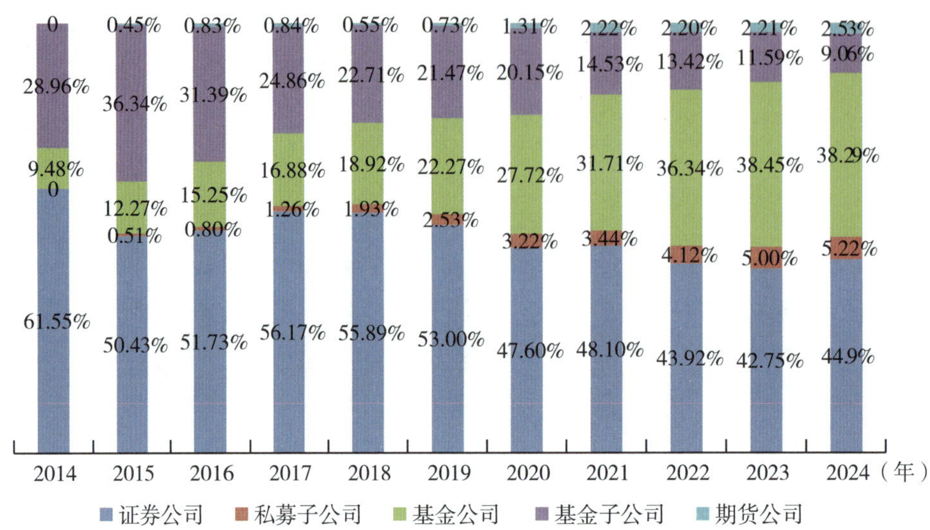

图4-12 按管理人类型分私募资管产品存续规模分布

资料来源：中国证券投资基金业协会。

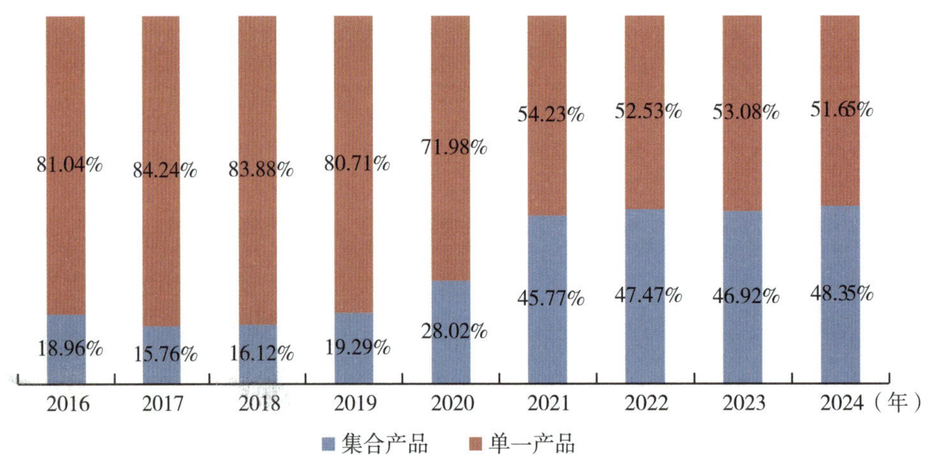

图4-13 按产品类型分私募资管产品存续规模分布

资料来源：中国证券投资基金业协会。

按投资类型看，权益类产品存续规模18 021.64亿元，占14.81%，同比减少608.48亿元，下降3.27%；固收类产品存续规模90 674.19亿元，占74.5%，同比减少931.05亿元，下降1.02%；期货和衍生品类产品存续规模1 008.01亿元，仅占0.83%，同比增加78.29亿元，增长8.42%；混合类产品存续规模12 013.05亿元，占9.87%，同比减少908.16亿元，下降7.03%（见图4-14）。

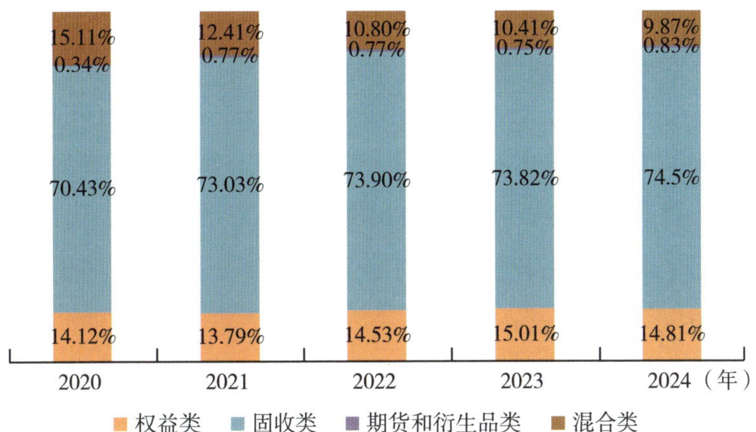

图4-14　按投资类型分私募资管产品存续规模分布

资料来源：中国证券投资基金业协会。

三、资金净流动（认/申赎）情况

2024年私募资管产品资金净流出4 101亿元。其中，权益类产品净流出795亿元，固收类产品净流出2 609亿元，期货和衍生品类产品净流入169亿元，混合类产品净流出866亿元（见图4-15）。

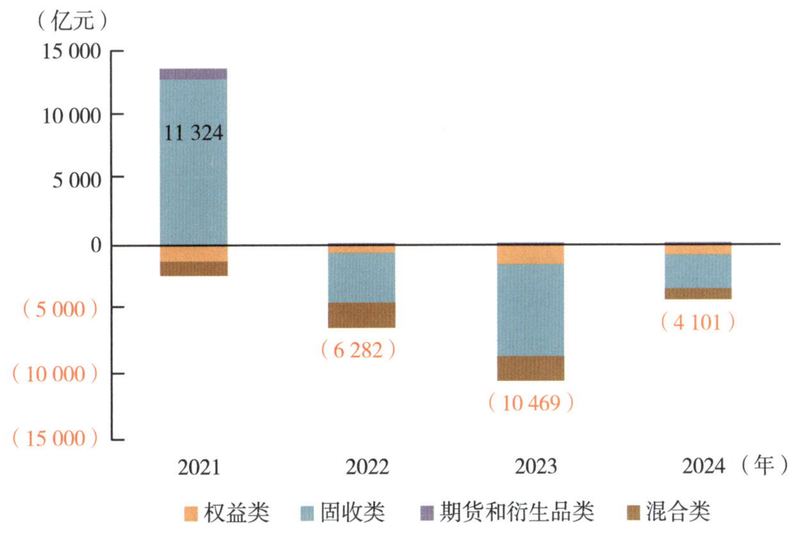

图4-15　私募资管产品资金净流动情况

资料来源：中国证券投资基金业协会。

四、资金来源（投资者出资）情况

2024年私募资管产品资金来源结构主要变化有：银行理财资金比例同比下降1.21个百分点，企业（不含银行）资金比例增加0.37个百分点。此外，保险、财政、社会基金等长期资金占比持续提升，2024年升至8.12%，同比增加1.83个百分点（见图4-16）。

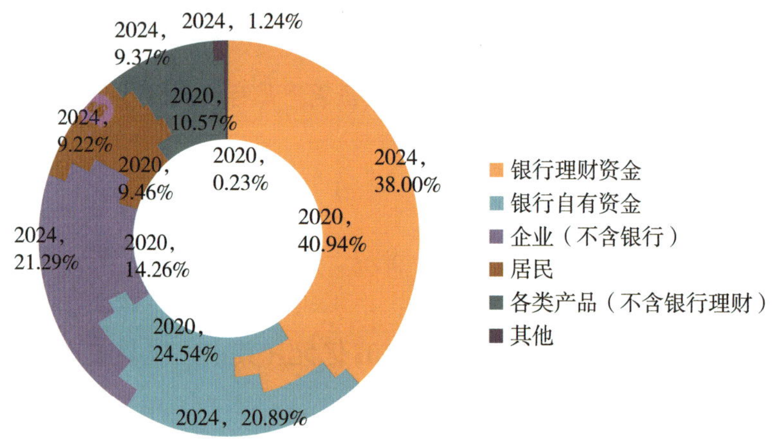

图4-16　私募资管产品资金来源分布变化情况

注：各类产品（不含银行理财）包括公募基金、私募资管产品、私募基金、信托计划、保险资管等。

资料来源：中国证券投资基金业协会。

五、资产配置情况

私募资管产品主要投向债类资产、股类资产及各类产品（含公募基金），截至2024年末，债类资产占比达67.25%，股类资产占比为10.36%，投向各类产品占比为9.09%（见图4-17）。

进一步细化债类资产，利率债配置比例近5年连续提升，近3年，信用债配置比例略有下降，同业存单配置比例连续增长，其他债权资产配置比例明显缩减（见图4-18）。

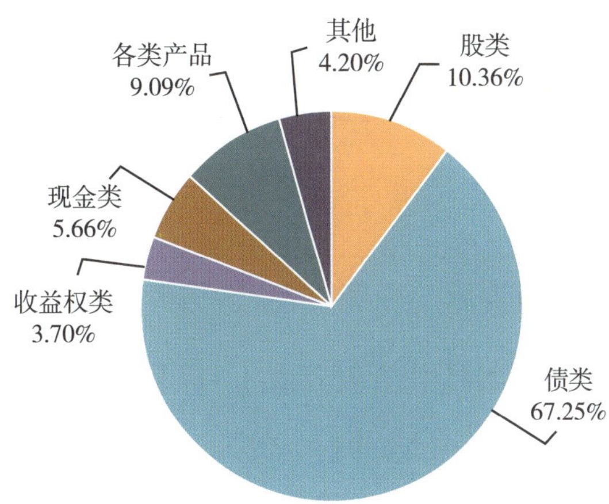

图4-17 2024年末私募资管资产配置分布

注：因境外投资占比较小，资产分类以境内资产为主，其中债类资产包括境内债券（利率债、信用债、资产支持证券及其他）、境内债权（同业存单、其他债权），股类资产包括境内未上市股权（含新三板）、股票，收益权类包括债券逆回购、股票质押资产及各类资产收益权，各类产品包括公募基金、私募资管产品、私募基金、银行理财、信托计划、保险资管等，现金类主要为银行存款。

资料来源：中国证券投资基金业协会。

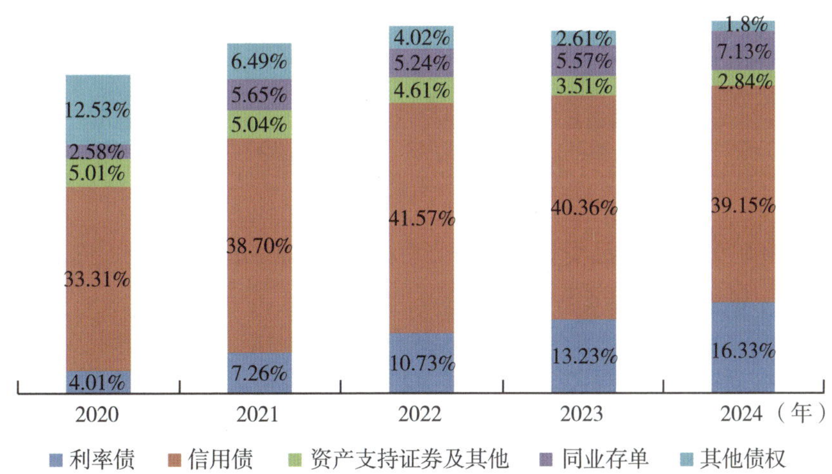

图4-18 私募资管产品债类资产配置分布变化情况

注：图中占比为占资产总计的比例，因四舍五入原因2024年分项比例之和与图4-17中债类比例存在差异。

资料来源：中国证券投资基金业协会。

第二节 基金管理公司私募资产管理业务

一、产品备案情况

2024年，基金公司备案私募资管产品1 717只，比上年减少565只，下降24.76%。

按产品类型看，集合产品备案652只，占37.97%，同比减少274只，下降29.59%；单一产品备案1 065只，占62.03%，同比减少291只，下降21.46%（见图4–19）。

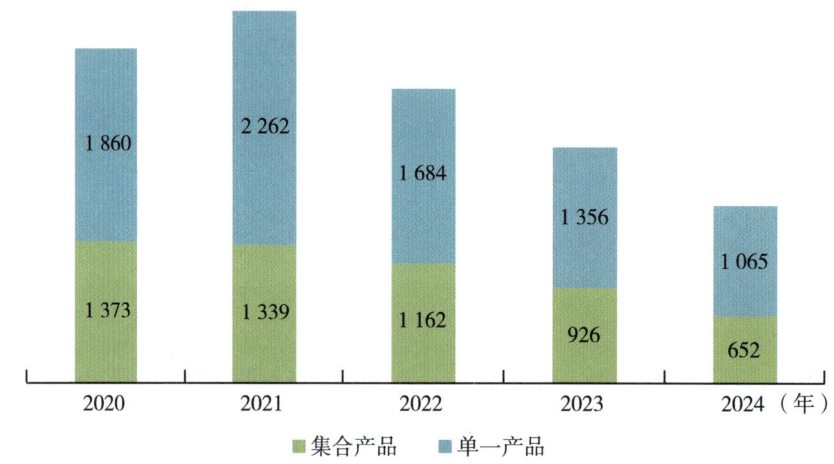

图4–19 按产品类型分基金公司私募资管产品备案数量（只）

资料来源：中国证券投资基金业协会。

按投资类型看，权益类产品备案92只，占5.36%，同比减少45只，下降32.85%；固收类产品备案976只，占56.84%，同比减少298只，下降23.39%；期货和衍生品类产品备案11只，占0.64%，同比减少6只，下降35.29%；混合类产品备案638只，占37.16%，同比减少216只，下降25.29%（见图4–20）。

2024年基金公司私募资管产品备案规模共1 124.42亿元，比上年减少572.37亿元，下降33.73%。

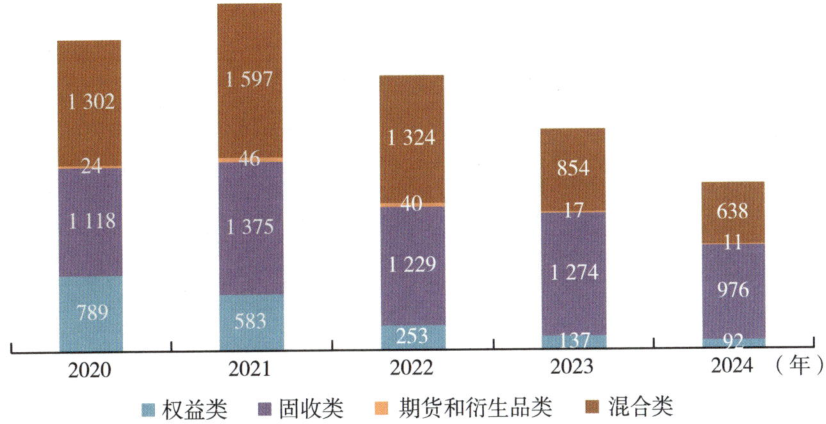

图4-20　按投资类型分基金公司私募资管产品备案数量（只）

资料来源：中国证券投资基金业协会。

按产品类型看，集合产品备案规模718.27亿元，占63.88%，同比减少256.60亿元，下降26.32%；单一产品备案规模406.15亿元，占36.12%，同比减少315.76亿元，下降43.74%（见图4-21）。

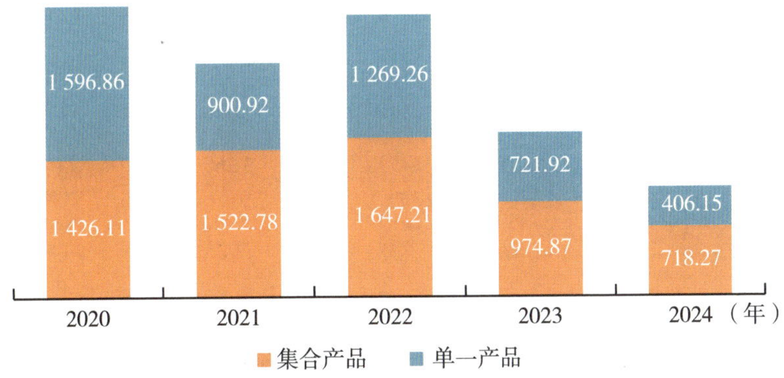

图4-21　按产品类型分基金公司私募资管产品备案规模（亿元）

资料来源：中国证券投资基金业协会。

按投资类型看，权益类产品备案规模16.44亿元，占1.46%，同比减少45.45亿元，下降73.44%；固收类产品备案规模916.48亿元，占81.51%，同比减少481.95亿元，下降34.46%；期货和衍生品类产品备案规模1.70亿元，占0.15%，同比减少3.43亿元，下降66.87%；混合类产品备案规模189.80亿元，占16.88%，同比减少41.53亿元，下降17.95%（见图4-22）。

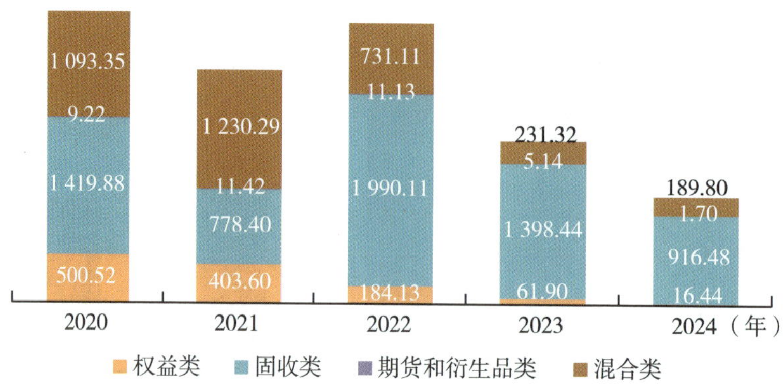

图4-22　按投资类型分基金公司私募资管产品备案规模（亿元）

资料来源：中国证券投资基金业协会。

二、产品存续情况

截至2024年末，管理私募资管产品规模非零的基金公司有132家，较2023年末增加4家，存续产品7 627只，管理资产规模46 602.96亿元[①]，同比减少1 107.26亿元，降幅2.32%（见图4-23）。

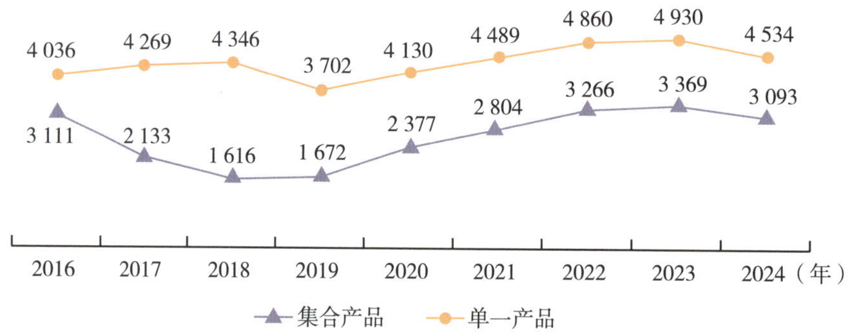

图4-23　按产品类型分基金公司私募资管产品存续数量（只）

资料来源：中国证券投资基金业协会。

2024年，集合产品与单一产品存续数量各有不同程度的减少，以投资类型分，固收类产品、混合类产品、权益类与期货和衍生品类存续数量均有所下降（见图4-24）。

① 不含基金管理公司管理的养老金，本节以下同。

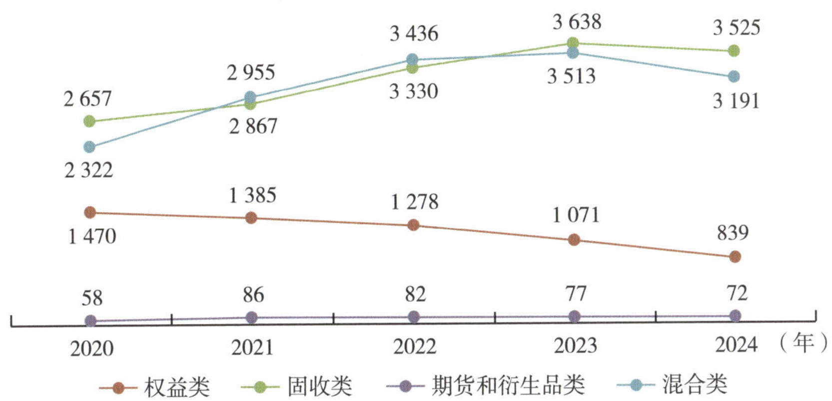

图4-24　按投资类型分基金公司私募资管产品存续数量（只）

资料来源：中国证券投资基金业协会。

截至2024年末，集合产品存续规模16 108.36亿元，占34.57%，同比减少2 545.08亿元，下降13.64%；单一产品存续规模30 494.60亿元，占65.43%，同比增加1 437.82亿元，增长4.95%（见图4-25）。

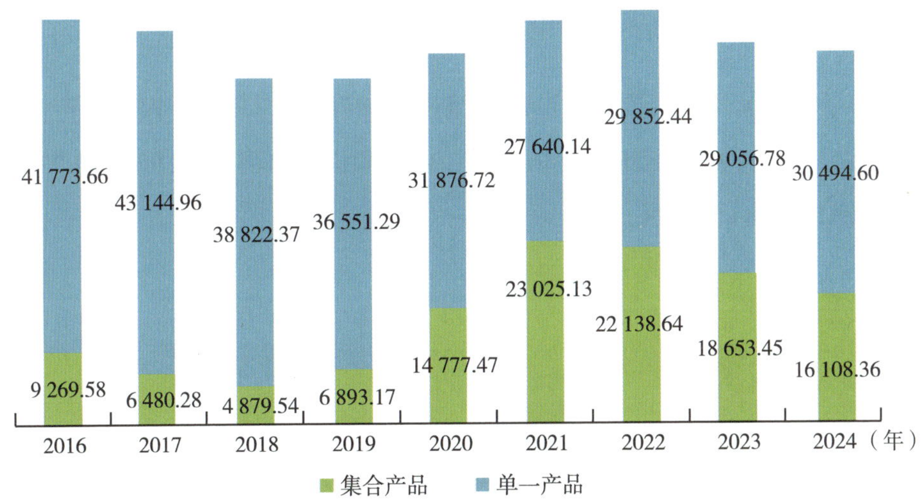

图4-25　按产品类型分基金公司私募资管产品存续规模（亿元）

资料来源：中国证券投资基金业协会。

按投资类型分，权益类产品存续5 035.47亿元，占10.81%，同比减少84.92亿元，下降1.66%；固收类产品存续35 779.31亿元，占76.77%，同比减少831.96亿元，下降2.27%；期货和衍生品类产品存续55.70亿元，占0.12%，同比减少

5.63亿元，下降9.19%；混合类产品存续5 732.48亿元，占12.30%，同比减少184.76亿元，下降3.12%（见图4–26）。

图4–26　按投资类型分基金公司私募资管产品存续规模（亿元）

资料来源：中国证券投资基金业协会。

三、资金净流动（认/申赎）情况

2024年，基金公司私募资管产品净流出1 667亿元。其中，权益类产品净流出344亿元，固收类产品净流出666亿元，期货和衍生品类产品净流出0.23亿元，混合类产品净流出657亿元（见图4–27）。

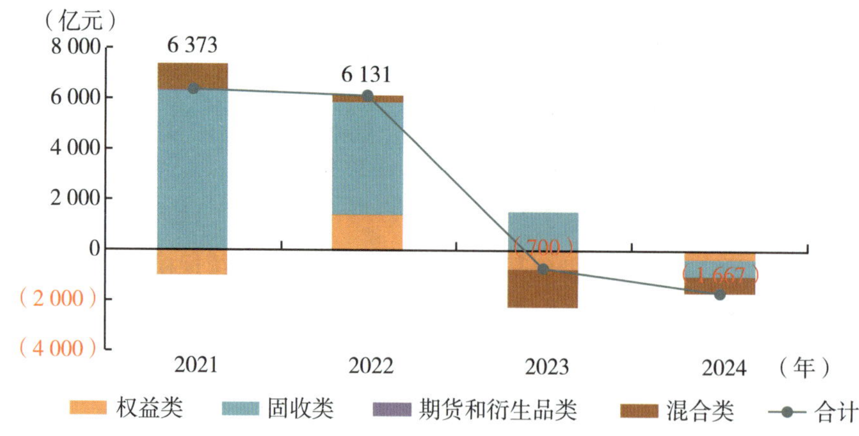

图4–27　基金公司各类型私募资管产品资金流动情况

资料来源：中国证券投资基金业协会。

以认/申购资金与赎回资金分别占平均存续规模观测产品资金流入率、流出率情况，近几年数据来看，固收类产品资金流动率明显高于其他类别产品，而权益类产品流动率为各类产品中最低（见表4–1、表4–2）。

表4–1　　基金公司私募资管产品年度资金流入率情况　　（单位：%）

年份	权益类	固收类	期货和衍生品类	混合类	合计
2021	39.64	190.78	96.60	92.73	154.16
2022	50.46	132.28	38.00	62.65	111.95
2023	15.19	141.49	85.87	49.93	113.68
2024	25.77	139.69	48.42	43.14	115.46

资料来源：中国证券投资基金业协会。

表4–2　　基金公司私募资管产品年度资金流出率情况　　（单位：%）

年份	权益类	固收类	期货和衍生品类	混合类	合计
2021	56.13	172.07	54.59	80.82	141.02
2022	27.90	120.75	43.69	59.18	100.37
2023	27.31	137.35	102.25	71.90	115.08
2024	32.55	141.53	48.81	54.48	119.00

资料来源：中国证券投资基金业协会。

四、资金来源（投资者出资）情况

从基金公司私募资管产品出资结构看，银行理财资金占比连续下降，截至2024年末占比为31.33%，同比下降6.17个百分点；银行自有资金、保险公司、证券公司出资占比均连续提升，截至年末占比分别为27.35%、15.27%、6.38%，同比分别增加2.25个、2.50个、0.25个百分点（见表4–3）。

表 4-3　　基金公司私募资管产品资金分类占比情况　　（单位：%）

类型	2020年末	2021年末	2022年末	2023年末	2024年末
银行理财	49.93	48.67	45.49	37.50	31.33
银行自有	11.60	14.98	18.86	25.10	27.35
保险公司	7.66	9.81	11.10	12.77	15.27
证券公司	2.16	3.14	4.19	6.13	6.38
其他企业	7.02	7.71	6.26	5.85	5.20
居民	4.35	4.51	3.75	3.41	3.61
信托计划	6.53	5.01	4.76	4.48	3.30
私募资管产品	5.92	2.36	1.97	2.27	3.07
私募基金	1.99	1.48	1.18	0.76	0.75
保险资管	1.49	1.42	1.79	1.16	0.68
信托公司	0.97	0.55	0.39	0.44	0.43
其他	0.38	0.35	0.27	0.13	2.63

注：其他企业不含银行、保险公司、证券公司、信托公司。
资料来源：中国证券投资基金业协会。

五、资产配置情况

基金公司私募资管计划主要配置债类资产，近年债类资产配置比例连续提升，截至2024年末，债类资产占比达71.46%；股类资产与公募基金配置比例均有所下降，截至年末分别占9.91%、3.20%；境外投资比例连续增加，截至年末为5.72%（见表4-4）。

表 4-4　　基金公司私募资管产品各类资产占比情况　　（单位：%）

类型	2020年末	2021年末	2022年末	2023年末	2024年末
债类	63.56	65.73	68.86	69.24	71.46
股类	15.84	13.51	12.53	11.14	9.91
现金类	5.44	4.94	6.29	8.37	5.92

续表

类型	2020年末	2021年末	2022年末	2023年末	2024年末
境外投资	4.73	3.63	4.05	4.28	5.72
公募基金	5.36	6.40	3.78	3.29	3.20
债券逆回购	2.50	3.80	3.00	2.33	2.35
其他	2.59	1.99	1.49	1.35	1.44

注：债类资产包括境内债券（利率债、信用债、资产支持证券及其他）、境内债权（同业存单、其他债权），股类资产以境内股票为主，现金类主要为银行存款。

资料来源：中国证券投资基金业协会。

进一步细化债类资产结构，近5年，基金公司私募资管产品对利率债的配置比例逐年提升，而对信用债的配置比例连续下降（见表4-28）。

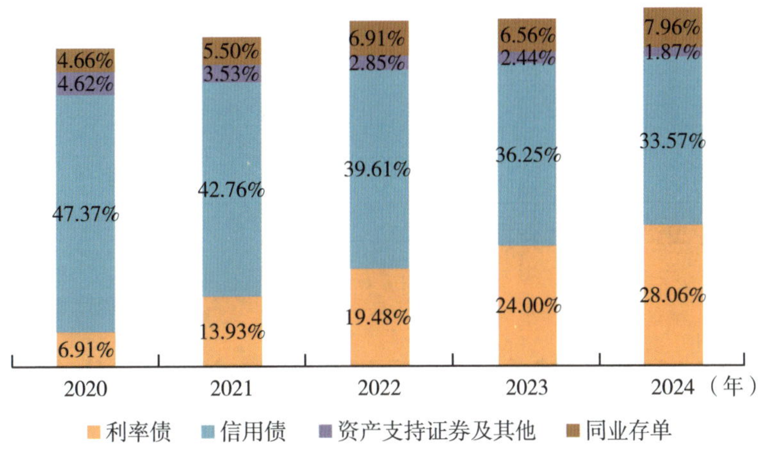

图4-28 基金公司私募资管产品债类资产配置分布变化情况

注：图中占比为占资产总计的比例。

资料来源：中国证券投资基金业协会。

六、集中度情况

基金公司私募资管业务行业集中度近年有下降趋势。截至年末规模前5的公司管理规模合计占31.08%，前10占比为45.15%，前20占比为65.00%，前30占比达到77.36%。从规模分布看，2024年平均管理规模下降，而中位数有所下降。

表 4-5　　基金公司私募资管规模集中度情况　　（单位：%）

规模	2020	2021	2022	2023	2024
前5占比	37.12	37.47	35.16	37.18	31.08
前10占比	52.21	51.20	48.76	50.87	45.15
前20占比	70.23	69.21	67.78	67.45	65.00
前30占比	80.75	80.30	79.63	79.27	77.36

资料来源：中国证券投资基金业协会。

表 4-6　　基金公司私募资管规模分布情况　　（单位：亿元）

规模	2020	2021	2022	2023	2024
1/4分位数	41.17	33.49	29.25	23.36	19.14
中位数	124.71	106.99	103.55	112.23	95.02
3/4分位数	353.07	403.48	454.27	440.46	405.57
非0机构家数	119	125	127	128	132
平均管理规模	392.05	405.32	409.38	372.74	353.05

资料来源：中国证券投资基金业协会。

第三节　基金子公司私募资产管理业务

一、产品备案情况

2024年，基金子公司[①]备案私募资管产品686只，比上年增加136只，增长24.73%。

按产品类型看，集合产品备案581只，占84.69%，同比增加258只，增长79.88%；单一产品备案105只，占15.31%，同比减少122只，下降53.74%（见图4-29）。

① 本节基金子公司数据不含基金公司私募子公司。

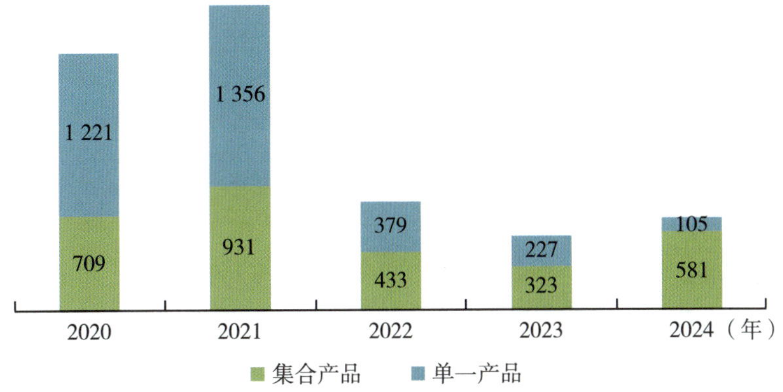

图4-29　按产品类型分基金子公司私募资管产品备案数量（只）

资料来源：中国证券投资基金业协会。

按投资类型看，权益类产品备案10只，占1.46%，同比减少44只，下降81.48%；固收类产品备案281只，占40.96%，同比增加85只，增长43.37%；期货和衍生品类产品备案187只，占27.26%，同比增加28只，增长17.61%；混合类产品备案208只，占30.32%，同比增加67只，增长47.52%（见图4-30）。

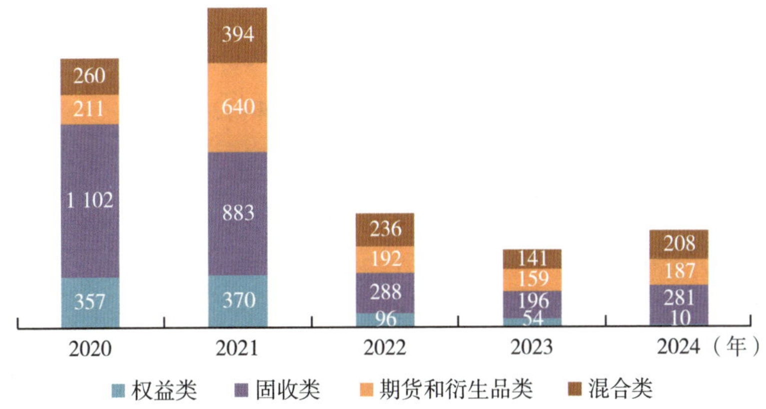

图4-30　按投资类型分基金子公司私募资管产品备案数量（只）

资料来源：中国证券投资基金业协会。

2024年基金子公司私募资管产品备案规模共612.03亿元，比上年增加72.22亿元，增长13.38%。

按产品类型看，集合产品备案规模553.40亿元，占90.42%，同比增加313.98亿元，增长131.15%%；单一产品备案规模58.63亿元，占9.58%，同比减少

241.76亿元，下降80.48%（见图4-31）。

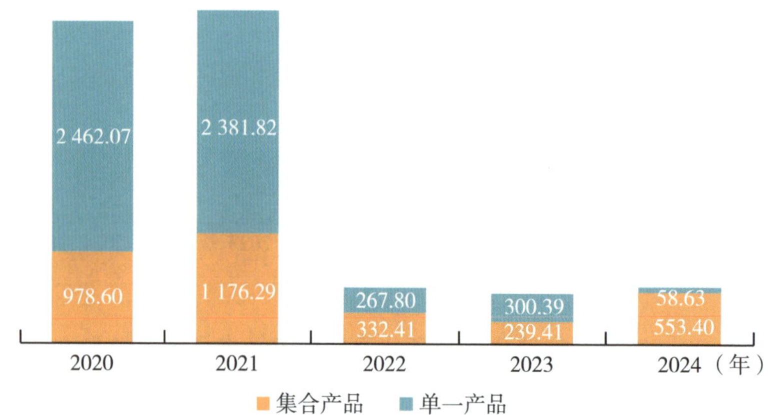

图4-31　按产品类型分基金子公司私募资管产品备案规模（亿元）

资料来源：中国证券投资基金业协会。

按投资类型看，权益类产品备案规模2.26亿元，占0.37%，同比减少10.57亿元，下降82.38%；固收类产品备案规模191.14亿元，占31.23%，同比减少124.94亿元，下降39.53%；期货和衍生品类产品备案规模220.70亿元，占36.06%，同比增加117.60亿元，增长114.07%；混合类产品备案规模197.93亿元，占32.34%，同比增加90.13亿元，增长83.62%（见图4-32）。

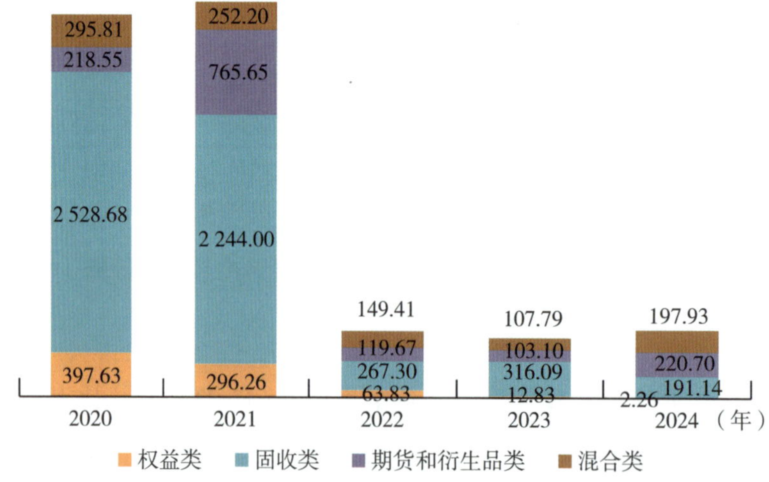

图4-32　按投资类型分基金子公司私募资管产品备案规模（亿元）

资料来源：中国证券投资基金业协会。

二、产品存续情况

截至2024年末，管理私募资管产品规模非零的基金子公司有62家，较2023年末减少5家，存续产品2 605只，管理资产规模10 910.58亿元①，同比减少3 355.03亿元，降幅23.52%（见图4-33）。

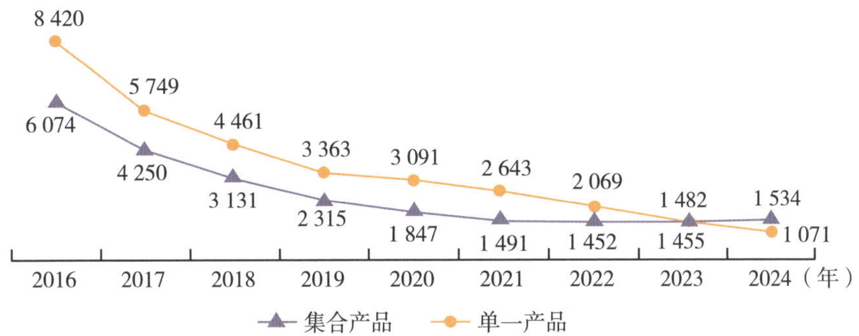

图4-33 按产品类型分基金子公司私募资管产品存续数量（只）

资料来源：中国证券投资基金业协会。

2024年，集合产品存续数量有所增长，单一产品存续数量有较大幅度下降；以投资类型分，期货和衍生品类存续数量小幅增加，其他类型产品均出现较大幅度下降（见图4-34）。

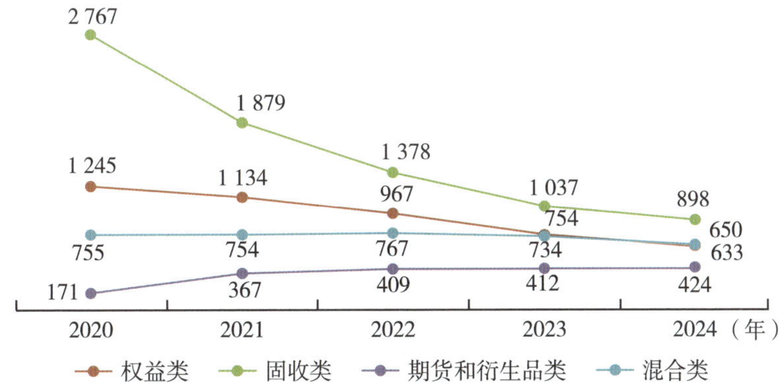

图4-34 按投资类型分基金子公司私募资管产品存续数量（只）

资料来源：中国证券投资基金业协会。

① 不含基金公司私募子公司存续规模114.25亿元。

2024年，各类型产品存续规模均出现较大幅度下降。截至年末，集合产品存续规模4 681.72亿元，占42.91%，同比减少379.85亿元，下降7.50%；单一产品存续规模6 228.86亿元，占57.09%，同比减少2 975.18亿元，下降32.32%（见图4–35）。

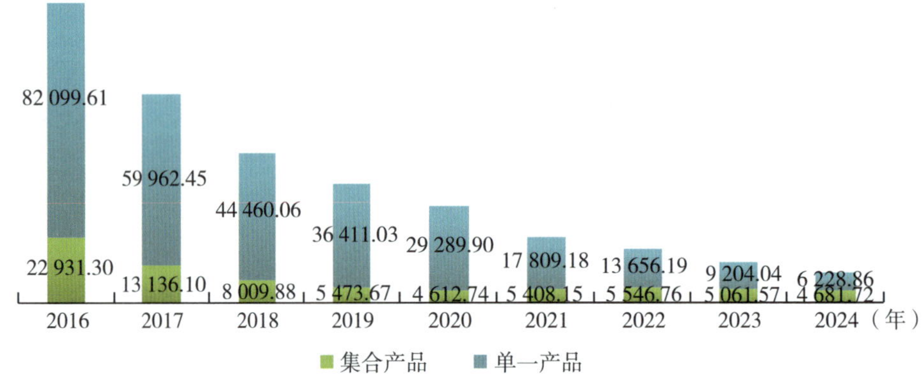

图4–35　按产品类型分基金子公司私募资管产品存续规模（亿元）

资料来源：中国证券投资基金业协会。

按投资类型分，权益类产品存续2 117.27亿元，占19.41%，同比减少245.99亿元，下降10.41%；固收类产品存续7 401.02亿元，占67.83%，同比减少3 043.26亿元，下降29.14%；期货和衍生品类产品存续328.70亿元，占3.01%，同比增加41.04亿元，增长14.27%；混合类产品存续1 063.59亿元，占9.75%，同比减少106.83亿元，下降9.13%（见图4–36）。

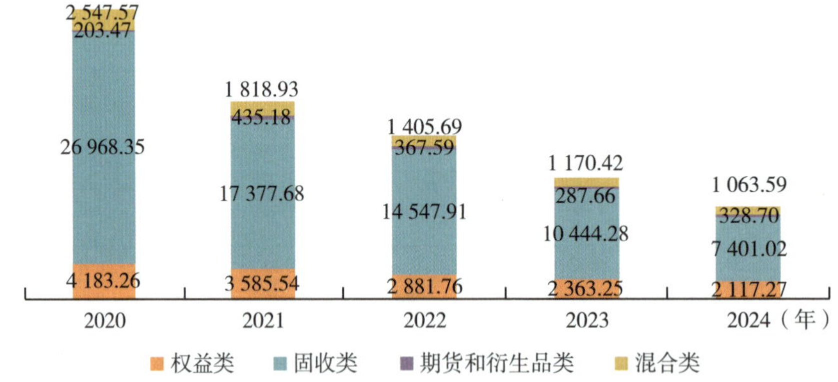

图4–36　按投资类型分基金子公司私募资管产品存续规模（亿元）

资料来源：中国证券投资基金业协会。

三、资金净流动（认/申赎）情况

2024年，基金子公司私募资管产品净流出2 696亿元。其中，权益类产品净流出363亿元，固收类产品净流出2 367亿元，期货和衍生品类产品净流入149亿元，混合类产品净流出115亿元（见图4-37）。

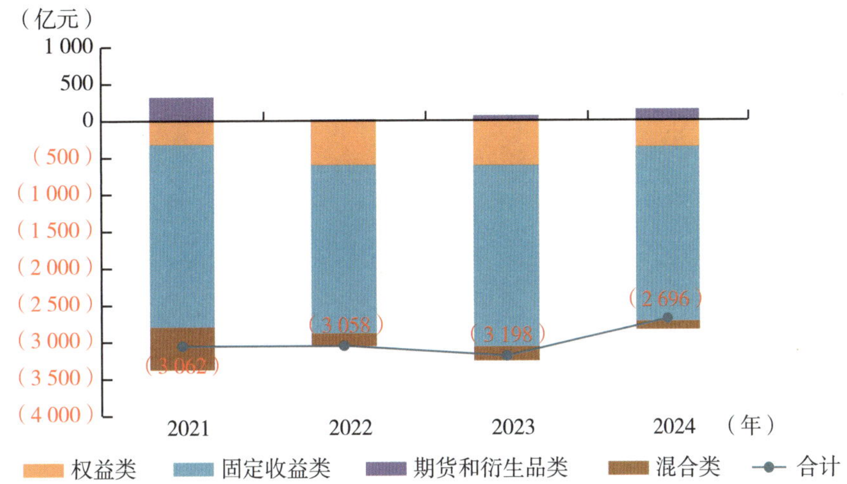

图4-37　基金子公司各类型私募资管产品资金流动情况

资料来源：中国证券投资基金业协会。

以认/申购资金与赎回资金分别占平均存续规模观测产品资金流入率、流出率情况，2024年，固收类产品资金流动率明显高于其他类别产品，而权益类产品流动率为各类产品中最低（见表4-7、表4-8）。

表4-7　　基金子公司私募资管产品年度资金流入率情况　　（单位：%）

年份	权益类	固收类	期货和衍生品类	混合类	合计
2021	36.38	104.30	237.68	116.31	97.50
2022	17.38	78.69	50.50	100.49	70.74
2023	10.68	196.15	56.82	60.60	153.31
2024	6.71	250.65	118.11	69.91	182.78

资料来源：中国证券投资基金业协会。

表4-8　　基金子公司私募资管产品年度资金流出率情况　　（单位：%）

年份	权益类	固收类	期货和衍生品类	混合类	合计
2021	44.47	115.24	153.53	145.05	108.04
2022	36.15	92.75	49.64	110.68	84.91
2023	33.75	216.08	37.67	75.65	172.56
2024	22.20	279.37	63.67	79.97	205.23

资料来源：中国证券投资基金业协会。

四、资金来源（投资者出资）情况

从基金子公司私募资管产品出资结构看，银行理财资金占比近年有增长趋势，截至2024年末占比为56.87%，同比提升1.91个百分点；居民资金占比保持增长，截至年末占比为15.78%，同比提升7.11个百分点；信托计划出资占比较上年有所增长，截至年末占比为3.07%，同比提升0.08%；银行自有资金、其他企业出资占比较上年有不同程度下降，截至年末占比分别为17.73%、3.25%，同比分别下降7.80个、0.55个百分点（见表4–9）。

表4-9　　基金子公司私募资管产品资金分类占比情况　　（单位：%）

类型	2020年末	2021年末	2022年末	2023年末	2024年末
银行理财	49.91	49.27	52.90	54.96	56.87
银行自有	29.53	30.28	29.14	25.53	17.73
居民	5.74	6.89	7.24	8.67	15.78
其他企业	5.79	6.42	4.23	3.80	3.25
信托计划	2.62	3.21	3.44	2.99	3.07
私募资管产品	3.38	1.09	1.03	0.84	1.04
证券公司	0.35	0.94	0.40	0.91	0.98
私募基金	1.27	0.75	0.45	0.55	0.54
保险公司	0.56	0.36	0.42	0.58	0.49
信托公司	0.72	0.63	0.50	0.87	0.03
其他	0.09	0.14	0.22	0.29	0.20

注：其他企业不含银行、保险公司、证券公司、信托公司。

资料来源：中国证券投资基金业协会。

五、资产配置情况

基金子公司私募资管产品主要配置债类资产、资管计划、现金类及股类资产，截至2024年末，债类资产占比为53.84%，资管计划占比为18.81%，股类资产占比为10.97%，其中，债类、股类资产占比较上年有所提升，资管计划占比较上年略有下降（见表4–10）。

表4–10　　基金子公司私募资管产品各类资产占比情况　　（单位：%）

类型	2020年末	2021年末	2022年末	2023年末	2024年末
债类	49.73	49.86	49.07	50.64	53.84
各类产品	24.63	20.31	18.01	19.50	18.81
股类	7.65	9.44	9.45	10.18	10.97
收益权类	11.61	9.19	5.24	4.64	4.85
现金类	2.37	4.52	12.77	10.39	4.82
公募基金	2.64	4.11	3.34	2.33	2.79
其他	1.36	2.56	2.12	2.32	3.92

注：债类资产包括境内债券（利率债、信用债、资产支持证券及其他）、境内债权（同业存单、其他债权），各类产品包括私募资管产品、私募基金、银行理财、信托计划、保险资管等，现金类主要为银行存款，股类资产包括境内未上市股权（含新三板）、股票，收益权类包括各类资产收益权、债券逆回购、股票质押融资等。

资料来源：中国证券投资基金业协会。

进一步细化债类资产结构，近5年，基金子公司私募资管产品对信用债及同业存单的配置比例逐年提升，而其他债权资产比例连续下降（见图4–38）。

六、集中度情况

基金子公司私募资管业务行业集中度逐年提升。截至年末排位前5的公司管理规模合计占61.86%，前10占比为77.61%，前20占比为91.71%，前30达到96.95%。从规模分布看，基金子公司平均管理规模、中位均保持下降趋势（见表4–11、表4–12）。

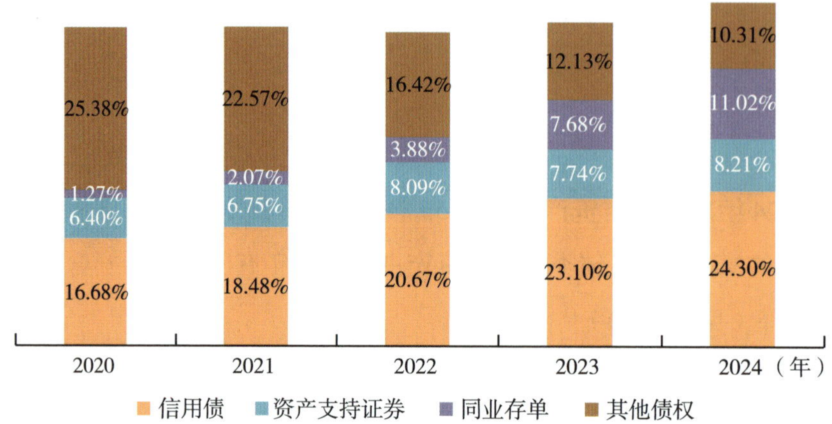

图 4-38 基金子公司私募资管产品债类资产配置分布变化情况

注：图中占比为占资产总计的比例。

资料来源：中国证券投资基金业协会。

表 4-11 基金子公司私募资管规模集中度情况 （单位：%）

规模	2020	2021	2022	2023	2024
前5占比	42.48	41.98	52.39	58.67	61.86
前10占比	61.36	64.00	71.84	75.39	77.61
前20占比	78.48	82.89	87.11	88.00	91.71
前30占比	88.84	91.26	93.85	94.69	96.95

资料来源：中国证券投资基金业协会。

表 4-12 基金子公司私募资管规模分布情况 （单位：亿元）

规模	2020	2021	2022	2023	2024
1/4分位数	45.89	30.18	13.33	12.25	8.24
中位数	183.70	111.69	72.14	58.74	33.20
3/4分位数	474.28	280.97	173.85	141.19	113.46
非0机构家数	76	71	70	67	62
平均管理规模	446.09	326.95	274.33	212.92	175.98

资料来源：中国证券投资基金业协会。

第四节　证券公司私募资产管理业务

一、产品备案情况

2024年，证券公司备案私募资管产品6 052只，比上年增加94只，增长1.58%。

按产品类型看，集合产品备案2 842只，占46.96%，同比增加17只，增长0.60%；单一产品备案3 210只，占53.04%，同比增加77只，增长2.46%（见图4-39）。

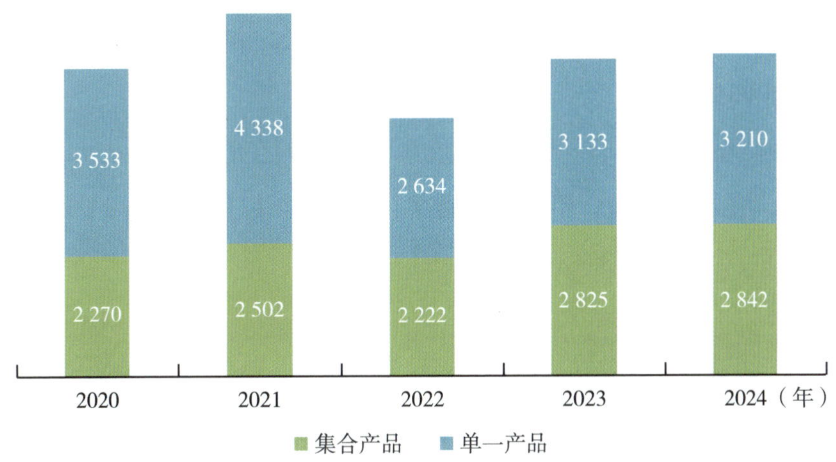

图4-39　按产品类型分证券公司私募资管产品备案数量（只）

资料来源：中国证券投资基金业协会。

按投资类型看，权益类产品备案263只，占4.35%，同比减少221只，下降45.66%；固收类产品备案3 834只，占63.35%，同比增加453只，增长13.40%；期货和衍生品类产品备案89只，占1.47%，同比减少128只，下降58.99%；混合类产品备案1 866只，占30.83%，同比减少10只，下降0.53%（见图4-40）。

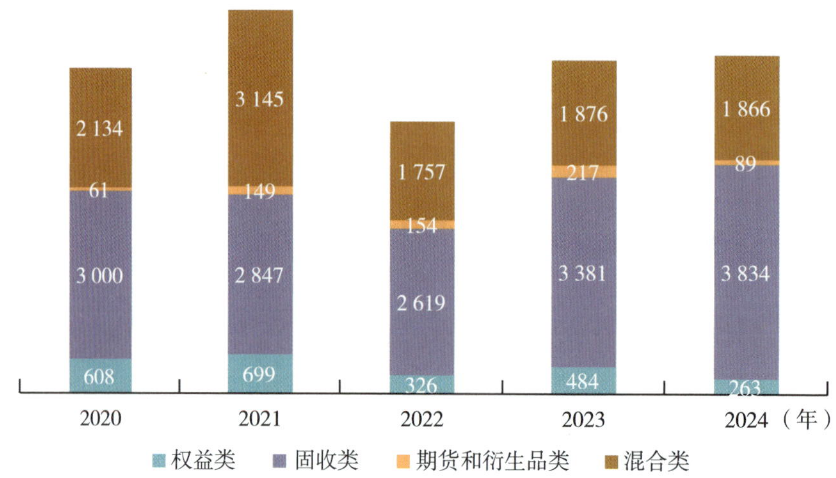

图4-40　按投资类型分证券公司私募资管产品备案数量（只）

资料来源：中国证券投资基金业协会。

2024年证券公司私募资管产品备案规模共3 624.96亿元，比上年增加600.48亿元，增长19.85%。

按产品类型看，集合产品备案规模2 390.79亿元，占65.95%，同比增加259.15亿元，增长12.16%；单一产品备案规模1 234.17亿元，占34.05%，同比增加341.33亿元，增长38.23%（见图4-41）。

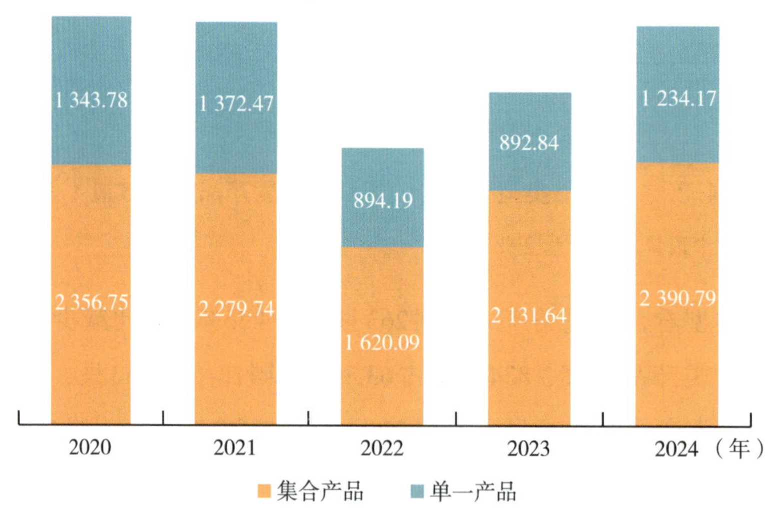

图4-41　按产品类型分证券公司私募资管产品备案规模（亿元）

资料来源：中国证券投资基金业协会。

按投资类型看，权益类产品备案规模67.73亿元，占1.87%，同比减少41.78亿元，下降38.15%；固收类产品备案规模3 139.51亿元，占86.61%，同比增加861.05亿元，增长37.79%；期货和衍生品类产品备案规模35.61亿元，占0.98%，同比减少69.30亿元，下降66.06%；混合类产品备案规模382.11亿元，占10.54%，同比减少149.50亿元，下降28.12%（见图4-42）。

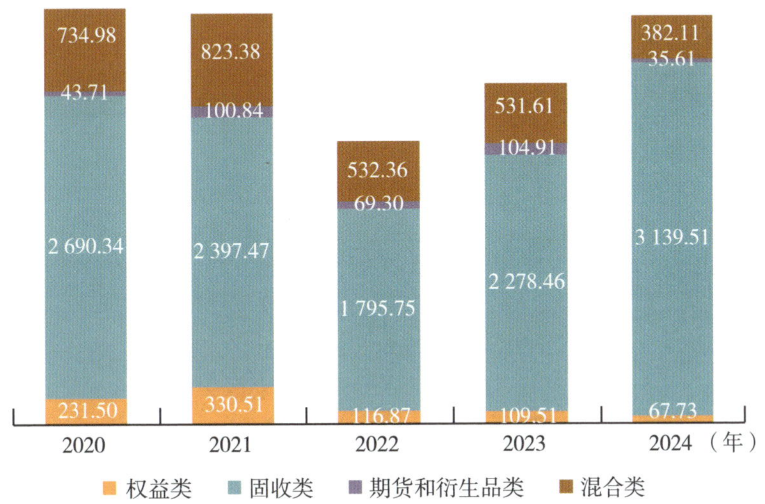

图4-42　按投资类型分证券公司私募资管产品备案规模（亿元）

资料来源：中国证券投资基金业协会。

二、产品存续情况

截至2024年末，管理私募资管产品规模非零的证券公司有96家，与上年持平，存续产品20 122只，管理资产规模54 656.87亿元①，同比增加1 611.03亿元，增长3.04%。

2024年，集合产品存续数量有较大幅度增长，单一产品存续数量小幅增长（见图4-43）。以投资类型分，混合类产品与固收类产品存续数量增幅较大，权益类与期货和衍生品类产品存续数量小幅减少（见图4-44）。

① 不含证券公司管理的养老金，本节以下同。

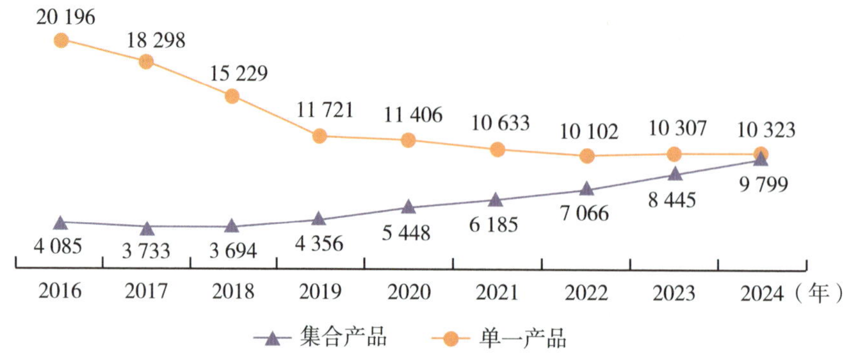

图4-43　按产品类型分证券公司私募资管产品存续数量（只）

资料来源：中国证券投资基金业协会。

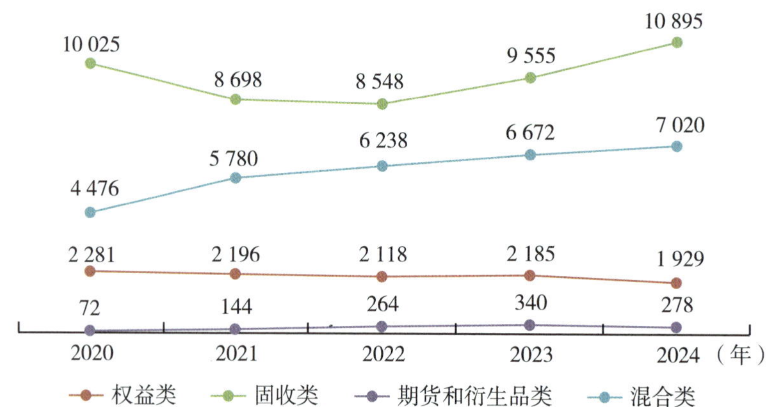

图4-44　按投资类型分证券公司私募资管产品存续数量（只）

资料来源：中国证券投资基金业协会。

截至2024年末，集合产品存续规模28 952.92亿元，占52.97%，同比增加3 025.41亿元，增长11.67%；单一产品存续规模25 703.95亿元，占47.03%，同比减少1 414.38亿元，下降5.22%（见图4–45）。

按投资类型分，权益类产品存续4 342.93亿元，占7.95%，同比减少392.46亿元，下降8.29%；固收类产品存续45 227.38亿元，占82.75%，同比增加2 533.44亿元，增长5.93%；期货和衍生品类产品存续331.40亿元，占0.61%，同比减少21.98亿元，下降6.22%；混合类产品存续4 755.17亿元，占8.70%，同比减少507.97亿元，下降9.65%（见图4–46）。

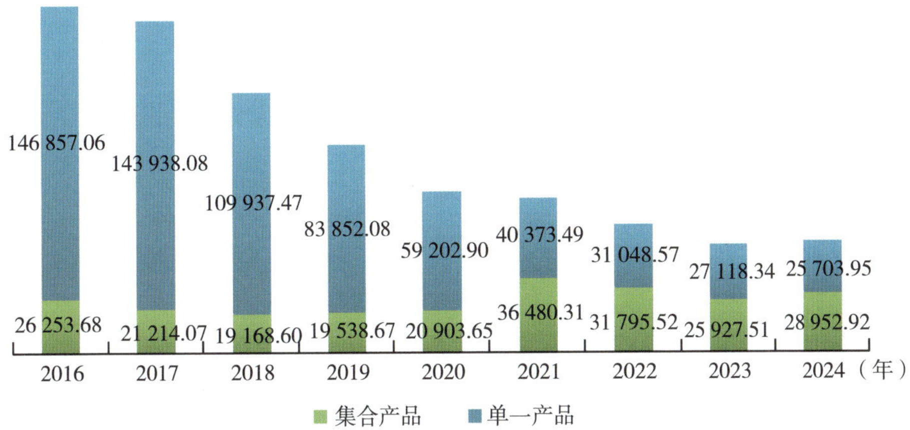

图4-45　按产品类型分证券公司私募资管产品存续规模（亿元）

资料来源：中国证券投资基金业协会。

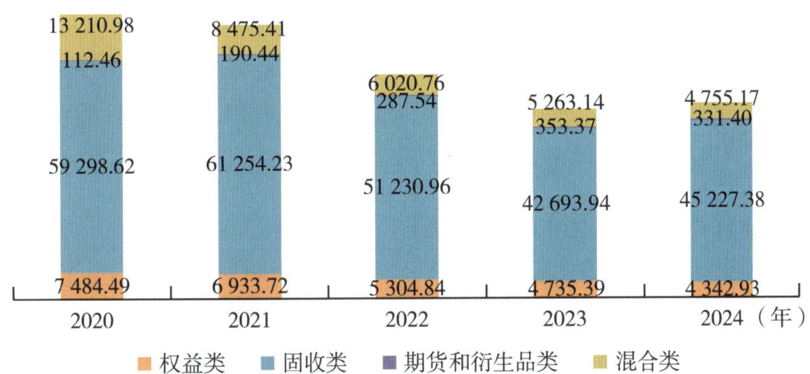

图4-46　按投资类型分证券公司私募资管产品存续规模（亿元）

资料来源：中国证券投资基金业协会。

三、资金净流动（认/申赎）情况

2024年，证券公司私募资管产品净流出575亿元。其中，权益类产品净流出77亿元，固收类产品净流出55亿元，期货和衍生品类产品净流出9亿元，混合类产品净流出435亿元（见图4-47）。

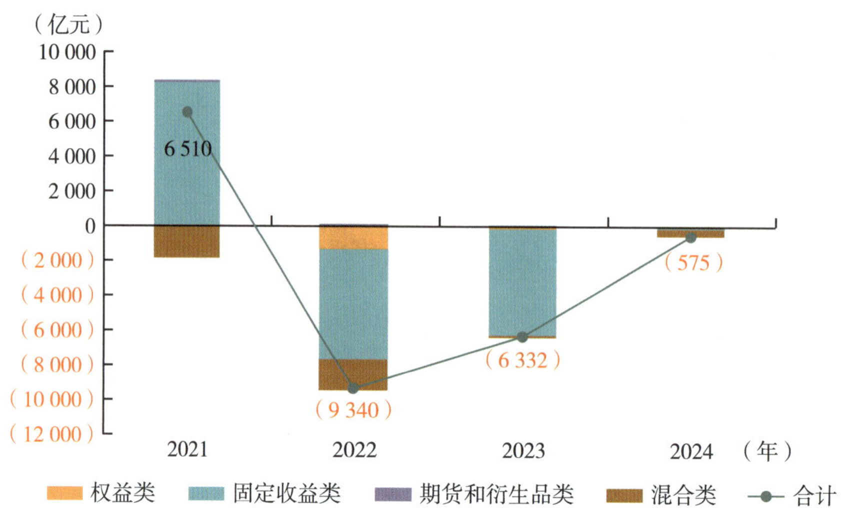

图 4-47　证券公司各类型私募资管产品资金流动情况

资料来源：中国证券投资基金业协会。

以认/申购资金与赎回资金分别占平均存续规模观测产品资金流入率、流出率情况，近几年数据来看，固收类产品资金流动率明显高于其他类别产品，权益类产品流动率为各类产品中最低；近两年各类产品的资金流入率有所收缩；固收类产品流出率有较大幅度下降（见表4-13、表4-14）。

表 4-13　　证券公司私募资管产品年度资金流入率情况　　（单位：%）

年份	权益类	固收类	期货和衍生品类	混合类	合计
2021	48.65	250.54	126.87	108.34	210.41
2022	37.79	193.25	88.88	89.34	169.82
2023	38.99	198.71	67.60	74.56	171.19
2024	43.37	175.80	44.76	72.40	154.65

资料来源：中国证券投资基金业协会。

表 4-14　　证券公司私募资管产品年度资金流出率情况　　（单位：%）

年份	权益类	固收类	期货和衍生品类	混合类	合计
2021	47.92	237.11	47.28	124.47	202.31
2022	60.09	203.88	44.89	114.49	182.64

续表

年份	权益类	固收类	期货和衍生品类	混合类	合计
2023	42.04	212.01	48.32	76.96	182.29
2024	44.97	175.92	47.29	81.32	155.68

资料来源：中国证券投资基金业协会。

四、资金来源（投资者出资）情况

从证券公司私募资管产品出资结构看，银行理财资金占比略有增长，截至2024年末占比为43.27%，同比增长2.10个百分点；银行自有资金、居民出资占比略有减少，截至年末占比分别为19.47%、13.07%；其他企业出资占比保持增长，截至年末占比为10.21%，同比增加0.17个百分点（见表4–15）。

表4-15　　证券公司私募资管产品资金分类占比情况　　（单位：%）

类型	2020年末	2021年末	2022年末	2023年末	2024年末
银行理财	34.78	52.61	48.79	41.17	43.27
银行自有	32.04	19.21	20.45	21.05	19.47
居民	14.19	11.55	11.05	13.22	13.07
其他企业	8.21	6.73	8.52	10.04	10.21
信托计划	3.18	2.86	4.39	5.64	5.99
证券公司	2.52	3.59	3.27	4.62	2.92
私募资管产品	2.85	1.29	1.17	1.55	2.23
保险公司	0.77	1.17	1.46	1.77	1.57
保险资管	0.07	0.10	0.12	0.12	0.49
私募基金	0.97	0.65	0.54	0.62	0.44
信托公司	0.37	0.19	0.15	0.12	0.16
其他	0.04	0.06	0.09	0.08	0.17

注：其他企业不含银行、保险公司、证券公司、信托公司。

资料来源：中国证券投资基金业协会。

五、资产配置情况

证券公司私募资管计划主要配置债类资产，近年债类资产配置比例连续提升，截至2024年末，债类资产占比达72.05%；股类资产与收益权类资产配置比例均有所下降，截至年末分别占6.14%、4.41%（见表4–16）。

表 4–16　　证券公司私募资管产品各类资产占比情况　　（单位：%）

类型	2020年末	2021年末	2022年末	2023年末	2024年末
债类	59.95	69.27	73.59	71.57	72.05
各类产品	11.18	6.99	5.85	6.94	6.64
股类	9.14	7.94	7.65	6.89	6.14
收益权类	10.89	6.59	5.48	5.30	4.41
现金类	3.90	4.02	3.06	3.60	4.21
公募基金	2.97	3.81	2.67	3.26	3.64
其他	1.96	1.38	1.70	2.43	2.92

注：债类资产包括境内债券（利率债、信用债、资产支持证券及其他）、境内债权（同业存单、其他债权），各类产品包括私募资管产品、私募基金、银行理财、信托计划、保险资管等，现金类主要为银行存款，股类资产包括境内未上市股权（含新三板）、股票，收益权类包括各类资产收益权、债券逆回购、股票质押融资等。

资料来源：中国证券投资基金业协会。

进一步细化债类资产结构，近5年，证券公司私募资管产品对利率债的配置比例逐年提升，2024年信用债配置比例由增转降，其他债权资产的配置比例连续下降（见图4–48）。

六、集中度情况

近年证券公司私募资管业务行业集中度有下降趋势。截至年末排位前5的公司管理规模合计占37.62%，前10占比为55.41%，前20占比为73.05%，前30占比82.95%（见表4–17）。从规模分布看，平均管理规模有所上升，各分位数均保持下降趋势（见表4–18）。

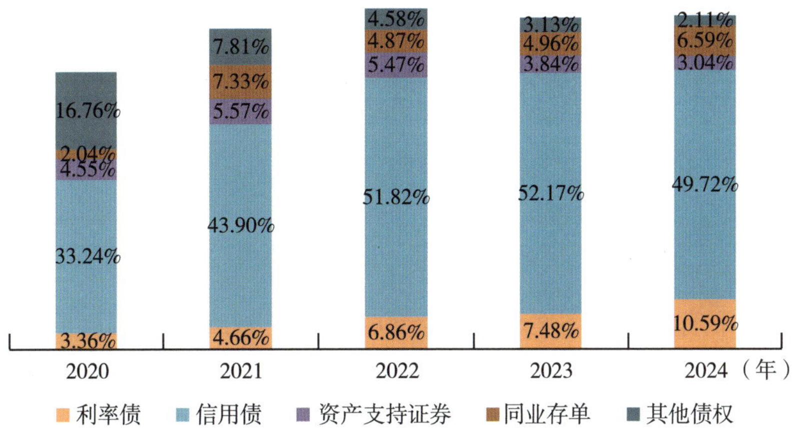

图4-48　证券公司私募资管产品债类资产配置分布变化情况

注：图中占比为占资产总计的比例。

资料来源：中国证券投资基金业协会。

表4-17　证券公司私募资管规模集中度情况　（单位：%）

规模	2020	2021	2022	2023	2024
前5占比	34.71	44.97	39.55	37.04	37.62
前10占比	53.51	62.41	57.96	54.33	55.41
前20占比	69.14	77.31	76.01	72.95	73.05
前30占比	79.07	85.08	84.45	82.24	82.95

资料来源：中国证券投资基金业协会。

表4-18　证券公司私募资管规模分布情况　（单位：亿元）

规模	2020	2021	2022	2023	2024
1/4分位数	157.76	82.24	54.62	37.73	49.71
中位数	345.85	287.33	243.59	219.27	207.11
3/4分位数	800.26	629.75	521.34	500.38	541.65
非0机构家数	96	94	95	96	96
平均管理规模	834.47	817.53	661.50	552.56	569.34

资料来源：中国证券投资基金业协会。

第五节 证券公司私募子公司私募基金业务

一、产品备案情况

2024年，私募子公司备案私募基金203只，比上年减少68只，下降25.09%。其中，合伙型产品备案191只，占94.09%，同比减少59只，下降23.60%；契约型产品备案12只，占5.91%，同比减少7只；公司型产品无新增备案（见图4-49）。

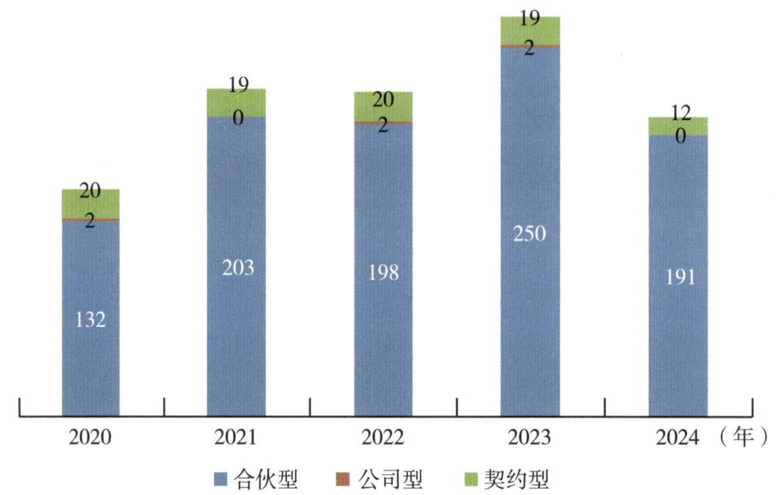

图4-49 私募子公司私募基金备案数量（只）

资料来源：中国证券投资基金业协会。

2024年私募子公司私募基金备案规模共175.29亿元，比上年减少194.94亿元，下降52.65%。其中，合伙型产品171.55亿元，占97.87%，同比减少155.39亿元，下降47.53%；契约型产品3.74亿元，占2.13%，同比减少39.35亿元，下降91.33%（见图4-50）。

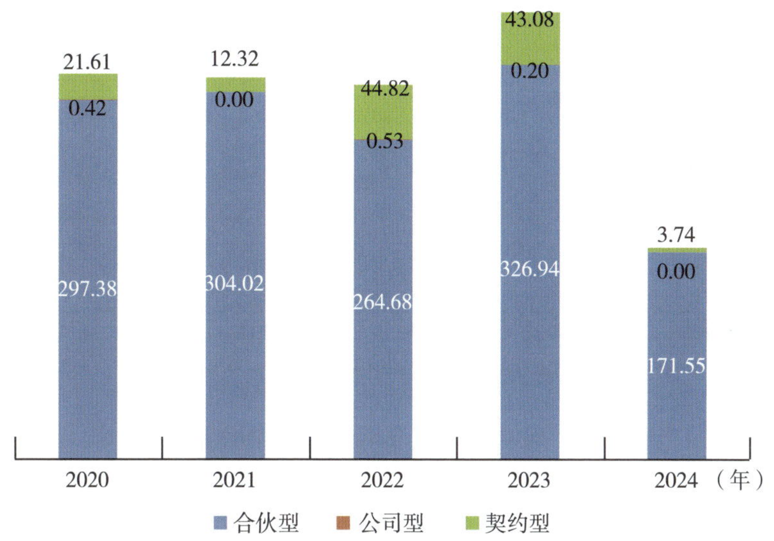

图4-50　私募子公司私募基金备案规模（亿元）

资料来源：中国证券投资基金业协会。

二、产品存续情况

截至2024年末，规模非零的证券公司一级私募子公司有74家，较2023年末增加1家。存续私募基金1 527只，同比增加133只，增长9.54%。其中，合伙型产品存续1 423只，占93.19%，同比增加143只，增长11.17%；公司型产品存续24只，占1.57%，同比增加1只，增长4.35%；契约型产品存续80只，占5.24%，同比减少11只，下降12.09%（见图4-51）。存续规模6 351.40亿元①，同比增加141.61亿元，增长2.36%。其中，合伙型产品5 959.85亿元，占93.84%，同比增加121.16亿元，增长2.08%；公司型产品81.14亿元，占1.28%，同比增加16.91亿元，增长26.32%；契约型产品310.41亿元，占4.89%，同比增加8.54亿元，增长2.83%（见图4-52）。

① 指存续产品的实缴规模。

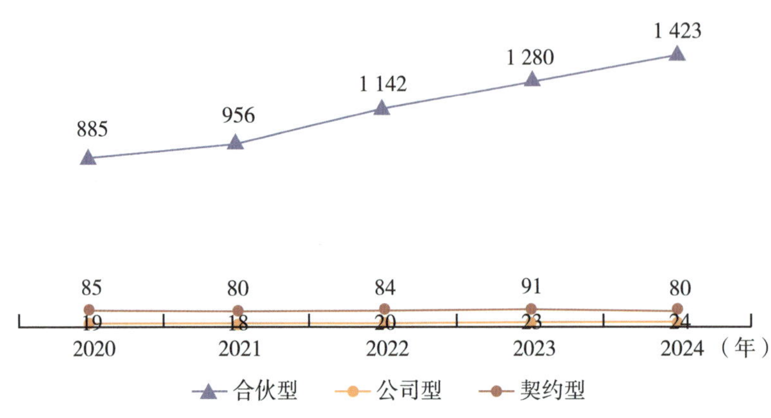

图 4-51　私募子公司私募基金存续数量（只）

资料来源：中国证券投资基金业协会。

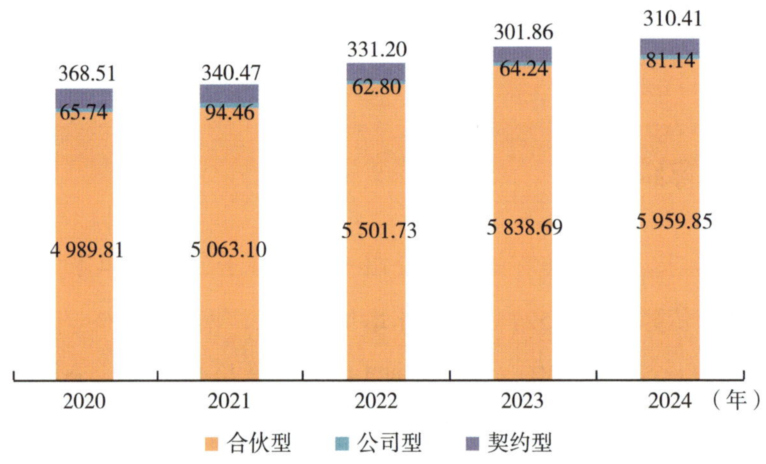

图 4-52　私募子公司私募基金存续规模（亿元）

资料来源：中国证券投资基金业协会。

三、资金来源（投资者出资）情况

从私募子公司私募基金出资结构看，企业出资占比增加，各类产品出资占比下降。截至2024年末，企业资金占比为64.41%，同比提升3.37个百分点；各类产品出资占比为28.64%，同比下降1.11个百分点（见表4-19）。

表4-19　　证券公司私募子公司私募基金投资者分类占比情况　　（单位：%）

类型	2020年末	2021年末	2022年末	2023年末	2024年末
企业	58.88	57.55	58.95	61.04	64.41
各类产品	34.42	33.72	31.74	29.75	28.64
居民	4.07	4.70	4.66	4.69	4.44
其他	2.63	4.04	4.65	4.52	2.51

注：各类产品主要包含私募资管产品、私募基金、银行理财、信托计划、政府产业基金等。

资料来源：中国证券投资基金业协会。

四、资产配置情况

私募子公司私募基金主要配置股类资产，截至2024年末，股类资产占比为57.90%，同比增长1.57个百分点；各类产品占比为18.13%，同比下降1.82个百分点；银行存款占比为15.91%，同比增长1.16个百分点（见表4-20）。

表4-20　　证券公司私募子公司私募基金各类资产占比情况　　（单位：%）

类型	2020年末	2021年末	2022年末	2023年末	2024年末
股类	60.44	63.11	59.86	56.33	57.90
各类产品	16.42	17.22	18.23	19.95	18.13
银行存款	10.17	10.03	12.44	14.74	15.91
境内债权	9.70	6.81	6.52	5.49	5.28
其他	3.27	2.83	2.95	3.49	2.79

注：股类资产主要是境内未上市股权（含新三板）、上市公司定增，各类产品包括私募资管产品、私募基金等。

资料来源：中国证券投资基金业协会。

五、集中度情况

证券公司一级私募子公司行业集中度较高，截至年末排位前5的公司管理规模合计占51.98%，前10占比为68.33%，前20占比为85.37%，前30占比为91.82%（见图4–53）。

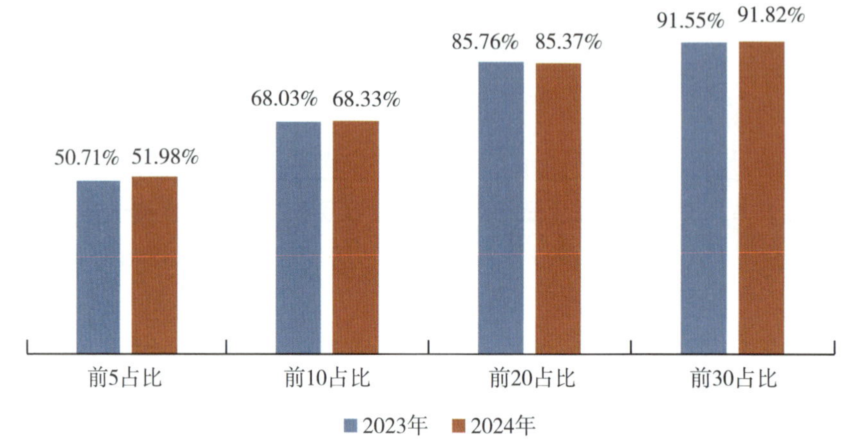

图4–53 证券公司一级私募子公司规模集中度情况

资料来源：中国证券投资基金业协会。

第六节 期货公司私募资产管理业务

一、产品备案情况

2024年，期货公司备案私募资管产品672只，比上年减少137只，下降16.93%。

按产品类型看，集合产品备案387只，占57.59%，同比减少124只，下降24.27%；单一产品备案285只，占42.41%，同比减少13只，下降4.36%（见图4–54）。

按投资类型看，权益类产品备案13只，占1.93%，同比减少33只，下降71.74%；固收类产品备案195只，占29.02%，同比减少100只，下降33.90%；期货和衍生品类产品备案204只，占30.36%，同比减少33只，下降13.92%；混合类产品备案260只，占38.69%，同比增加29只，增长12.55%（见图4–55）。

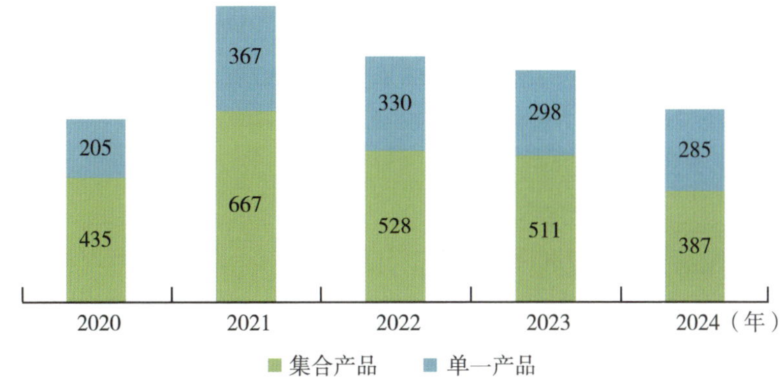

图4-54　按产品类型分类的期货公司私募资管产品备案数量（只）

资料来源：中国证券投资基金业协会。

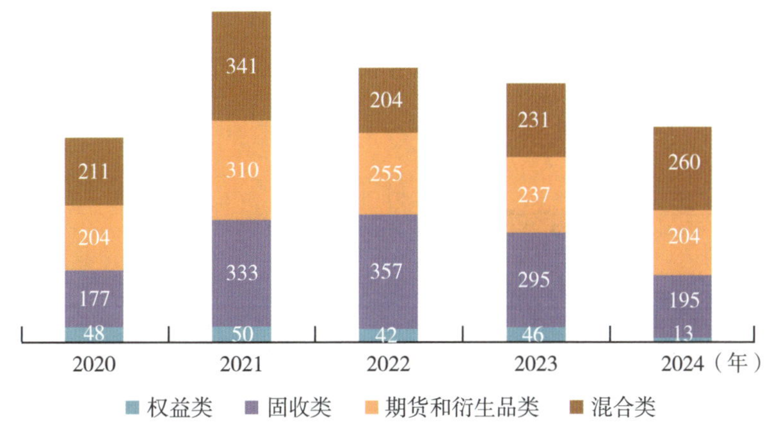

图4-55　按投资类型分类的期货公司私募资管产品备案数量（只）

资料来源：中国证券投资基金业协会。

2024年期货公司私募资管产品备案规模共212.22亿元，比上年增加75.52亿元，增长55.24%。

按产品类型看，集合产品备案规模125.42亿元，占比59.10%，同比增加40.14亿元，增长47.06%；单一产品备案规模86.81亿元，占比40.90%，同比增加35.38亿元，增长68.80%（见图4-56）。

按投资类型看，权益类产品备案规模1.55亿元，占比0.73%，同比减少7.80亿元，下降83.40%；固收类产品备案规模139.34亿元，占比65.66%，同比增加85.94亿元，增长160.95%；期货和衍生品类产品备案规模36.77亿元，占比

17.33%，同比减少2.72亿元，下降6.88%；混合类产品备案规模34.56亿元，占比16.28%，同比增加0.09亿元，增长0.25%（见图4–57）。

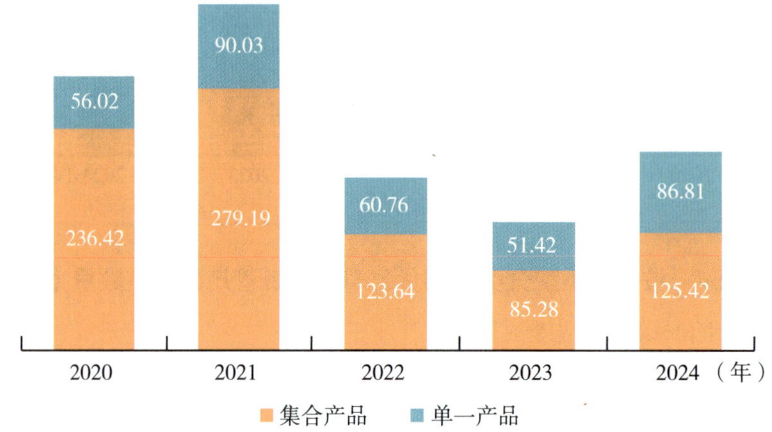

图4–56　按产品类型分类的期货公司私募资管产品备案规模（亿元）

资料来源：中国证券投资基金业协会。

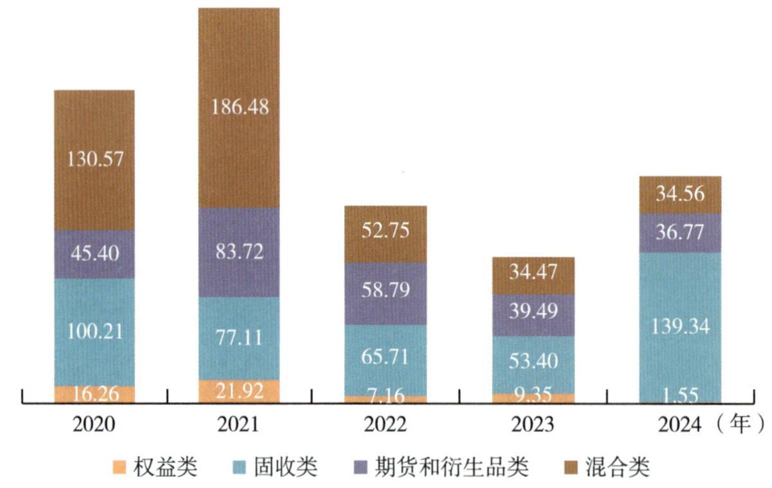

图4–57　按投资类型分类的期货公司私募资管产品备案规模（亿元）

资料来源：中国证券投资基金业协会。

二、产品存续情况

截至2024年末，管理私募资管产品规模非零的期货公司有110家，较2023年末减少5家，存续产品2 085只，管理资产规模3 080.6亿元①，同比增加335.03亿元，增长12.2%（见图4–58）。

2024年，集合产品存续数量下降，单一产品存续数量增长，以投资类型分，混合类产品存续数量小幅增长，其他类型产品有不同程度下降（见图4–59）。

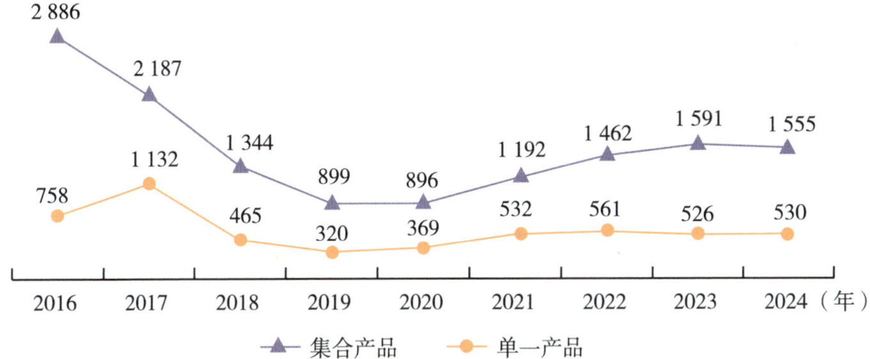

图4–58 按产品类型分期货公司私募资管产品存续数量（只）

资料来源：中国证券投资基金业协会。

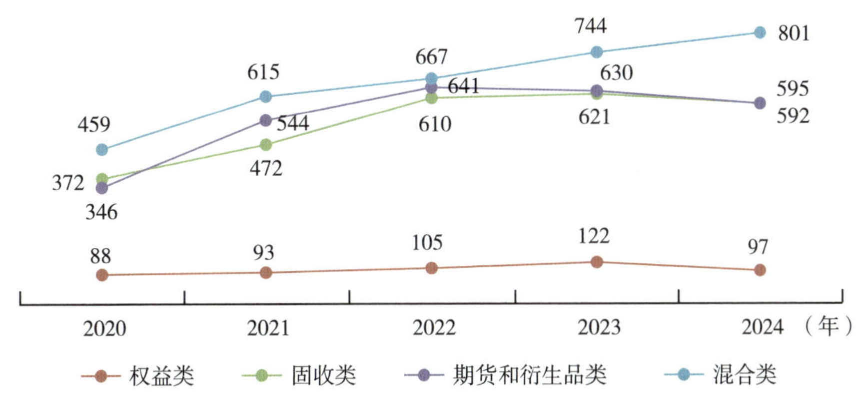

图4–59 按投资类型分期货公司私募资管产品存续数量（只）

资料来源：中国证券投资基金业协会。

截至2024年末，集合产品存续规模2 644.36亿元，占85.84%，同比增加380.5亿元，增长16.81%；单一产品存续规模436.23亿元，占14.16%，同比减少

① 因个别机构在报送时点后更正数据，本部分统计结果存在与此前已公布数据不一致的情况。

45.49亿元，下降9.44%（见图4-60）。

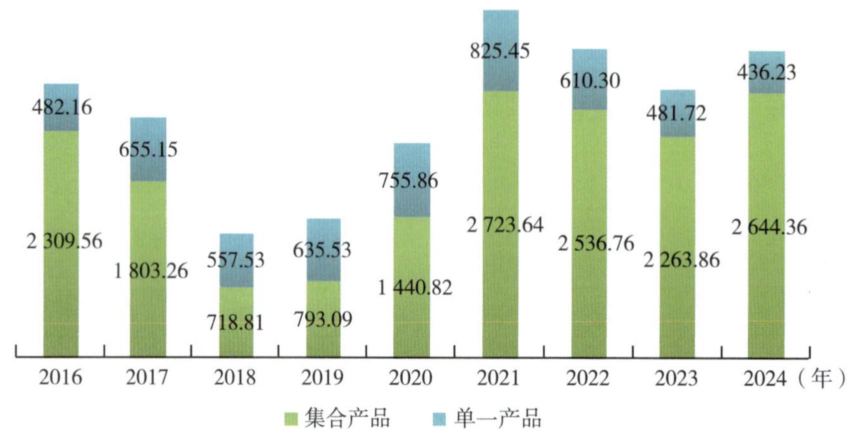

图4-60　按产品类型分期货公司私募资管产品存续规模（亿元）

资料来源：中国证券投资基金业协会。

按投资类型分，权益类产品存续60.09亿元，占1.95%，同比减少31.96亿元，下降34.72%；固收类产品存续2 266.48亿元，占73.57%，同比增加410.73亿元，增长22.13%；期货和衍生品类产品存续292.22亿元，占9.49%，同比增加64.87亿元，增长28.53%；混合类产品存续461.81亿元，占14.99%，同比减少108.61亿元，下降19.04%（见图4-61）。

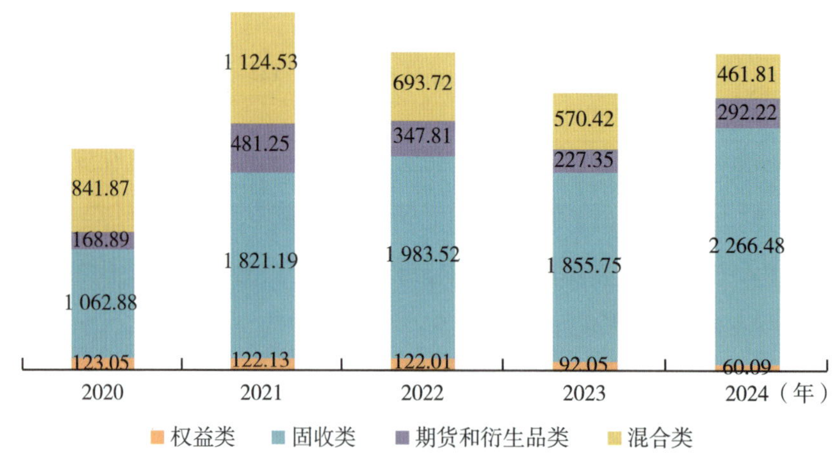

图4-61　按投资类型分期货公司私募资管产品存续规模（亿元）

资料来源：中国证券投资基金业协会。

三、资金净流动（认/申赎）情况

2024年，期货公司私募资管产品净流入838亿元。其中，权益类产品净流出12亿元，固收类产品净流入479亿元，期货和衍生品类产品净流入29亿元，混合类产品净流入341亿元（见图4-62）。

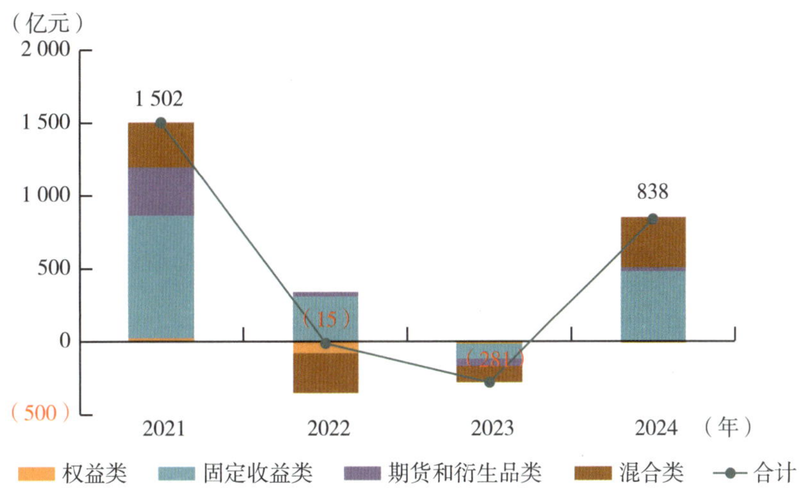

图4-62 期货公司各类型私募资管产品资金流动情况

资料来源：中国证券投资基金业协会。

观察期货公司私募资管产品资金流入率、流出率情况发现，近两年固收类产品资金流动率持续提升；期货和衍生品类产品资金流动率保持低位（见表4-21、表4-22）。

表4-21 期货公司私募资管产品年度资金流入率情况 （单位：%）

年份	权益类	固收类	期货和衍生品类	混合类	合计
2021	84.94	159.97	188.22	100.93	138.18
2022	118.76	161.76	92.99	118.80	141.42
2023	112.74	176.75	62.17	126.50	152.76
2024	107.26	242.93	75.38	1 217.59	374.12

资料来源：中国证券投资基金业协会。

表 4-22　　期货公司私募资管产品年度资金流出率情况　　（单位：%）

年份	权益类	固收类	期货和衍生品类	混合类	合计
2021	69.52	99.05	76.47	70.52	85.02
2022	171.75	147.07	85.15	150.48	141.86
2023	127.77	182.12	78.44	145.10	162.28
2024	127.02	222.45	63.44	1 145.24	347.29

资料来源：中国证券投资基金业协会。

四、资金来源（投资者出资）情况

从期货公司私募资管产品出资结构看，2024年银行理财资金占比大幅增长，截至年末占比为56.91%，同比增长17.15个百分点；居民、其他企业出资占比有较大幅度下降，截至年末占比分别为13.1%、11.24%，同比分别下降5.4、3.82个百分点（见表4-23）。

表 4-23　　期货公司私募资管产品资金分类占比情况　　（单位：%）

类型	2020年末	2021年末	2022年末	2023年末	2024年末
银行理财	39.07	53.79	50.02	39.77	56.91
居民	14.85	14.44	15.46	18.50	13.10
其他企业	21.89	11.65	11.00	15.07	11.24
信托计划	7.57	6.43	9.43	11.23	10.86
银行自有	3.96	3.93	4.56	7.58	3.96
私募基金	10.38	9.00	8.29	6.27	2.44
私募资管产品	2.16	0.63	1.06	1.38	1.30
其他	0.13	0.12	0.17	0.20	0.19

注：其他企业不含银行、保险公司、证券公司、信托公司。

资料来源：中国证券投资基金业协会。

五、资产配置情况

期货公司私募资管计划主要配置以信用债为主的境内债券，截至2024年末，境内债券占比达63.81%，其中信用债占比为53.91%（见表4–24）。2024年，期货公司私募资管产品配置股类资产比例下降较多，配置期货、期权及其他衍生品类资产比例有所提升。

表4–24　期货公司私募资管产品各类资产占比情况　（单位：%）

类型	2020年末	2021年末	2022年末	2023年末	2024年末
境内债券	45.40	51.74	61.07	59.78	63.81
现金类	7.32	7.49	10.17	11.00	11.03
公募基金	16.47	15.24	7.51	5.52	6.73
各类产品	9.96	6.83	6.17	6.62	6.22
债券逆回购	4.35	4.14	3.79	5.71	5.2
股类	11.79	10.53	7.31	7.25	2.87
期货、期权及其他衍生品	2.06	2.05	2.32	2.30	2.98
其他	2.66	1.97	1.67	1.83	1.15

注：境内债券包括利率债、信用债、资产支持证券及其他，现金类资产包括银行存款、存出保证金、结算备付金等，股类资产以境内股票为主，各类产品包括私募资管产品、私募基金、信托计划、保险资管等。

资料来源：中国证券投资基金业协会。

六、集中度情况

期货公司私募资管产品管理规模的行业集中度较高，截至年末排位前5的公司管理规模合计占63.15%，前10占比为77.56%，前20占比为89.97%，前30占比达到94.08%（见表4–25）。从规模分布看，平均管理规模较上年有所提升，中位数大幅下降（见表4–26）。

表 4-25　　期货公司私募资管规模集中度情况　　（单位：%）

规模	2020	2021	2022	2023	2024
前5占比	54.51	55.45	56.99	56.75	63.15
前10占比	69.29	74.38	71.67	73.10	77.56
前20占比	82.54	86.72	83.70	84.07	89.97
前30占比	91.14	92.66	89.51	88.90	94.08

资料来源：中国证券投资基金业协会。

表 4-26　　期货公司私募资管规模分布情况　　（单位：亿元）

规模	2020	2021	2022	2023	2024
1/4分位数	0.53	0.66	0.66	0.74	0.78
中位数	2.20	3.72	4.00	4.31	2.49
3/4分位数	17.55	16.59	16.90	11.69	10.96
非0机构家数	108	112	115	115	110
平均管理规模	20.34	31.69	27.37	23.87	28.01

资料来源：中国证券投资基金业协会。

第七节　资产证券化业务

一、企业资产支持证券化产品备案总体情况

截至2024年末，累计共有154家机构备案确认9 361只企业资产证券化产品，累计备案规模10.30万亿元。2024年备案产品1 325只，备案规模1.27万亿元；截至年末，存续产品共2 393只，存续规模2.07万亿元（见图4-63、图4-64）。

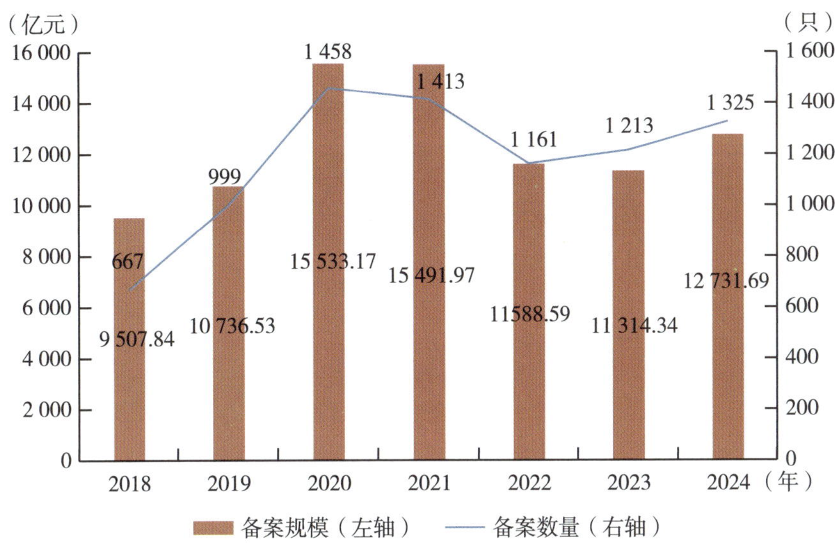

图4-63　历年备案产品数量、备案规模趋势图

资料来源：中国证券投资基金业协会。

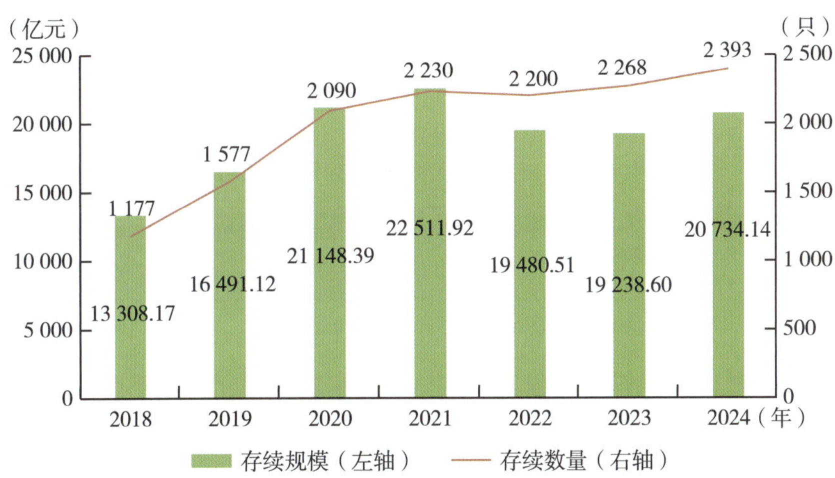

图4-64　年末存续数量、存续规模趋势图

资料来源：中国证券投资基金业协会。

二、企业资产证券化产品管理人情况

截至2024年末，118家机构管理企业资产证券化产品，其中证券公司及其资管子公司共83家，基金子公司29家，信托公司2家，新增保险资管公司4家，证券公司及其资管子公司为发行机构主力（见表4–27）。

表4–27　2024年备案及年末存续数量、规模（按管理人类型）

管理人类型	开展业务机构数量（家）	2024年备案数量（只）	2024年备案规模（亿元）	年末存续产品数量（只）	年末存续规模（亿元）
证券公司及其资管子公司	83	1 282	12 195.87	2 268	19 537.80
基金子公司	29	36	466.71	117	1 124.82
信托公司	2	2	15.60	3	23.53
保险资管公司	4	5	53.51	5	48.00
合计	118	1 325	12 731.69	2 393	20 734.14

注：开展业务机构指截至年末存续产品管理规模非零机构。证券公司与其资管子公司合并口径计算机构家数。

资料来源：中国证券投资基金业协会。

从2024年月均管理规模来看，中信、中信建投、平安、华泰资管、国泰君安5家机构排名前五（见表4–28）。

表4–28　2024年管理人月均管理资产证券化产品规模前20

序号	管理人名称	2024年月均管理规模（亿元）	占行业比例（%）	累计占比（%）
1	中信证券股份有限公司	2 476.54	12.65	12.65
2	中信建投证券股份有限公司	1 724.83	8.81	21.45
3	平安证券股份有限公司	1 670.35	8.53	29.98
4	华泰证券（上海）资产管理有限公司	1 648.48	8.42	38.40
5	上海国泰君安证券资产管理有限公司	1 514.53	7.73	46.14
6	中国国际金融股份有限公司	1 500.80	7.66	53.80
7	招商证券资产管理有限公司	655.80	3.35	57.15
8	天风（上海）证券资产管理有限公司	593.50	3.03	60.18
9	华西证券股份有限公司	450.52	2.30	62.48
10	申万宏源证券资产管理有限公司	374.25	1.91	64.39

续表

序号	管理人名称	2024年月均管理规模（亿元）	占行业比例（%）	累计占比（%）
11	财通证券资产管理有限公司	371.66	1.90	66.29
12	国联证券资产管理有限公司	330.01	1.69	67.97
13	兴证证券资产管理有限公司	317.36	1.62	69.60
14	上海海通证券资产管理有限公司	306.80	1.57	71.16
15	国信证券股份有限公司	306.10	1.56	72.73
16	东兴证券股份有限公司	239.96	1.23	73.95
17	信达证券股份有限公司	232.50	1.19	75.14
18	国金证券资产管理有限公司	226.91	1.16	76.30
19	首创证券股份有限公司	211.24	1.08	77.38
20	东吴证券股份有限公司	205.39	1.05	78.42

注：月均管理规模指当年各月末存续规模简单平均。

资料来源：中国证券投资基金业协会。

三、基础资产类型

（一）2024年备案产品基础资产情况

2024年，企业资产证券化产品共备案确认1 325只，新增备案规模12 731.69亿元。按基础资产一级分类，债权类产品共备案1 193只，占比90.04%，备案规模10 198.95亿元，占比80.11%；未来经营收入类产品共备案35只，占比2.64%，备案规模387.10亿元，占比3.04%；不动产持有型ABS产品共备案64只，占比4.83%，备案规模1 512.63亿元，占比11.88%；基础设施公募REITs所投ABS产品共备案28只，占比2.11%，备案规模624.61亿元，占比4.91%；其他类产品共备案5只，占比0.38%，备案规模8.41亿元，占比0.07%。

按基础资产二级分类来看，应收账款类产品备案规模占首位，2024年共备案3 492.13亿元，占当年新增备案规模的27.43%；小额贷款债权类产品共备案2 665.20亿元，占比20.93%；融资租赁债权类产品共备案2 630.68亿元，占比

20.66%；不动产持有型ABS产品共备案1 512.63亿元，占比11.88%；基础设施公募REITs所投ABS备案624.61亿元，占比4.91%；商业不动产抵押贷款（CMBS）产品共备案575.73亿元，占比4.52%；其他类别产品共备案1 230.71亿元，占比9.67%（见图4-65）。

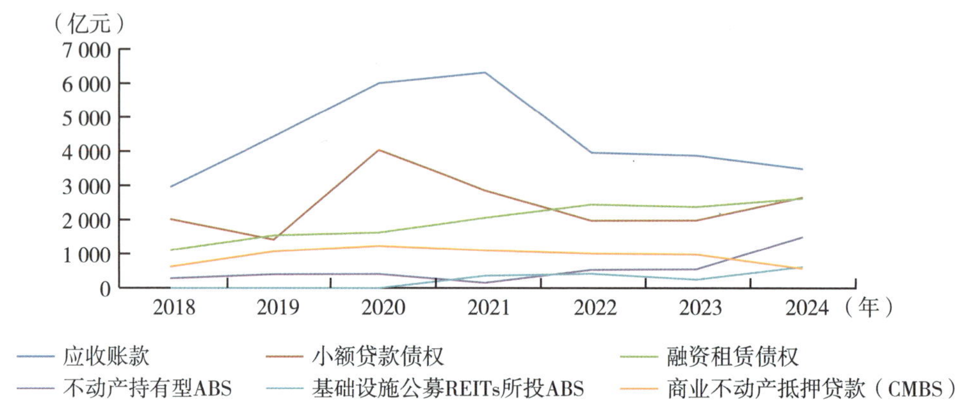

图4-65　2024年新增备案规模前六的产品历年备案情况

资料来源：中国证券投资基金业协会。

（二）存续产品基础资产情况

按照基础资产一级分类，截至2024年末，债权类产品存续1 980只，占比82.74%，存续规模14 516.29亿元，占比70.01%；未来经营收入类产品存续186只，占比7.77%，存续规模1 404.09亿元，占比6.77%；不动产持有型ABS存续149只，占比6.23%，存续规模3 139.11亿元，占比15.14%；基础设施公募REITs所投ABS存续63只，占比2.63%，存续规模1 647.33亿元，占比7.94%；其他类产品存续15只，占比0.63%，存续规模27.33亿元，占比0.13%。

从基础资产二级分类来看，截至2024年末，应收账款类产品存续规模4 725.07亿元，占总存续规模的22.79%；商业不动产抵押贷款（CMBS）类产品存续规模3 348.85亿元，占比16.15%；不动产持有型ABS产品存续规模3 139.11亿元，占比15.14%；融资租赁债权类产品存续规模2 821.39亿元，占比13.61%；小额贷款债权类产品存续规模2 465.05亿元，占比11.89%；基础设施公募REITs所投ABS产品存续规模1 647.33亿元，占比7.94%；基础设施类收费类产品存续规模835.09亿元，占比4.03%；其余类别产品合计1 752.27亿元，占比8.45%（见图4–66）。

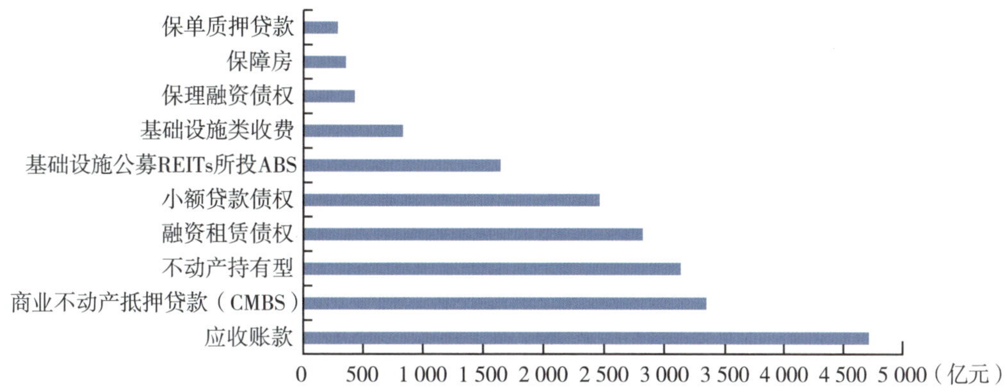

图4–66 基础资产二级分类存续规模分布情况

注：图中仅列示了存续规模较大的类别。

资料来源：中国证券投资基金业协会。

第五章
私募投资基金

截至2024年末，已备案私募基金144 138只，较2023年末在管私募基金减少8 894只，同比下降5.81%；管理基金规模19.93万亿元[①]，较2023年末减少3 896.75亿元，同比下降1.92%。有效服务实体经济，创新资本作用突出。2024年私募基金新增股权投资本金8 271.14亿元，相当于公开市场股权融资总量的3.17倍，同期社会融资规模增量的2.56%。截至2024年末，在投项目本金9.19万亿元，同比增长0.43%；科创板、创业板、北交所上市公司中，私募基金支持率分别为92%、75%、95%。

第一节　私募证券投资基金

一、自主发行类私募证券投资基金基本情况分析

（一）私募证券投资基金数量及规模趋势变化

截至2024年末，自主发行且正在运作的私募证券投资基金83 841只，较2023年末减少9 363只，同比下降10.05%；规模合计为4.70万亿元，较2023年末减少3 068.10亿元，同比下降6.12%；平均单只基金的规模为5 609.04万元，较2023年末增加234.28万元，同比增长4.36%（见图5–1、图5–2）。

① 本章提到年底私募基金相关规模数据均已根据当年第4季度季报进行更新，非相应年末时点规模。

2024年当年，协会备案自主发行的私募证券投资基金6 005只，同比下降62.49%；新备案基金初始规模1 148.22亿元，同比下降50.63%。分别占当年新备案基金总数的56.98%和26.65%。

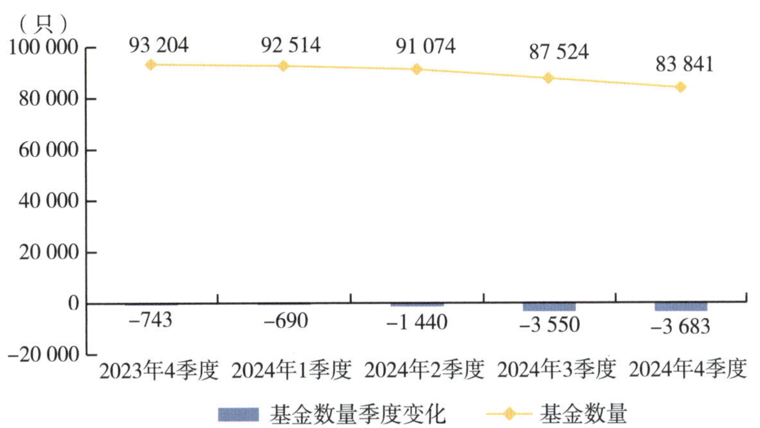

图5-1　私募证券投资基金数量变化

资料来源：中国证券投资基金业协会。

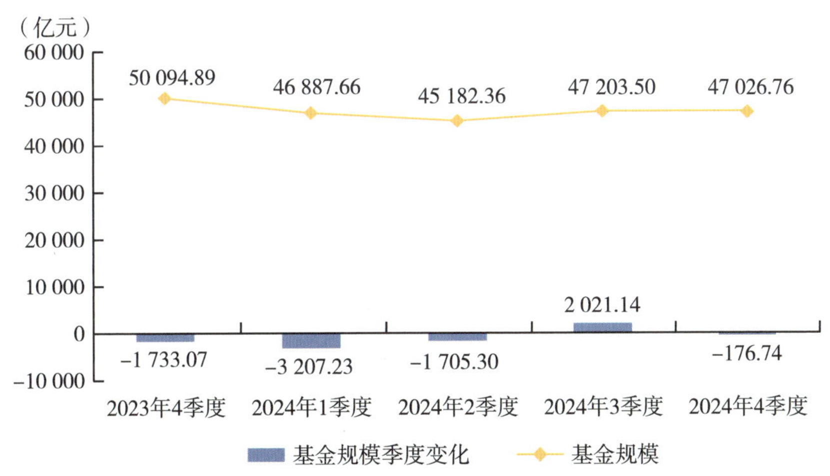

图5-2　私募证券投资基金规模变化

资料来源：中国证券投资基金业协会。

（二）私募证券投资基金按规模分布情况

截至2024年末，私募证券投资基金“基金数量多，平均规模小；小型基金数量占比高，大型基金数量占比低”的现象依然突出，其中，5亿元规模以下的基金数量占比较2023年小幅提高，5亿元规模以上的基金数量占比较2023年小幅下降；0.1亿~0.5亿元基金规模占比较2023年增长3.07个百分点，0.5亿~1亿元基金规模占比较2023年增长1.43个百分点，20亿元以上基金规模占比下降1.10个百分点（见图5-3、图5-4）。

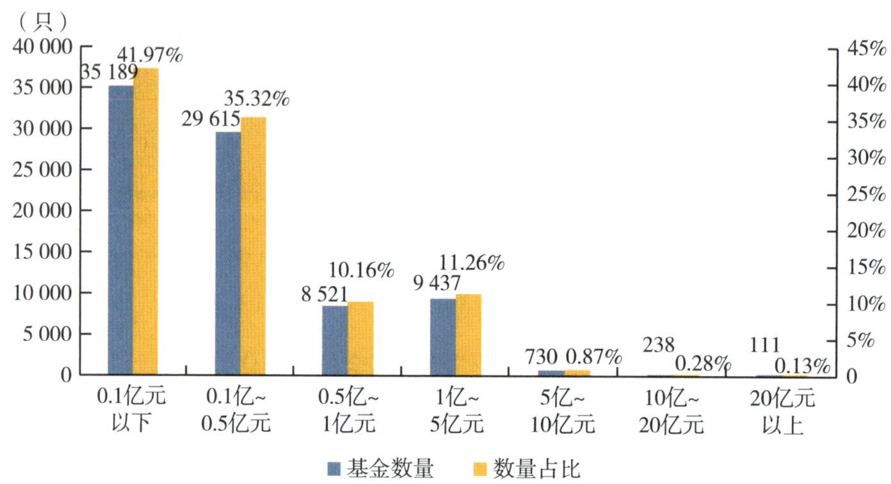

图5-3 私募证券投资基金数量分布情况

资料来源：中国证券投资基金业协会。

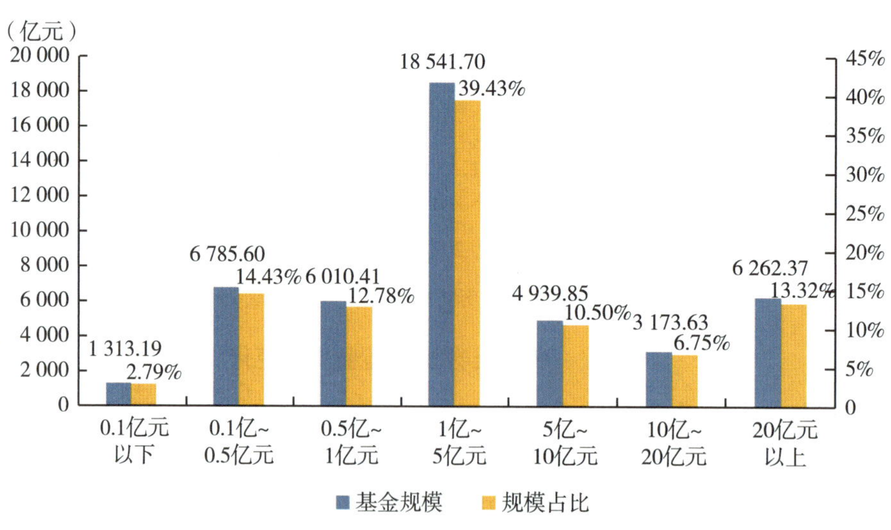

图5-4 私募证券投资基金规模分布情况

资料来源：中国证券投资基金业协会。

（三）私募证券投资产品类型分布情况①

截至2024年末，从产品类型来看，混合类基金和权益类基金是私募证券投资基金（不含FOF类）中最主要的组成部分，合计67 089只，占比89.76%，规模3.63万亿元，占比89.29%（见图5-5、图5-6）。

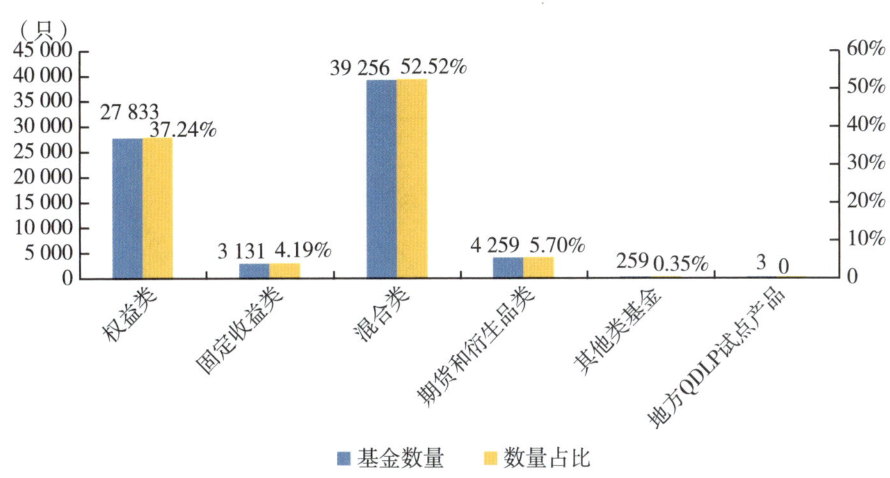

图5-5 私募证券投资基金数量分布情况（按产品类型）

资料来源：中国证券投资基金业协会。

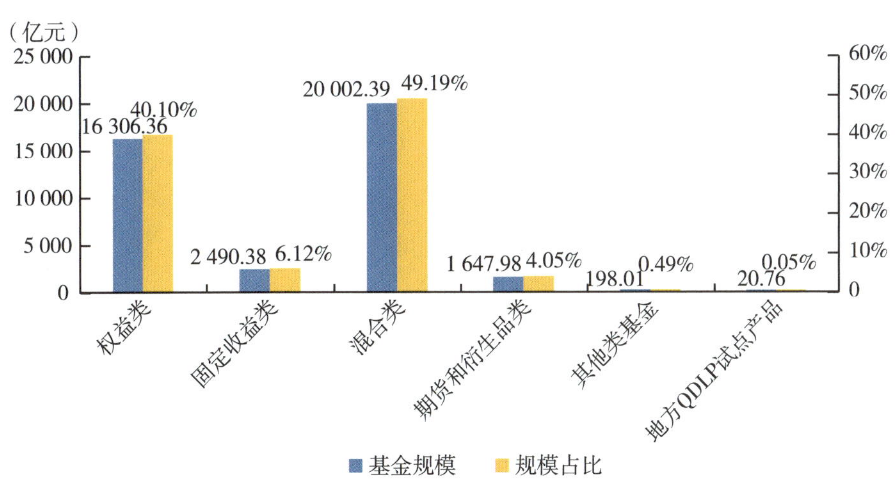

图5-6 私募证券投资基金规模分布情况（按产品类型）

资料来源：中国证券投资基金业协会。

① 此节所统计的各类型基金中不包含FOF类基金，有关私募证券类FOF基金的情况详见后文。

从不同产品类型的私募证券投资基金（不含FOF类）平均规模来看，单只地方QDLP试点产品平均规模6.92亿元，高于其他类型基金（见图5-7）。

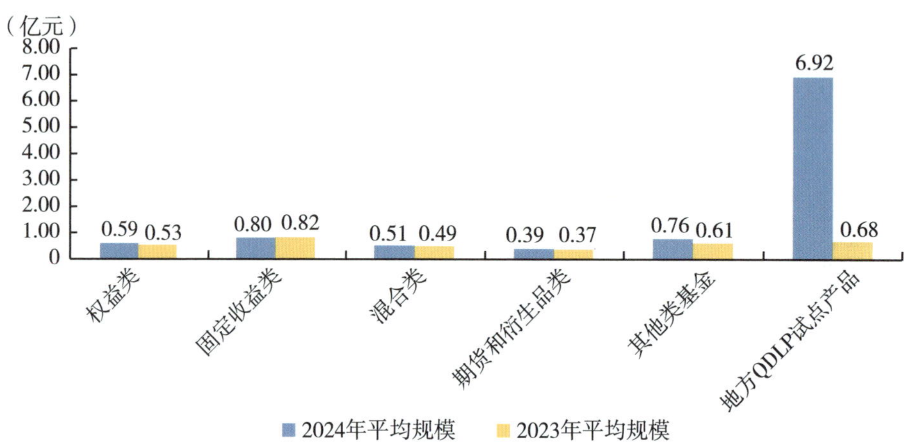

图5-7　不同产品类型私募证券投资基金的平均规模情况

资料来源：中国证券投资基金业协会。

（四）私募证券投资基金组织形式分布情况

截至2024年末，从基金组织形式分布情况来看，契约型私募证券投资基金数量和规模上皆占绝对多数，其中，契约型私募证券投资基金规模同比下降7.15%，合伙型私募证券投资基金规模同比下降13.23%（见图5-8）。

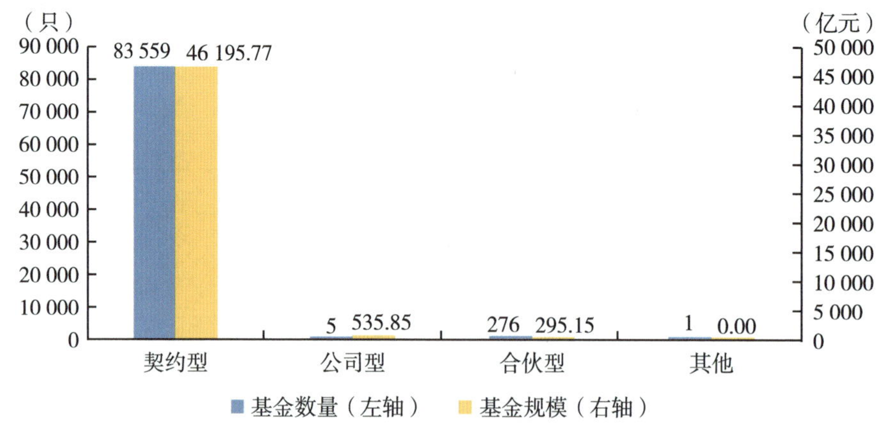

图5-8　私募证券投资基金组织形式分布情况

资料来源：中国证券投资基金业协会。

（五）私募证券投资基金外包[①]情况

截至2024年末，共有83 213只私募证券投资基金采用外包服务，占私募证券投资基金总数的99.25%，相关基金规模4.63万亿元，占比为98.47%（见图5-9）。

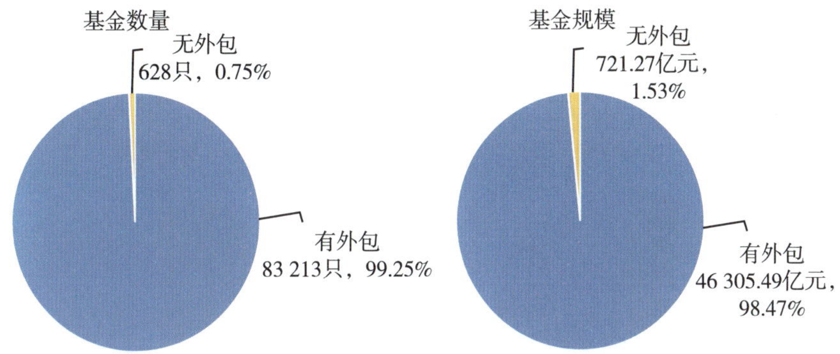

图5-9　私募证券投资基金服务外包情况

资料来源：中国证券投资基金业协会。

从采用的外包服务类型来看，在使用外包服务的私募证券投资基金中，数量达99.77%的基金采用了份额登记服务，99.62%的基金采用了估值核算服务，使用信息技术服务的基金数量占比较2023年增长3.78个百分点（见图5-10）。

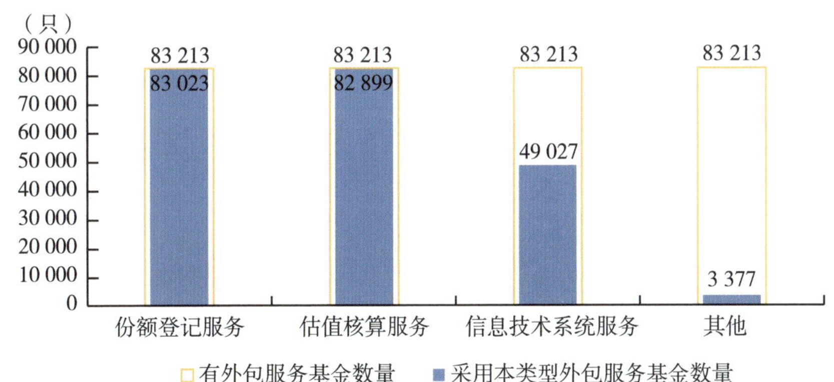

图5-10　私募证券投资基金外包服务类型分布

资料来源：中国证券投资基金业协会。

① 根据“资产管理业务综合报送平台”关于基金外包情况的填报说明，私募基金外包服务的类型主要包括份额登记、估值核算、信息技术服务等，同一基金可以选择多种类型外包服务。

（六）私募证券类FOF情况

截至2024年末，正在运作的私募证券类FOF共有9 100只，规模6 360.88亿元，分别占自主发行类私募证券投资基金总数和总规模的10.85%与13.53%。其中，投向单一资管计划的基金占FOF类基金总数量的50.36%，规模占FOF类基金总规模的53.34%（见图5-11）。2024年末正在运作的私募证券类FOF占自主发行类私募证券投资基金规模比重较2023年下降0.15个百分点。

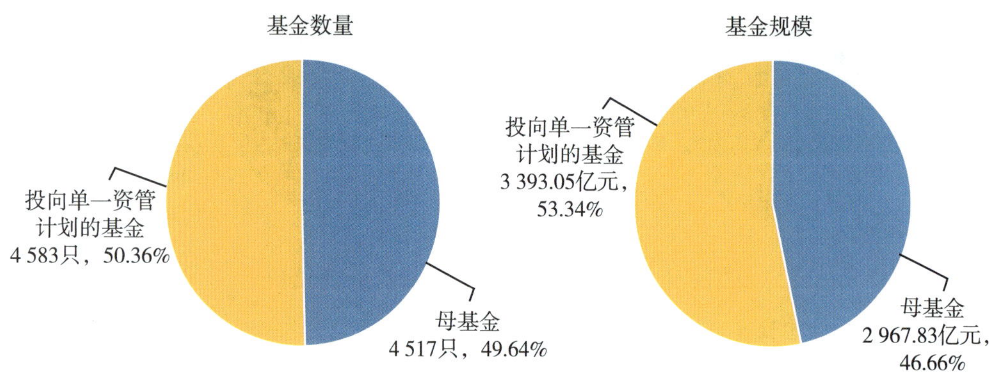

图5-11　私募证券FOF构成情况

资料来源：中国证券投资基金业协会。

（七）基金募集账户监督机构类型分布[①]

截至2024年末，有募集账户监督机构[②]的基金共有82 367只，规模4.62万亿元。其中，79 189只私募证券投资基金选择证券公司作为募集账户监督机构，相关基金规模合计4.26万亿元，证券公司是最主要的募集账户监督机构类型（见图5-12）。

① 《私募投资基金募集行为管理办法》所称监督机构是指中国证券登记结算有限责任公司，取得基金销售业务资格的商业银行、证券公司以及中国证券投资基金业协会规定的其他机构。其中，其他机构主要包括招商基金管理有限公司、长安基金管理有限公司等8家已登记为私募基金服务机构的基金管理公司。

② 由于销售机构不同等原因，单只基金可能存在多个募集账户监督机构。

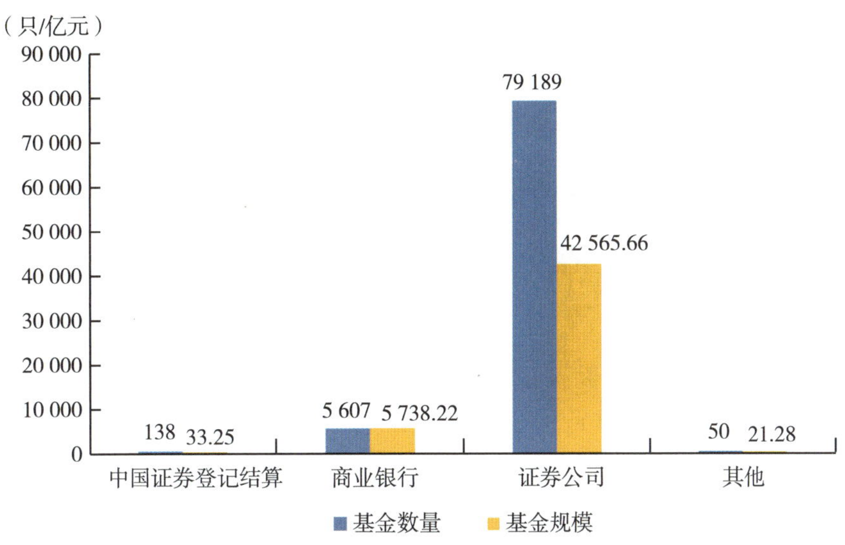

图5-12 私募证券投资基金募集监督机构分布情况

资料来源：中国证券投资基金业协会。

二、自主发行类私募证券投资基金募集出资情况

截至2024年末，私募证券投资基金各类投资者合计出资4.72万亿元，较2023年末减少6.18%；所涉投资者87.35万人次，较2023年下降16.14%。

2024年新备案私募证券投资基金的初始各类投资者合计出资1 148.22亿元，所涉投资者3.18万人次。

（一）基金投资者数量分布情况

截至2024年末，单只私募证券投资基金的投资者数量主要集中在2~5（含）人次，相关基金数量达32 313只，占比38.54%；基金规模1.20万亿元，占比25.43%（见图5-13、图5-14）。

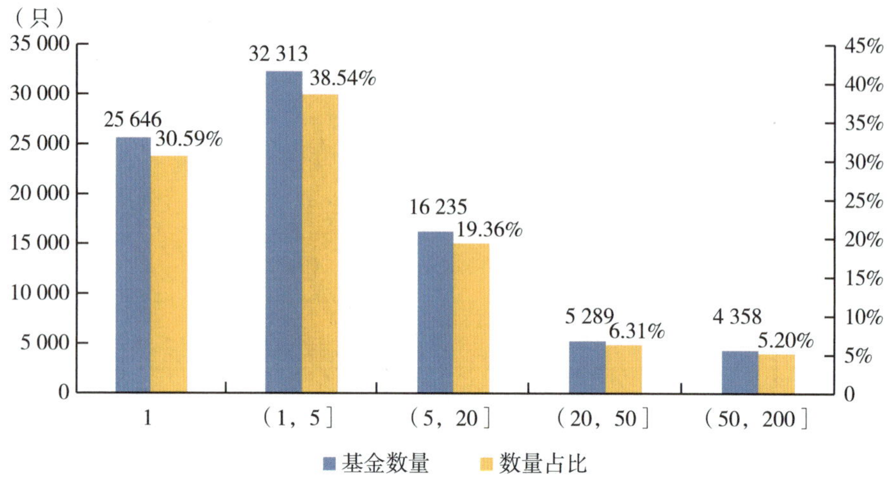

图5-13　私募证券投资基金数量分布情况（按投资者人数）

资料来源：中国证券投资基金业协会。

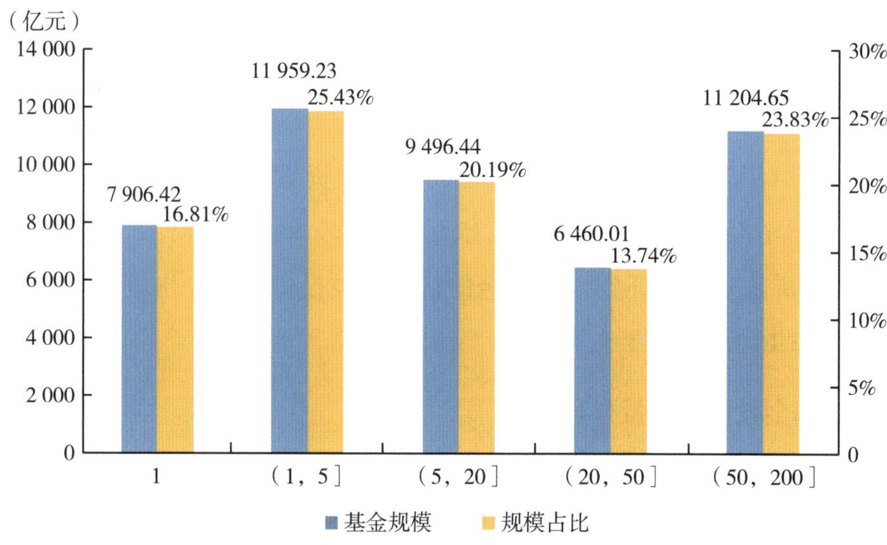

图5-14　私募证券投资基金规模分布情况（按投资者人数）

注：部分在原私募基金登记备案系统完成备案的私募证券投资基金，暂未根据中国证券投资基金业协会要求在“资产管理业务综合报送平台”补录投资者结构化数据信息或未及时进行清算，投资者数量暂时显示为0。

资料来源：中国证券投资基金业协会。

（二）基金各类投资者[①]出资情况

截至2024年末，私募证券投资基金的各类型投资者中，居民[②]数量占比为80.82%，相关资金占比为46.69%；各类资管计划[③]数量占比为15.78%，相关资金占比为40.45%；企业[④]数量占比为3.32%，相关资金占比为11.92%（见图5-15）。

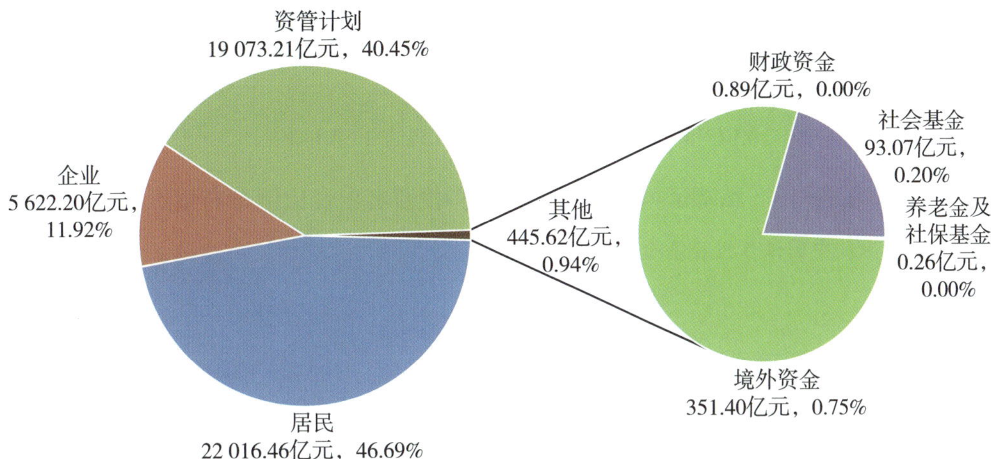

图5-15　私募证券投资基金各类投资者投资规模比例分布

资料来源：中国证券投资基金业协会。

（三）机构投资者[⑤]出资比例分布情况

截至2024年末，约23.54%的私募证券投资基金完全由机构投资者出资，机构投资者出资占比较2023年下降0.74个百分点（见图5-16）。

① 本章所统计投资者人数及出资额，基于基金直接投资者（一级投资者）统计。合伙型、公司型基金的投资者出资额取其实缴出资额，契约型基金的投资者出资额取其持有的基金份额乘以同期末基金单位净值。

② 本章中居民包含自然人（非员工跟投）和自然人（员工跟投）。

③ 本章中资管计划投资者包含私募基金、政府出资产业投资基金、信托计划、证券公司及其子公司资管计划、基金公司及其子公司资管计划、期货公司及其子公司资管计划、保险资产管理计划、商业银行理财产品。

④ 本章中企业投资者包含境内法人机构（公司等）、境内非法人机构（一般合伙企业等）、管理人跟投。

⑤ 本章中机构投资者包含企业投资者和各类资管计划。

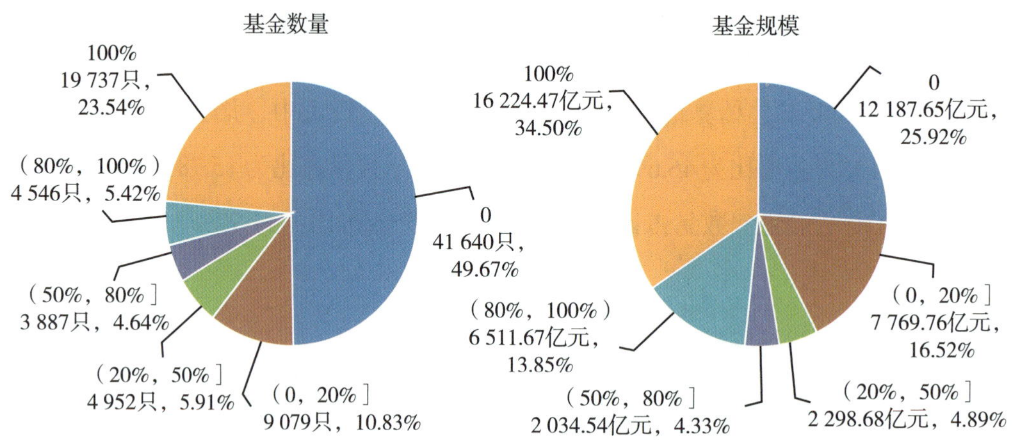

图5-16　私募证券投资基金按机构投资者出资比例分布情况

资料来源：中国证券投资基金业协会。

三、顾问管理类产品情况

截至2024年末，在协会备案的正在运作的顾问管理类产品共有3 974只，规模合计5 130.99亿元。2024年新备案顾问管理类产品390只，规模471.14亿元（见图5-17、图5-18）。

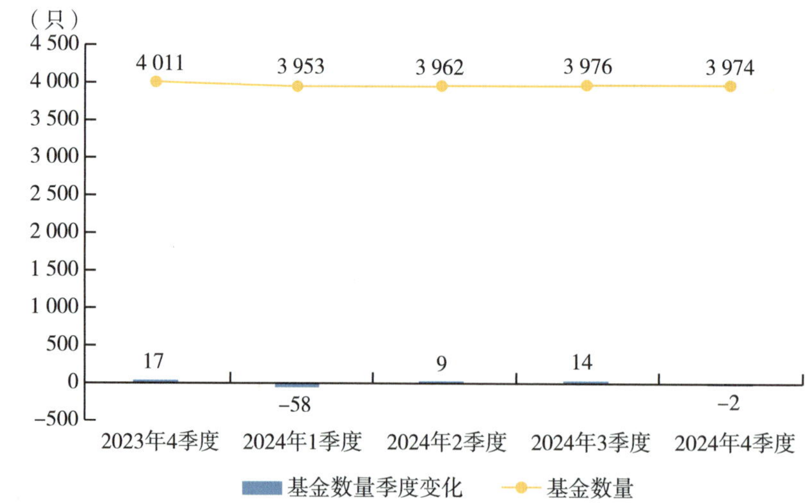

图5-17　顾问管理类产品数量变化

资料来源：中国证券投资基金业协会。

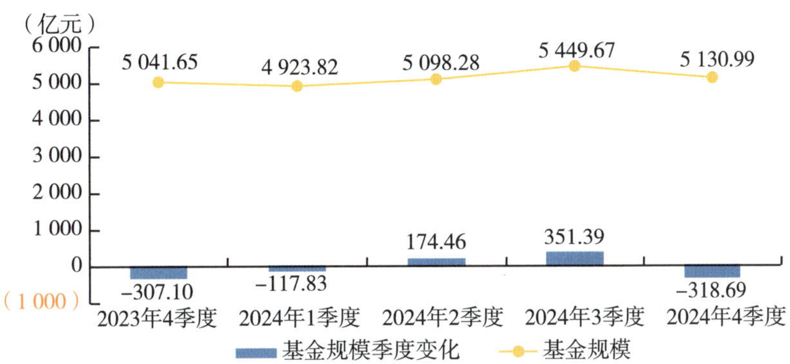

图5-18 顾问管理类产品规模变化

资料来源：中国证券投资基金业协会。

（一）产品规模分布情况

截至2024年末，顾问管理类产品中，0.1亿~0.5亿元和1亿~5亿元基金数量位列前两位，分别为1 407只和1 017只，占比35.41%和25.59%。1亿~5亿元的基金规模最大，占比42.12%（见图5-19、图5-20）。2024年末，存量1亿~5亿元顾问管理类基金数量占比较2023年减少2.11个百分点；存量0.1亿~0.5亿元顾问管理类基金数量占比较2023年增长1.84个百分点；0.1亿~0.5亿元基金规模的集中度进一步提升，占比较2023年增长0.16个百分点。

2024年备案的390只顾问管理类产品，平均单只规模约为1.21亿元，较2023年平均规模增加2 352.78万元。

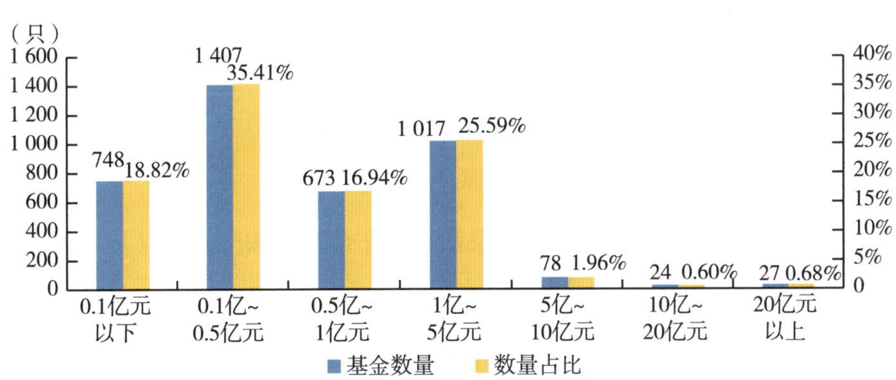

图5-19 顾问管理类产品数量分布情况

资料来源：中国证券投资基金业协会。

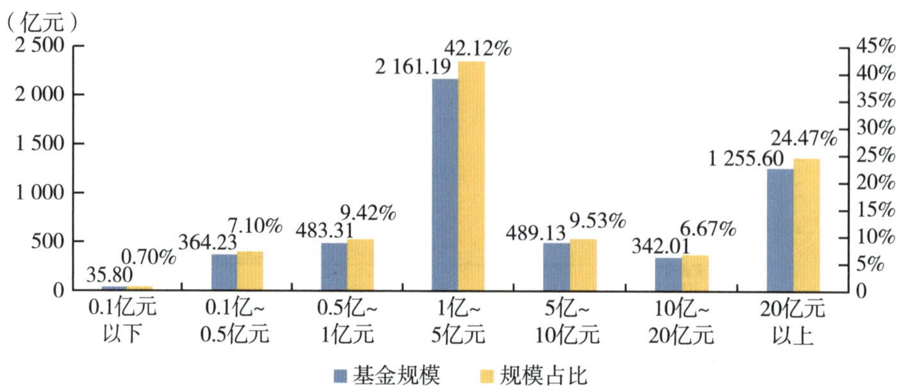

图5-20　顾问管理类产品规模分布情况

资料来源：中国证券投资基金业协会。

（二）产品类型分布情况

截至2024年末，产品类型[①]实际为信托计划的顾问管理类产品只数为3 273只，规模为3 792.26亿元，在顾问管理类产品中的占比最高（见图5-21、图5-22）。2024年新备案的顾问管理类产品中，产品类型为信托计划的顾问管理类产品数量最多，共计290只，占比74.36%，其规模最大，占比72.45%。

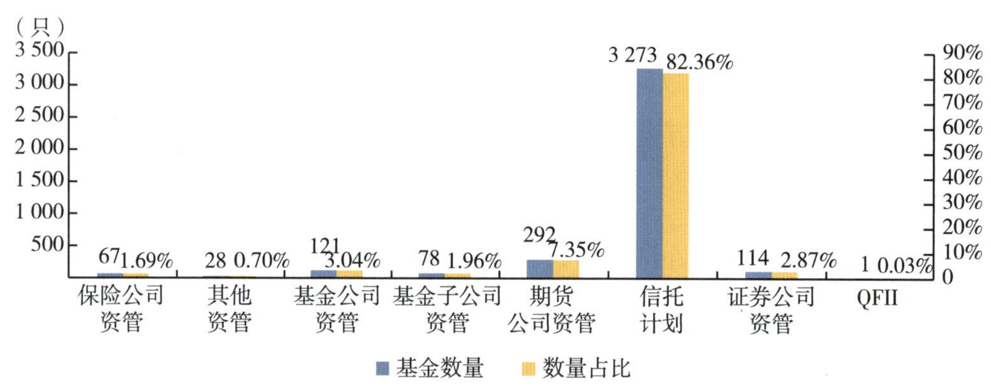

图5-21　顾问管理类产品数量分布情况（按产品类型）

资料来源：中国证券投资基金业协会。

① “保险公司资管”指保险公司及其子公司的资产管理计划；“基金公司资管”指基金公司的资产管理计划；“基金子公司资管”指基金子公司的资产管理计划；“期货公司资管”指期货公司及其子公司的资产管理计划；“证券公司资管”指证券公司及其子公司的资产管理计划；“其他资管”指其他资管产品。

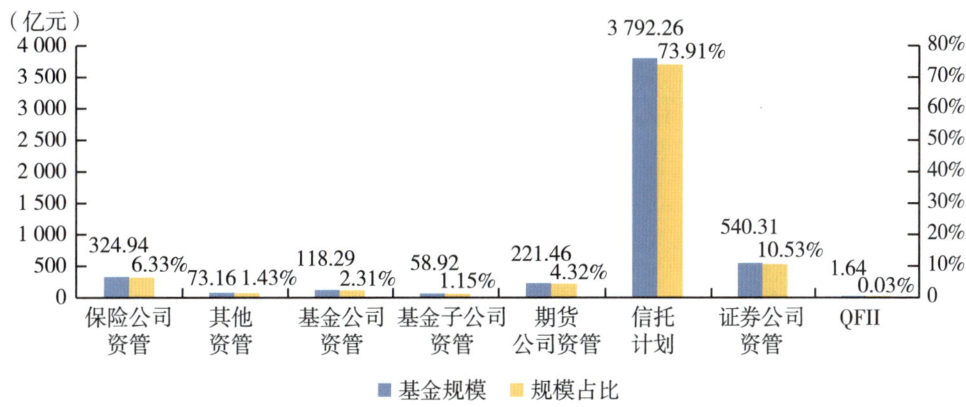

图5-22　顾问管理类产品规模分布情况（按产品类型）

资料来源：中国证券投资基金业协会。

（三）产品投资类型分布情况

截至2024年末，顾问管理类产品主要的投资类型①权益类、混合类和固定收益类基金，三者合计占所有顾问管理类产品数量的93.91%，占所有顾问管理类产品规模的88.07%。2024年新备案顾问管理类产品中，以上三类基金合计369只，规模426.55亿元，分别占新备案顾问管理类产品的94.62%和90.54%（见图5-23、图5-24）。

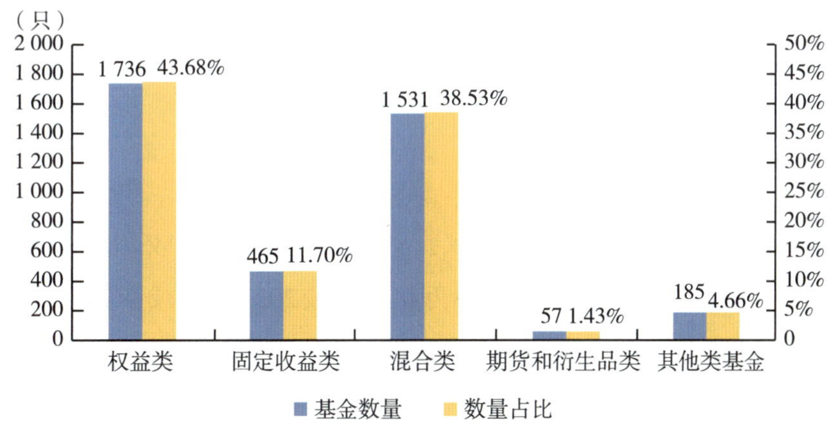

图5-23　顾问管理类产品数量分布情况（按投资类型）

资料来源：中国证券投资基金业协会。

① 截至统计时点，仍有185只顾问管理类产品未更新投资类型，将该部分产品归为其他类基金。

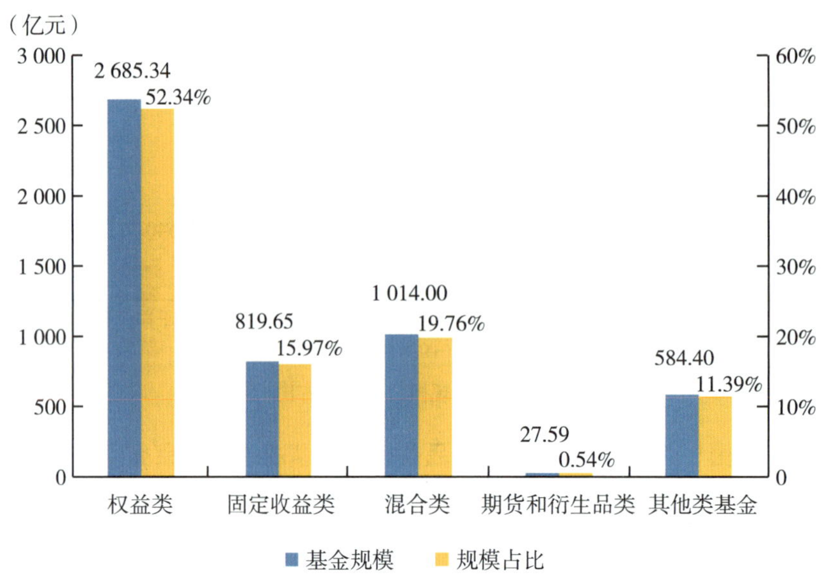

图5-24　顾问管理类产品规模分布情况（按投资类型）

资料来源：中国证券投资基金业协会。

第二节　私募股权投资基金

一、私募股权投资基金基本情况

（一）基金数量和规模变化情况

截至2024年末，已备案私募股权投资基金30 283只，较2023年末减少972只，同比下降3.11%；基金规模10.98万亿元，较2023年末减少933.01亿元，同比下降0.84%（见图5-25、图5-26）。

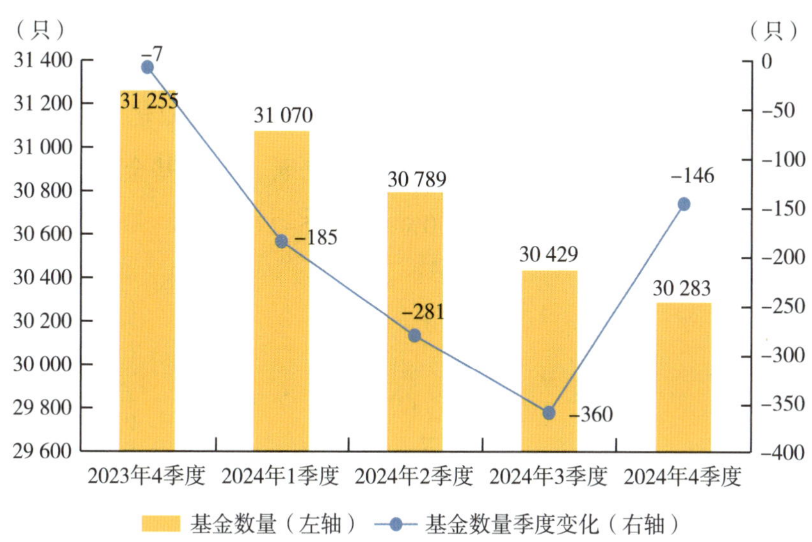

图5-25　私募股权投资基金数量变化

资料来源：中国证券投资基金业协会。

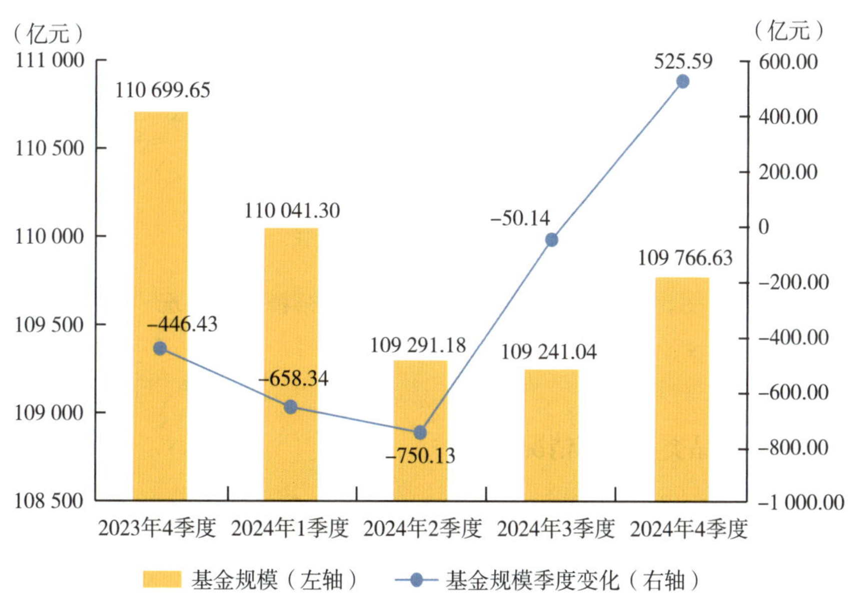

图5-26　私募股权投资基金规模变化

资料来源：中国证券投资基金业协会。

（二）基金规模分布情况

截至2024年末，私募股权投资基金平均规模约为3.62亿元，较2023年末增加0.08亿元。从私募股权投资基金规模分布来看，单只基金规模主要集中于2 000万~5 000万元（不含），占比20.50%（见图5-27）。

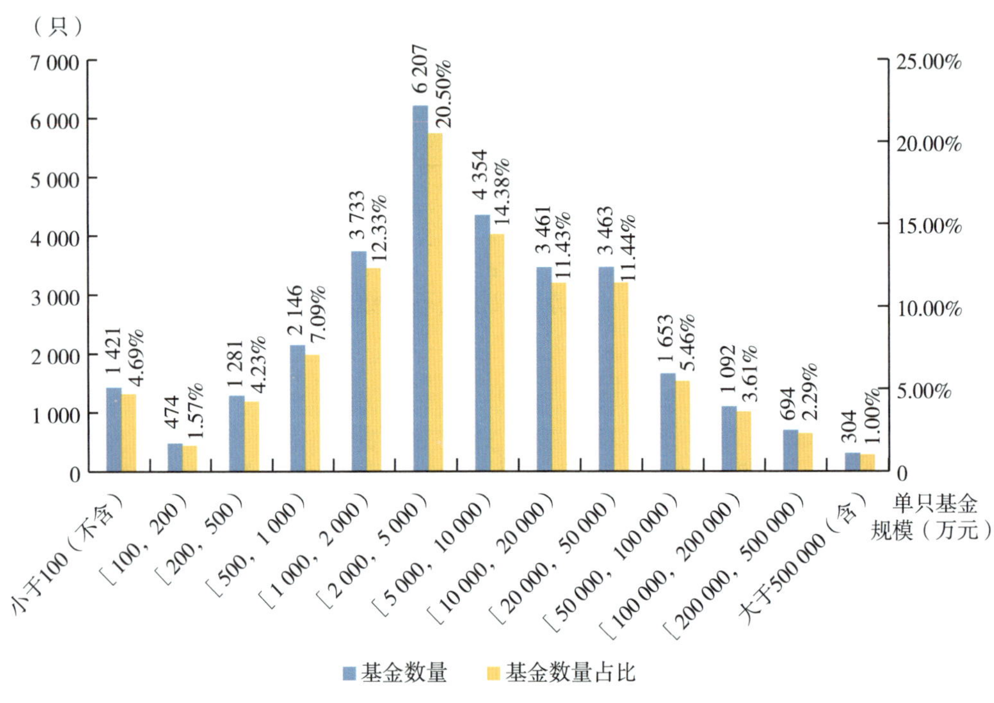

图5-27 单只私募股权投资基金规模分布情况

资料来源：中国证券投资基金业协会。

（三）基金产品类型分布情况

截至2024年末，协会已备案私募股权投资基金（不含FOF类）25 493只，基金规模9.14万亿元。从私募股权投资基金（不含FOF类）产品类型来看，“一般性股权投资基金”的数量与规模占比均为最高，分别为74.82%和67.19%；房地产基金的数量、规模占比较2023年末分别下降0.22和0.23个百分点（见图5-28）。从各产品类型基金的平均规模来看，不动产私募投资基金平均规模较大，达14.82亿元（见图5-29）。

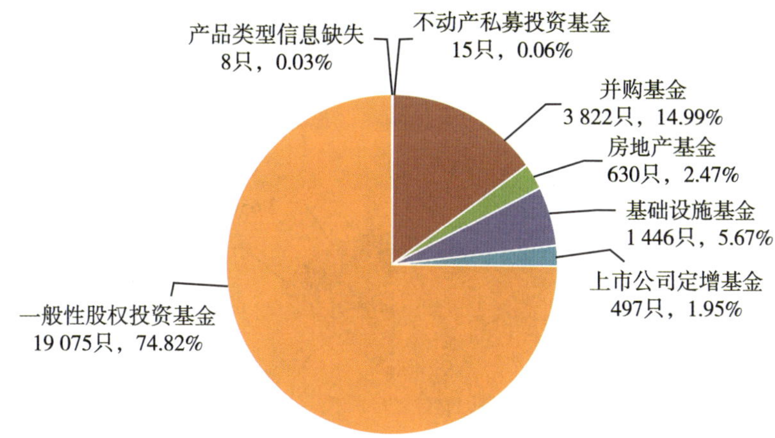

图5-28　私募股权投资基金产品类型按基金数量分布情况

资料来源：中国证券投资基金业协会。

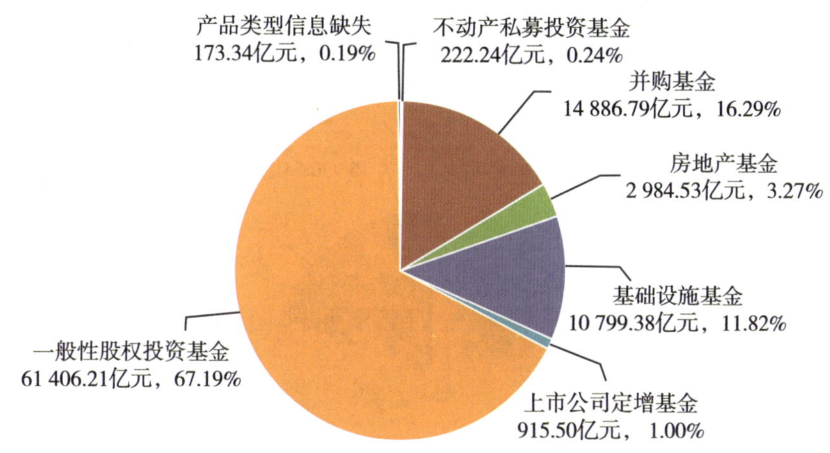

图5-29　私募股权投资基金产品类型按基金规模分布情况

资料来源：中国证券投资基金业协会。

（四）基金组织形式分布情况

截至2024年末，从私募股权投资基金的组织形式来看，合伙型的数量和规模占比最高，分别为86.28%和80.56%（见图5-30、图5-31）。从不同组织形式基金的平均规模来看，公司型的基金平均规模最大，达30.95亿元。

与2023年末相比，契约型基金、公司型基金数量占比分别下降0.87个和0.05个百分点，合伙型基金数量占比上升0.93个百分点；从基金规模上来看，契约型基金和合伙型基金规模占比分别下降0.56个和0.74个百分点，公司型基金规模占比上升1.30个百分点。

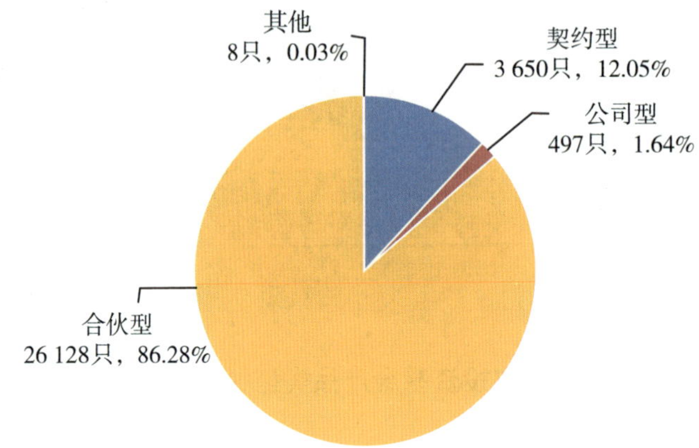

图5-30 私募股权投资基金组织形式按基金数量分布情况

资料来源：中国证券投资基金业协会。

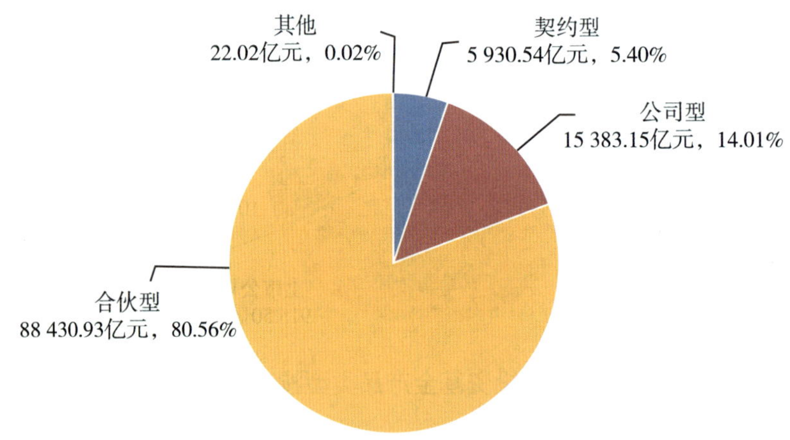

图5-31 私募股权投资基金组织形式按基金规模分布情况

资料来源：中国证券投资基金业协会。

（五）基金外包情况①

截至2024年末，采用外包服务的私募股权投资基金数量5 334只，占比

① 根据“资产管理业务综合报送平台”关于基金外包情况的填报说明，私募基金外包服务的类型主要包括份额登记、估值核算、信息技术服务等，同一基金可以选择多种类型外包服务。

17.61%，基金规模8 744.11亿元，占比7.97%，大部分私募股权投资基金仍未采用外包服务（见图5-32）。从单只基金的平均规模来看，采用外包服务的私募股权投资基金平均规模1.64亿元，未采用外包服务的平均规模4.05亿元。

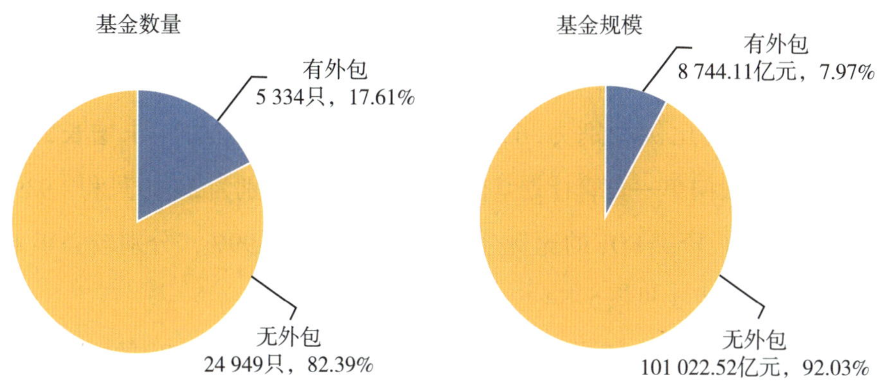

图5-32　私募股权投资基金外包情况

资料来源：中国证券投资基金业协会。

私募股权投资基金采用的主要外包服务是估值核算服务和份额登记服务，其中，采用估值核算服务的4 973只，占有采用外包服务私募股权投资基金数量的93.23%；采用份额登记服务的私募股权投资基金4 839只，占有采用外包服务私募股权投资基金数量的90.72%（见图5-33）。

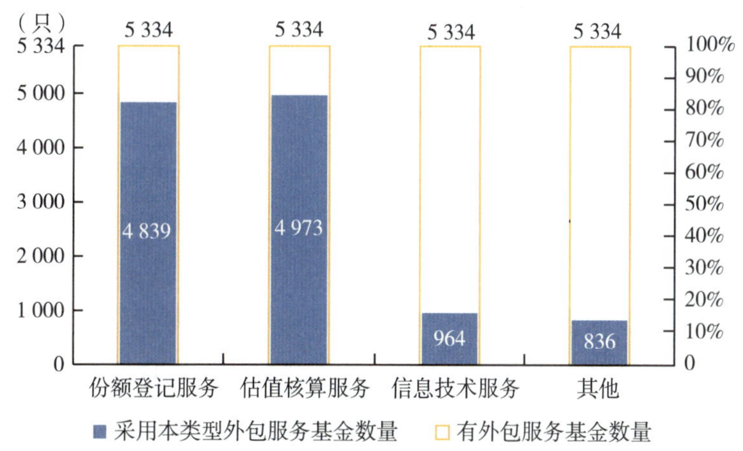

图5-33　私募股权投资基金外包服务类型分布

资料来源：中国证券投资基金业协会。

（六）私募股权投资类FOF情况

截至2024年末，私募股权投资类FOF共4 790只，占私募股权投资基金总数量的15.82%；基金规模1.84万亿元，占私募股权投资基金规模的16.74%，基金数量和规模较2023年末分别增长0.25个和0.98个百分点。

从基金种类来看，母基金数量和规模分别为2 710只和1.54万亿元，占私募股权投资类FOF的比例分别为56.58%和84.01%，分别较去年末增长2.36个和1.35个百分点；投向单一资管计划基金的数量和规模分别为2 080只和2 939.23亿元，占私募股权投资类FOF的比例分别为43.42%和15.99%，分别较去年末下降2.36和1.35个百分点（见图5–34）。

从私募股权投资类FOF平均规模来看，母基金平均规模5.70亿元，而投向单一资管计划基金平均规模1.41亿元，远小于母基金。

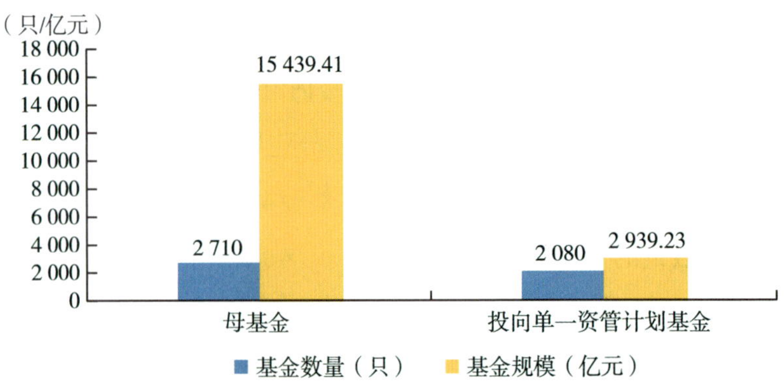

图5–34　私募股权投资类FOF产品种类分布情况

资料来源：中国证券投资基金业协会。

（七）政府引导基金情况

截至2024年末，勾选了“政府引导基金”标签的私募股权投资基金1 334只，占全部私募股权投资基金数量的4.41%，较上年末增长0.35个百分点；基金规模1.06万亿元，占全部私募股权投资基金规模的9.69%，较上年末增长0.71个百分点。从单只基金平均规模来看，勾选了“政府引导基金”标签的私募股权投资基金平均规模为7.98亿元，远高于私募股权投资基金平均规模。

（八）基金募集账户监督机构情况①

截至2024年末，私募股权投资基金募集账户监督机构主要为取得基金销售业务资格的商业银行和证券公司，基金数量占比分别为84.25%和15.86%，基金规模占比分别为93.84%和6.20%；从单只基金平均规模来看，募集账户监督机构为商业银行的私募股权投资基金平均规模为4.04亿元，而募集账户监督机构为证券公司的平均规模为1.42亿元，远小于前者（见图5-35）。

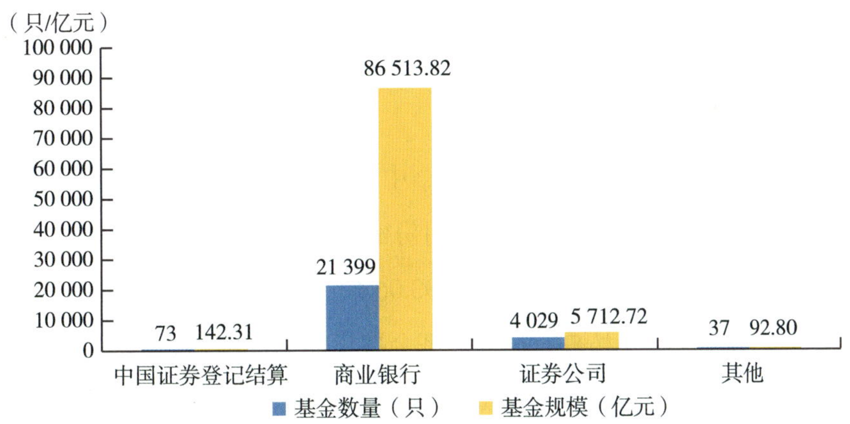

图5-35　私募股权投资基金募集账户监督机构情况

注：根据“资产管理业务综合报送平台”相关填报规则，单只基金可同时选择多家募集账户监督机构。其中2016年7月15日之前成立的私募基金如监督机构可选择“不适用”，无须填写募集账户监督机构信息。

资料来源：中国证券投资基金业协会。

二、私募股权投资基金募集情况

2024年，新备案私募股权投资基金1 516只，备案基金规模1 573.95亿元。其中新备案的私募股权投资类FOF189只，基金规模264.10亿元；新备案的私募股权基金仍以一般性股权投资基金为主，新备案基金1 089只，占比82.06%，新

① 《私募投资基金募集行为管理办法》所称监督机构是指中国证券登记结算有限责任公司、取得基金销售业务资格的商业银行、证券公司以及中国证券投资基金业协会规定的其他机构。其中，其他机构主要包括招商基金管理有限公司、长安基金管理有限公司等8家已在协会登记为私募基金服务机构的基金管理公司。

备案规模1 091.58亿元，占比83.34%；2024年当年备案勾选了“政府引导基金”标签的私募股权投资基金128只，基金规模403.63亿元，单只基金的平均规模为3.15亿元。

2024年当年备案私募股权投资基金的平均备案规模约为1.04亿元，单只基金规模分布主要集中于1 000万~2 000万元（不含），占比41.29%。此外，单只基金规模在5 000万~1亿元（不含）的基金数量占比9.50%，在1亿~5亿元（不含）的基金数量占比13.98%。

2024年当年备案的私募股权投资基金中，合伙型的基金数量和规模最大，占比分别为92.81%和72.19%；从不同组织形式基金的平均规模来看，契约型的基金平均规模达到1.88亿元。

2024年当年备案的私募股权投资基金中，采用外包服务的基金数量和规模占比分别为11.41%和15.08%。其中，采用份额登记服务的私募股权投资基金占有采用外包服务私募股权投资基金数量的93.06%；采用估值核算服务的私募股权投资基金占有采用外包服务私募股权投资基金数量的95.95%。

商业银行在私募股权投资基金募集账户监督环节占据主导地位，是私募股权投资基金尤其是新备案、大规模基金的主要选择。2024年当年备案的私募股权投资基金中，以取得基金销售业务资格的商业银行作为募集账户监督机构的基金最多，占比达91.82%。

三、私募股权投资基金出资情况

截至2024年末，私募股权投资基金各类投资者合计出资10.94万亿元，较2023年末增加3 206.69亿元，同比增长3.02%；所涉投资者31.40万个，较2023年末减少15 757个，同比下降4.78%。

在新备案产品出资人结构方面，企业投资者占比最高。在2024年当年新备案私募股权投资基金企业投资者出资占比71.40%，较2023年上升8.79个百分点；居民投资者数量占比达24.72%，相关资金占比仅为3.34%，较2023年下降7.56个百分点；各类资管计划投资者数量占比为11.20%，相关资金占比达22.70%，较2023年增长2.32个百分点。

（一）基金投资者[①]数量分布情况

截至2024年末，在协会备案的私募股权投资基金中，投资者数量主要集中在1~5（含）个，基金数量达16 554只，占比54.66%；基金规模5.65万亿元，占比51.50%（见图5-36、图5-37）。

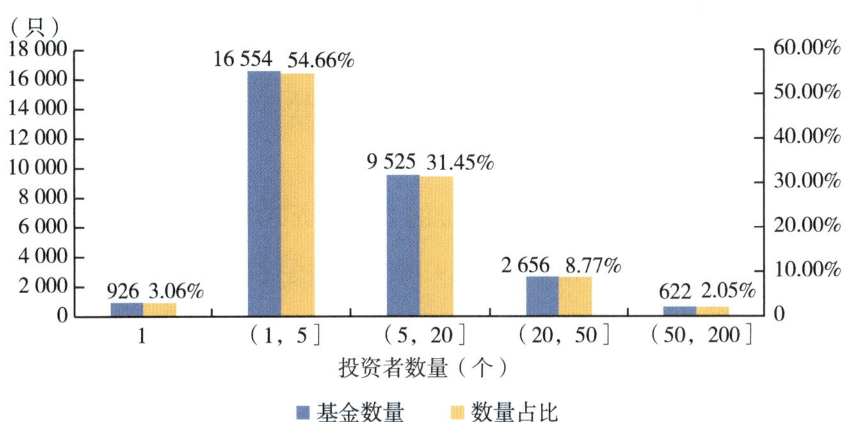

图5-36　私募股权投资基金按投资者数量分类的数量分布

资料来源：中国证券投资基金业协会。

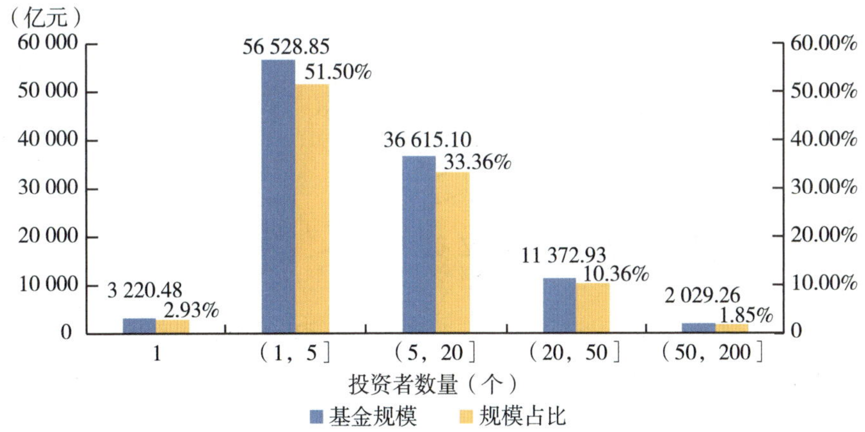

图5-37　私募股权投资基金按投资者数量分类的规模分布

资料来源：中国证券投资基金业协会。

① 本章所统计投资者人数及出资额，基于基金直接投资者（一级投资者）统计。合伙型、公司型基金的投资者出资额取其实缴出资额，契约型基金的投资者出资额取其持有的基金份额乘以同期末基金单位净值。

2024年当年备案的私募股权投资基金，无论从基金数量还是从基金规模来看，投资者数量均主要集中在1~5个（含），基金数量1 187只，占比78.30%；基金规模837.28亿元，占比达53.20%。

（二）基金投资者出资情况

截至2024年末，私募股权投资基金的各类投资者中，居民投资者数量占比达70.43%，相关资金占比仅为6.88%；企业投资者数量占比达23.72%，但相关资金占比达64.73%；各类资管计划投资者数量占比仅为5.63%，相关资金占比达25.05%。

截至2024年末，私募股权投资基金的主要出资方为企业投资者及各类投资计划，出资金额9.82万亿元，出资占比89.78%，居民投资者出资7 524.36亿元，占比6.88%。具体来看，在所有类型投资者中，境内公司等法人机构出资最高，占出资总额的64.73%。私募基金产品出资占比17.89%，自然人（非员工跟投）出资占比6.57%。其余类型投资者占比均不足5%（见图5-38）。

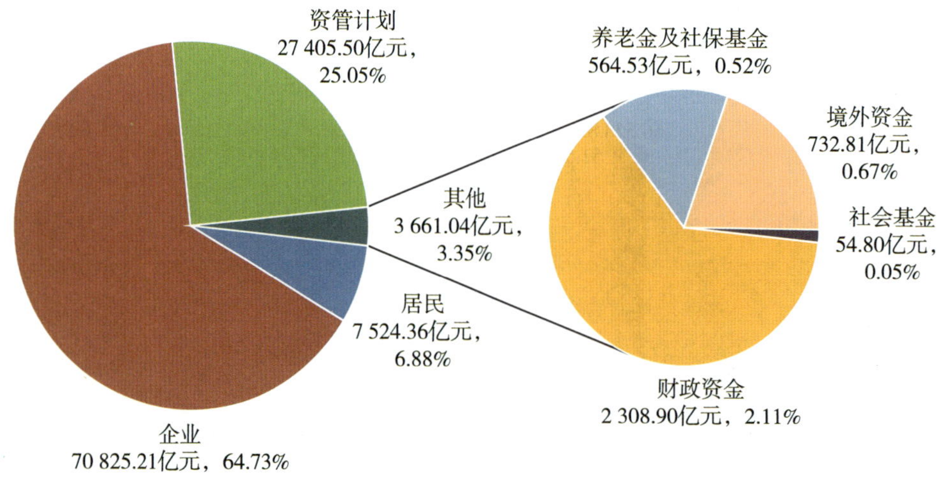

图5-38　私募股权投资基金投资者出资规模及比例分布

资料来源：中国证券投资基金业协会。

（三）机构投资者[①]出资比例分布情况

截至2024年末，从数量上看，48.41%的私募股权投资基金均由机构投资者出资，此类基金规模占比86.05%；9.95%的基金全部由自然人投资者出资，基金规模占比仅为1.16%（见图5-39、图5-40）。

从单只基金的规模看，由机构投资者100%出资的基金平均规模6.44亿元；自然人投资者100%出资的基金平均规模0.42亿元。

2024年当年备案的私募股权投资基金中，从数量上看，83.77%的私募股权投资基金均由机构投资者出资，此类基金规模占比达93.65%；3.10%的基金全部由自然人投资者出资，相关基金规模占比仅为0.99%。总体来看，机构投资者依然是私募股权投资基金的主要出资者。

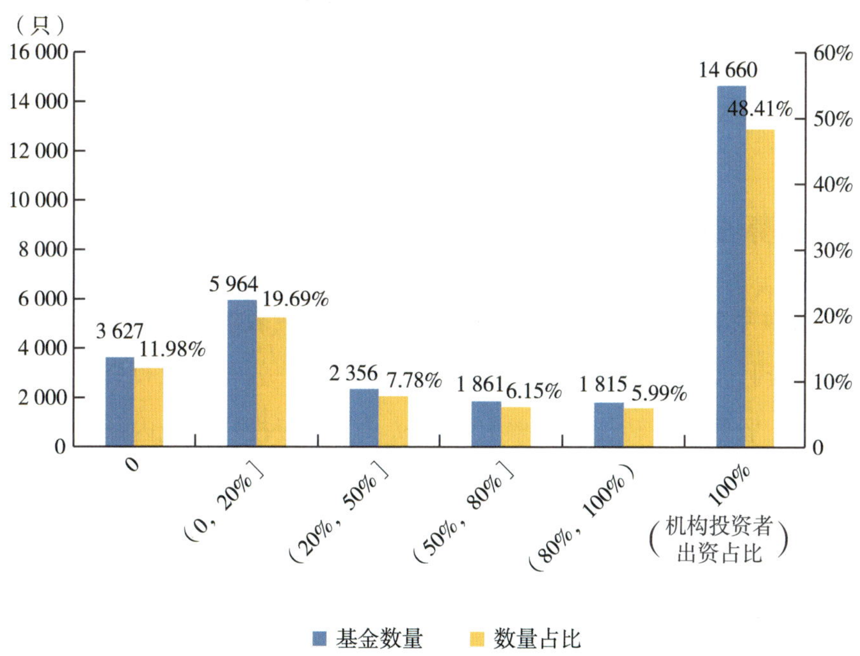

图5-39　私募股权投资基金按机构投资者出资占比分类的数量及占比分布

资料来源：中国证券投资基金业协会。

① 指企业投资者和各类资管计划。

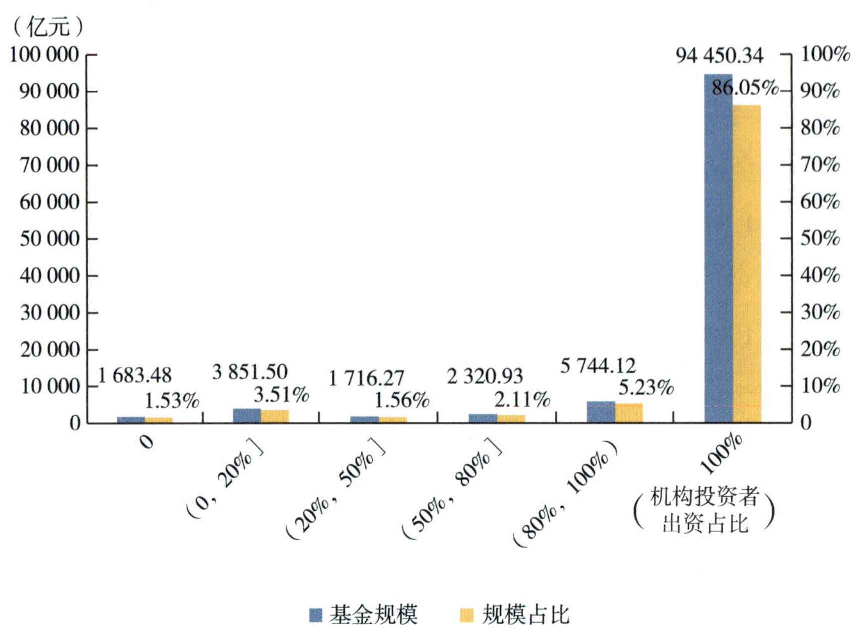

图5-40　私募股权投资基金按机构投资者出资占比分类的规模及占比分布

资料来源：中国证券投资基金业协会。

四、私募股权投资基金投资运作情况

截至2024年末，已进行季度更新、完成运行监测表填报的存续私募股权投资基金，已投资且暂未完全退出的境内未上市、未挂牌公司股权投资、上市公司定向增发投资、股票协议转让、股票大宗交易、新三板投资、境内债权类投资以及境外股权、债权投资的投资项目69 237个，在投本金6.95万亿元。2024年，私募股权投资基金新增投资项目数量7 291个，投资本金6 143.92亿元。

（一）基金投资项目地域分布情况

截至2024年末，从投资项目地域分布来看，投资项目数量排名前五的地区为北京、广东、上海、江苏和浙江，合计45 138个，占项目总数量的65.19%，超过境内其他区域数量占比合计的两倍（见图5-41）；投资项目在投本金排名前五的地区为北京、广东、上海、江苏和浙江，合计3.64万亿元，占投资项目在投本金总数的52.34%（见图5-42）。

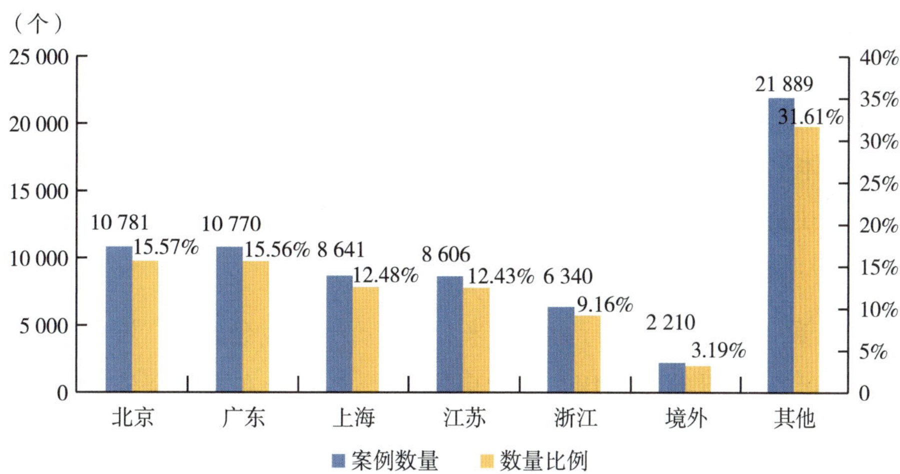

图5-41　私募股权投资基金投资项目数量排名前五地域分布

资料来源：中国证券投资基金业协会。

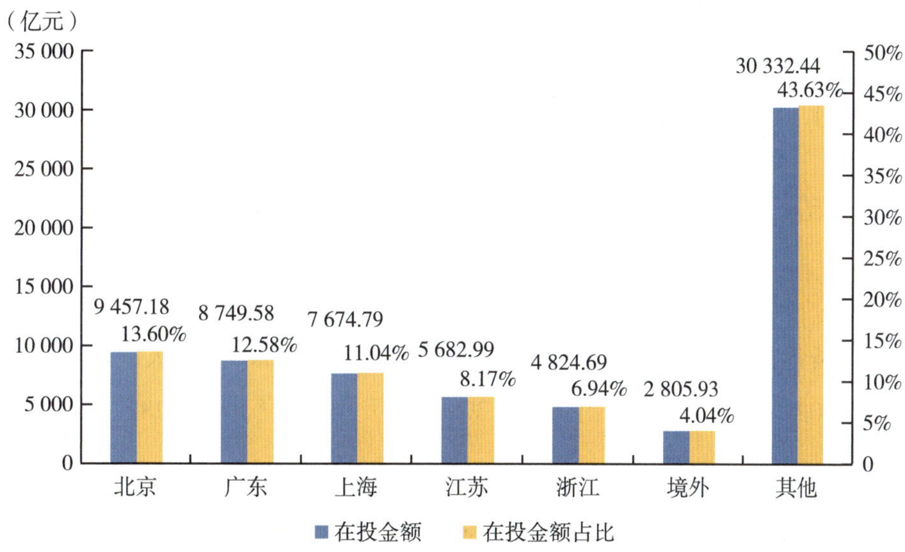

图5-42　私募股权投资基金投资项目在投本金排名前五地域分布

资料来源：中国证券投资基金业协会。

2024年，私募股权投资基金投资项目数量排名前五的地区是江苏、广东、上海、北京和浙江，数量合计4 532个，占2024年新增投资项目数量的62.16%；投资本金排名前五的是北京、上海、广东、江苏和浙江，投资本金合计3 256.87亿元，占2024年新增投资项目金额的53.01%。

（二）基金投资项目行业分布情况

从投资项目数量的行业分布来看，前五大行业为“计算机运用”“资本品”“半导体”“医药生物”和“医疗器械与服务”，各行业投资项目数量分别为14 114个、9 004个、6 745个、6 437个和4 832个，占比分别为20.39%、13.00%、9.74%、9.30%和6.98%。

从投资项目在投本金的行业分布来看，前五大行业分别为“资本品”“半导体”“交通运输”“计算机运用”和“房地产”，各行业在投本金分别为8 854.74亿元、7 842.21亿元、6 583.30亿元、6 500.94亿元和6 418.45亿元，占比分别为12.74%、11.28%、9.47%、9.35%和9.23%。

2024年新增投资项目数量从行业分布来看，前五大行业为“资本品”“半导体”“计算机运用”“医药生物”和“原材料”，数量占比分别为16.38%、13.63%、12.74%、9.27%和7.46%；投资项目金额从行业分布来看，前五大行业为“半导体”“资本品”“计算机运用”“原材料”和“公用事业”，投资本金占比分别为17.93%、11.74%、9.17%、8.58%和7.33%。

五、私募股权投资基金投资项目退出情况

截至2024年末，已进行季度更新、完成运行监测表填报且正在运作的私募股权投资基金投资项目共退出31 681个，发生退出行为63 660次，退出本金2.37万亿元。2024年当年新增退出项目7 329个，发生退出行为10 282次，退出本金3 548.84亿元。

（一）基金投资项目退出方式分布情况

截至2024年末，私募股权投资基金项目退出方式主要为“协议转让”“企业回购”“被投企业分红”“融资人还款”“新三板挂牌”，上述方式合计占所有退出次数的83.68%。从退出本金来看，“协议转让”占比高达44.68%，“企业回购”占比16.50%。

2024年新增退出项目通过“企业回购”和“协议转让”方式发生的退出行为较多，占所有退出数量的61.81%，退出本金占比达68.55%。其中通过“协议转

让”发生的退出行为3 159次，退出本金1 560.24亿元；通过“企业回购”发生的退出行为3 196次，退出本金872.63亿元。

（二）基金投资项目退出地域分布情况

截至2024年末，从私募股权投资基金投资项目退出的地域分布来看，退出项目数量排名前五的地区为北京、广东、上海、江苏和浙江，退出项目数量合计10 844个，数量占比64.18%（见图5-43）；项目退出本金排名前五的地区为北京、广东、上海、江苏和浙江，退出本金合计1.28万亿元，退出本金占比53.93%（见图5-44）。

从私募股权投资基金2024年新增退出项目的地域分布来看，退出项目数量排名前五的地区为广东、北京、江苏、上海和浙江，退出项目数量合计4 505个，数量占比61.47%；项目退出本金排名前五的地区为广东、北京、上海、浙江和江苏，退出本金合计1 643.42亿元，退出本金占比46.31%。

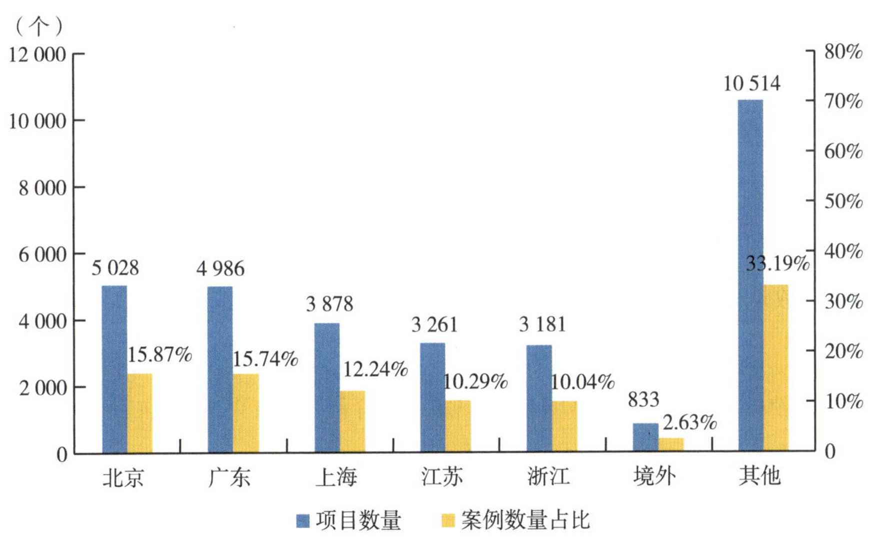

图5-43　私募股权投资基金退出项目数量排名前五地域分布

资料来源：中国证券投资基金业协会。

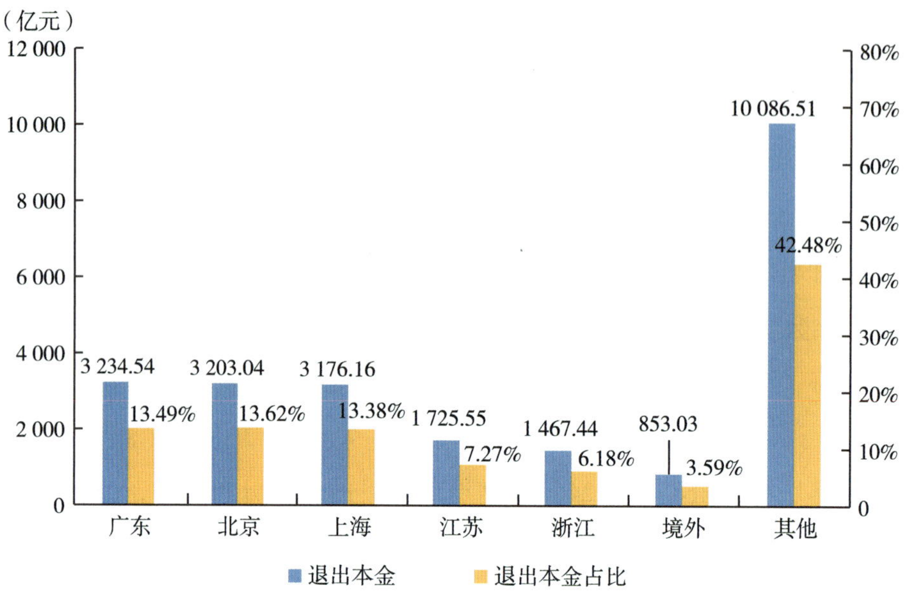

图5-44　私募股权投资基金投资项目退出本金排名前五地域分布

资料来源：中国证券投资基金业协会。

（三）基金投资项目退出行业分布情况

从私募股权投资基金退出项目的行业分布来看，截至2023年末，前五大行业为“计算机运用”“资本品”“医药生物”“原材料”和“医疗器械与服务”，各行业退出项目数量分别为6 607个、4 058个、2 347个、2 271个和2 009个，合计17 292个；数量占比分别为20.85%、12.81%、7.41%、7.17%和6.34%，合计占比为54.58%。

从私募股权投资基金退出项目退出本金的行业分布来看，前五大行业分别为“资本品”“房地产”“计算机运用”“公用事业”和“其他金融”，各行业退出本金分别为3 386.35亿元、2 805.15亿元、2 370.61亿元、1 686.97亿元和1 635.19亿元，退出本金合计1.19万亿元；占比分别为14.26%、11.81%、9.98%、7.10%和6.89%，合计占比为50.05%。

2024年私募股权投资基金新增退出项目中，退出项目数量排名前五的行业为“计算机运用”“资本品”“原材料”“医疗器械与服务”和“医药生物”，各行业退出项目数量分别为1 181个、1 087个、598个、530个和515个，合计占比

53.36%；退出本金前五大行业为“资本品”“公用事业”“房地产”“原材料”和“计算机运用”，各行业退出本金分别为399.22亿元、377.00亿元、364.41亿元、313.60亿元和271.69亿元，合计占比48.63%。

第三节　创业投资基金

一、创业投资基金基本情况

（一）基金数量和规模变化情况

创业投资基金数量与规模创新高，并保持增长态势。截至2024年末，已备案创业投资基金25 133只，较2023年末增加1 744只，同比增长7.46%（见图5-45）；已备案创业投资基金规模为3.37万亿元，较2023年末增加1 287.62亿元，同比增长3.97%；平均每只基金的规模约为1.34亿元（见图5-46）。

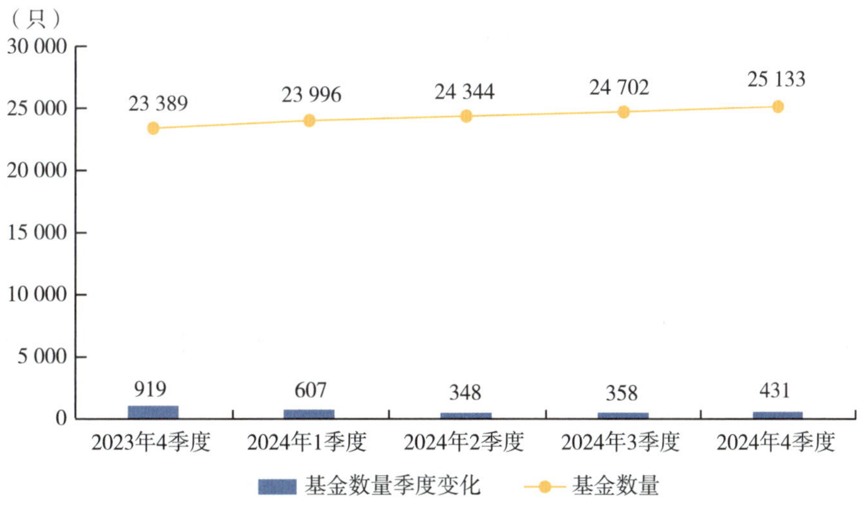

图5-45　创业投资基金数量变化

资料来源：中国证券投资基金业协会。

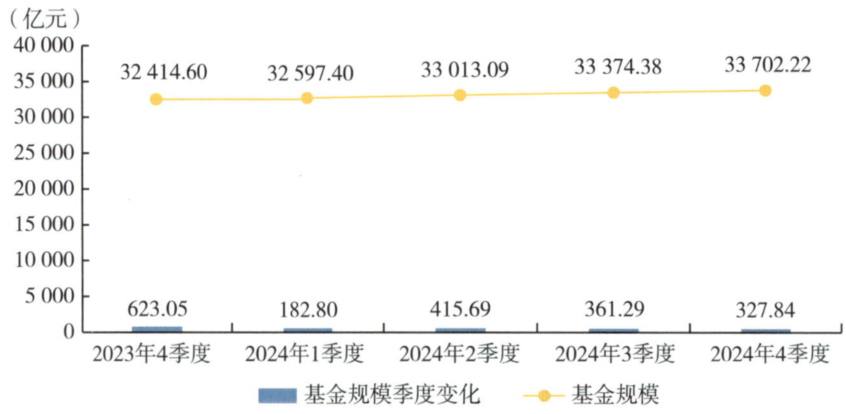

图 5-46　创业投资基金规模变化

资料来源：中国证券投资基金业协会。

（二）基金规模分布情况

截至2024年末，创业投资基金单只基金规模主要集中于2 000万~5 000万元（不含），基金数量为7 258只，占创业投资基金总数的比例为28.88%（见图5-47）。

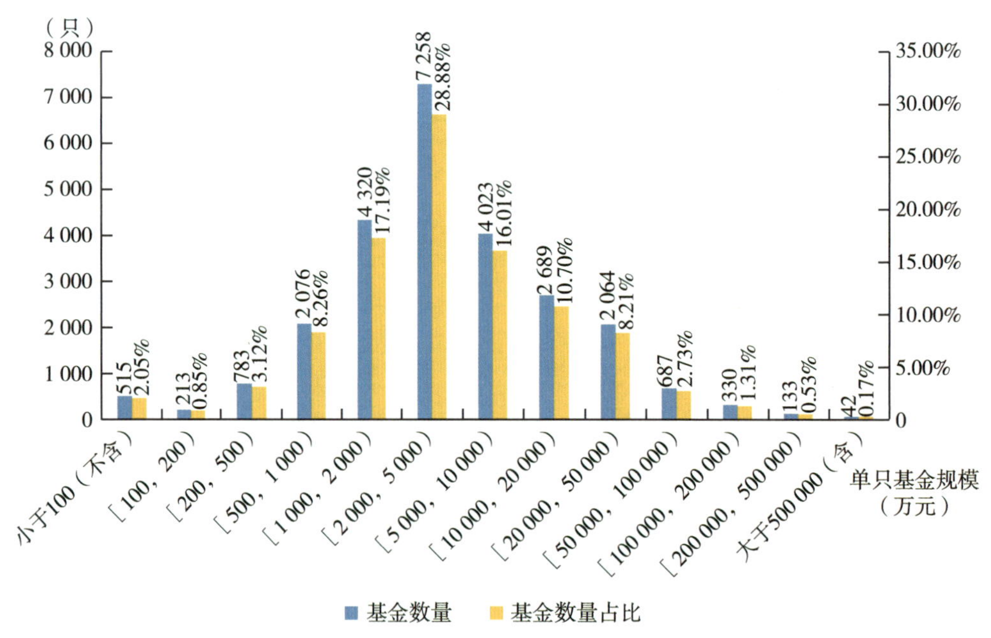

图 5-47　单只创业投资基金规模分布

资料来源：中国证券投资基金业协会。

（三）基金组织形式分布情况

截至2024年末，从创业投资基金的组织形式来看，合伙型的基金数量和规模均最多，分别为24 323只和3.13万亿元，占比分别为96.78%和92.81%（见图5-48、图5-49）；组织形式为公司型的创业投资基金单只基金规模最大，为3.75亿元。

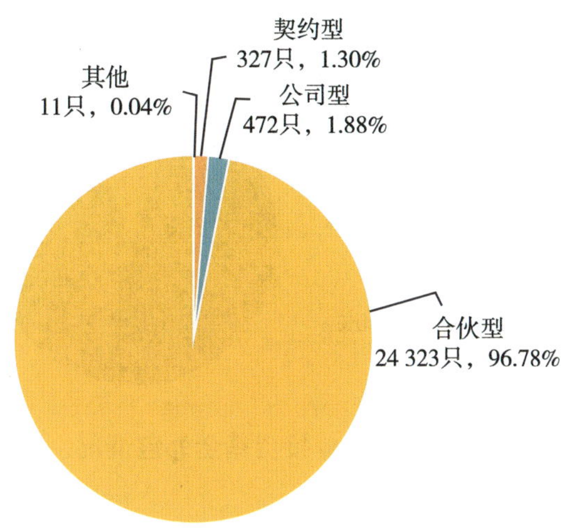

图5-48　创业投资基金组织形式按基金数量分布

资料来源：中国证券投资基金业协会。

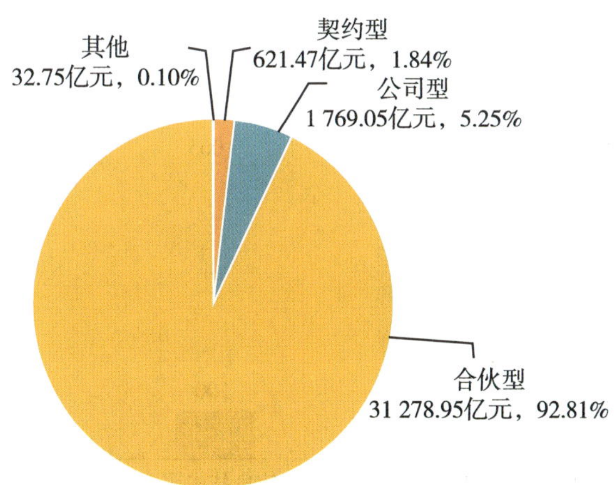

图5-49　创业投资基金组织形式按基金规模分布

资料来源：中国证券投资基金业协会。

（四）基金外包情况

截至2024年末，采用外包服务的创业投资基金数量3 065只，占比12.20%；基金规模2 125.40亿元，占比6.31%。大部分创业投资基金未采用外包服务（见图5-50）。

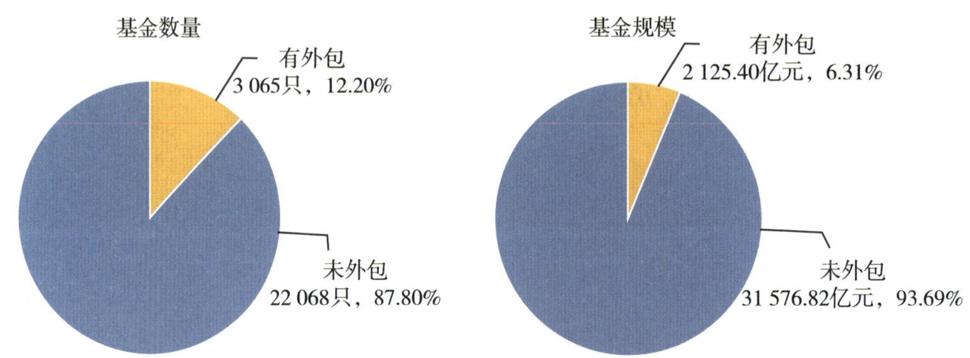

图5-50 创业投资基金外包情况

资料来源：中国证券投资基金业协会。

创业投资基金采用的主要外包服务是份额登记服务和估值核算服务，其中，采用份额登记服务的创业投资基金2 669只，占有采用外包服务创业投资基金数量的87.08%；采用估值核算服务的创业投资基金2 823只，占有采用外包服务创业投资基金数量的92.10%（见图5-51）。

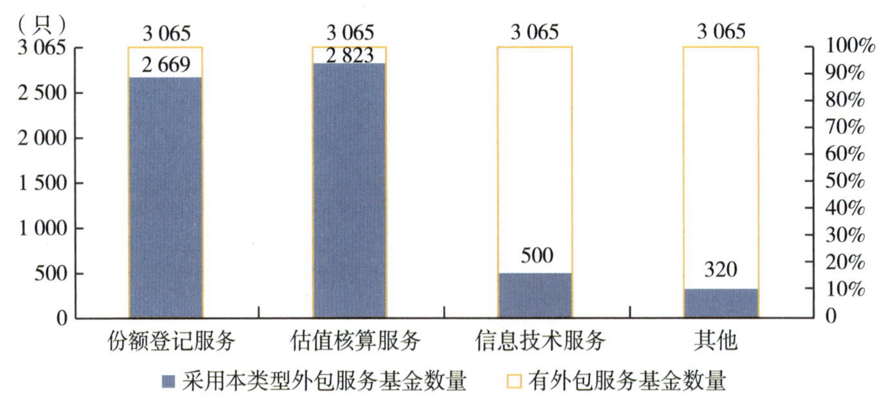

图5-51 创业投资基金外包服务类型分布

资料来源：中国证券投资基金业协会。

（五）创业投资类FOF情况

截至2024年末，创业投资类FOF共2 223只，基金规模4 583.67亿元，基金数量和规模占创业投资类基金比例分别为8.84%和13.60%。从单只创业投资类FOF的规模来看，主要集中在2 000万~5 000万元（不含），数量占比27.04%。

从基金种类来看，母基金数量和规模占创业投资类FOF的比例分别为52.72%和81.89%，投向单一资管计划基金的数量和规模占创业投资类FOF的比例分别为47.28%和18.11%；母基金的平均规模3.20亿元，而投向单一资管计划基金的平均规模为0.79亿元，远小于母基金（见图5-52）。

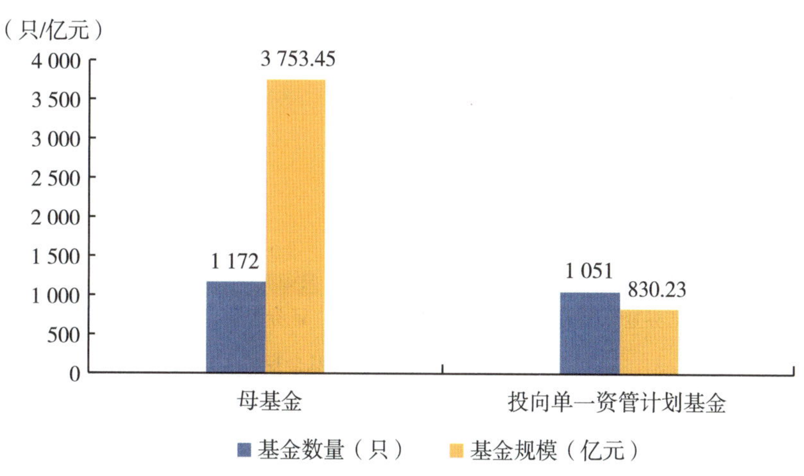

图5-52 创业投资类FOF产品种类分布

注：其中一只创投FOF分类未明确。

资料来源：中国证券投资基金业协会。

（六）政府引导基金情况

截至2024年末，勾选了“政府引导基金”标签的创业投资基金632只，占创业投资基金总数量的2.51%；基金规模2 377.85亿元，占全部创业投资基金规模的7.06%；基金数量和规模占比较2023年末分别下降0.19个和0.16个百分点。从单只基金平均规模来看，勾选了“政府引导基金”标签的创业投资基金平均规模为3.76亿元。

（七）基金募集账户监督机构情况

截至2024年末，创业投资基金中有募集账户监督机构的基金23 403只，占比93.12%；基金规模29 675.47亿元，占比88.05%。在有募集账户监督机构的创业投资基金中，募集账户监督机构为取得基金销售业务资格商业银行和证券公司的基金数量占比分别为89.80%和10.26%，基金规模占比分别为94.72%和5.52%；从单只基金平均规模来看，募集账户监督机构为商业银行的创业投资基金平均规模为1.34亿元，而募集账户监督机构为证券公司的平均规模仅为6 820.54万元（见图5-53）。

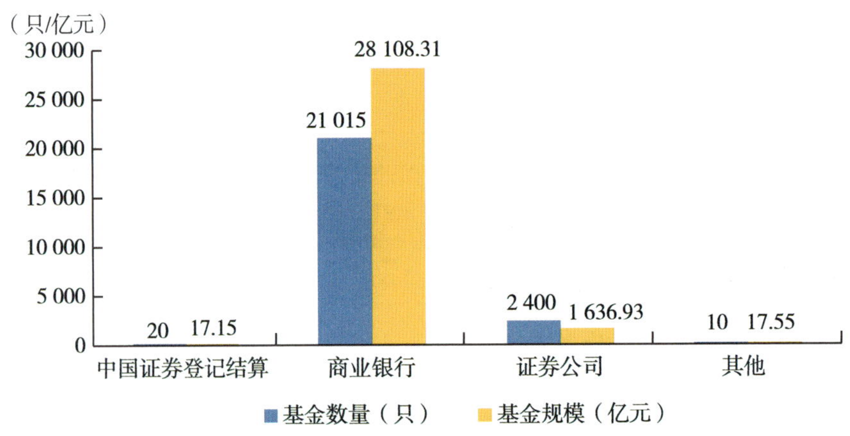

图5-53　创业投资基金募集账户监督机构情况

资料来源：中国证券投资基金业协会。

二、募集情况

募资端，2024年新备案创业投资基金2 627只，备案规模1 116.01亿元。2024年备案的创业投资基金规模普遍较小，单只基金规模主要集中于1 000万元至2 000万元（不含）和2 000万元至5 000万元（不含），数量占比分别为28.85%和37.95%；单只基金规模在5 000万元以下的基金数量占比合计达79.56%。2024年备案的创业投资基金的组织形式依然以合伙型为主，基金数量2 613只，基金规模1 112.79亿元。此外，契约型基金7只，基金规模2.17亿元；公司型基金7只，基金规模1.05亿元。

2024年备案的创业投资基金中，采用外包服务的创业投资基金数量218只，占比8.30%；基金规模114.53亿元，占比10.26%。其中，创业投资基金主要采用份额登记服务和估值核算服务，占有采用外包服务创业投资基金数量的比例分别为68.35%和82.11%。有募集账户监督机构的基金2 627只，基金规模1 116.01亿元，占比均为100.00%。新备案有募集账户监督机构的创业投资基金中，以取得基金销售业务资格的商业银行作为募集账户监督机构的基金数量2 537只，基金规模1 072.04亿元；以取得基金销售业务资格的证券公司作为募集账户监督机构的基金93只，基金规模45.36亿元。

2024年备案的创业投资类FOF194只，基金规模123.53亿元，占新备案创业投资基金的比例分别为7.38%和11.07%；单只基金规模同样主要集中在1 000万元至2 000万元（不含）和2 000万元至5 000万元（不含），基金数量分别为66只和57只，分别占当年新备案创业投资类FOF的34.02%和29.38%。其中，母基金120只，基金规模98.03亿元，平均规模0.82亿元。

2024年备案的创业投资基金中勾选了“政府引导基金”标签的基金44只，占比1.67%；基金规模15.22亿元，占比1.36%。

三、创业投资基金出资情况

截至2024年末，创业投资基金各类投资者合计出资3.00万亿元，较2023末增加2 359.94亿元，同比增长8.52%；所涉投资者22.52万个，较2023末增加13 404个，同比增长6.33%。2024年新备案创业投资基金的各类投资者合计出资1 116.01亿元，所涉投资者17 091个。

（一）基金投资者数量分布情况

截至2024年末，创业投资基金的投资者数量主要集中在1~20（含）个，基金数量达22 945只，占比91.29%（见图5–54）；基金规模2.71万亿元，占比80.45%（见图5–55）。

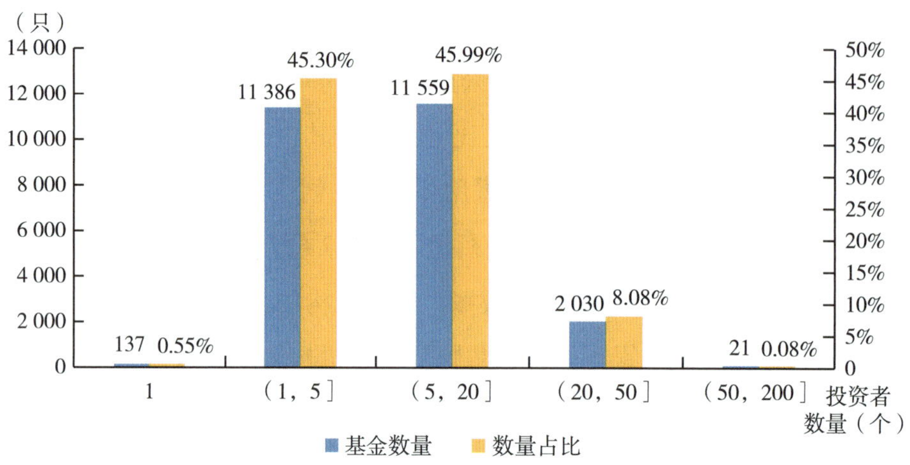

图5-54 创业投资基金按投资者数量分类的数量分布

资料来源：中国证券投资基金业协会。

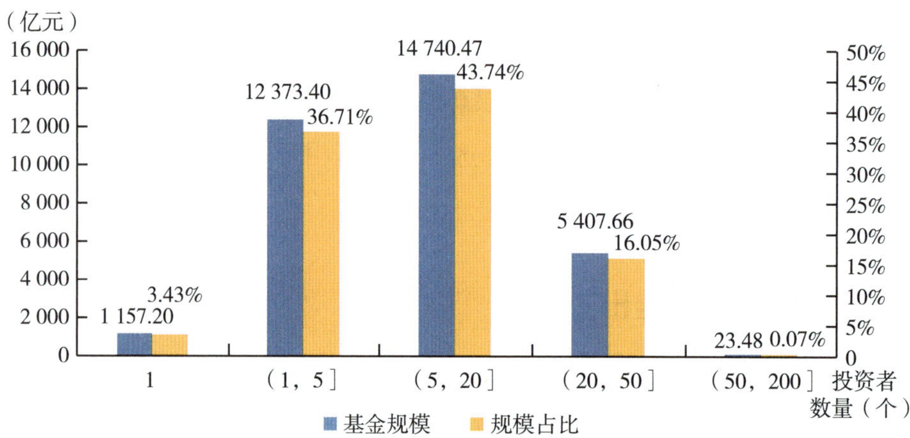

图5-55 创业投资基金按投资者数量分类的规模分布

资料来源：中国证券投资基金业协会。

2024年备案的创业投资基金中，投资者数量在1~5（含）个的基金数量最多，达1 615只，占比61.48%；基金规模568.02亿元，占比50.90%。其次投资者数量为5~20（含）个基金数量918只，占比34.94%；基金规模457.32亿元，占比40.98%。

（二）基金投资者出资情况

截至2024年末，创业投资基金的各类投资者中，居民投资者数量占比达65.95%，相关资金占比仅为20.57%；企业投资者数量占比27.17%，但相关资金占比达50.25%；各类资管计划投资者数量占比仅为6.65%，相关资金占比达26.86%（见图5-56）。

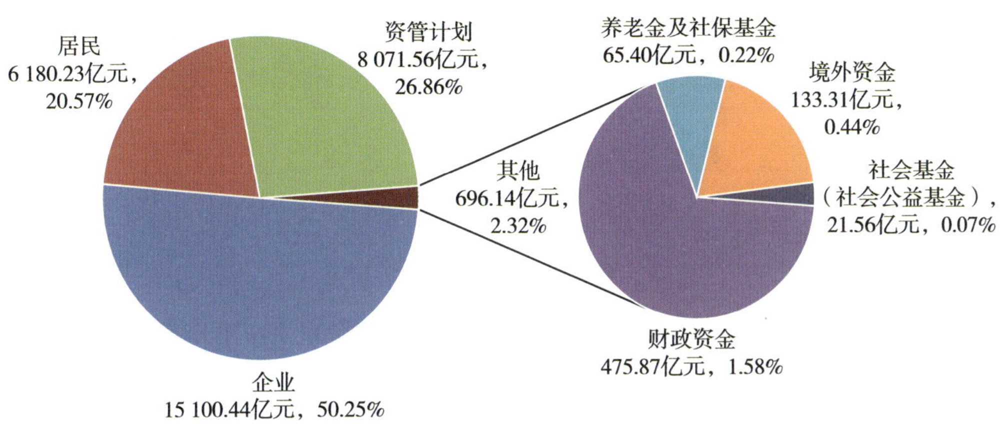

图5-56　创业投资基金不同类型投资者出资规模及比例分布

资料来源：中国证券投资基金业协会。

截至2024年末，境内公司等法人机构出资占比达到40.63%，自然人（非员工跟投）出资占比19.25%，私募基金产品出资占比22.81%，其余类型投资者均不足8%。

2024年备案创业投资基金的投资者中，主要出资方为企业类投资者，占全部出资的50.78%，其中境内公司等法人机构出资最高，占当年出资总额的44.94%，较2023末增加13.64个百分点，创业投资基金出资者继续呈现机构化、专业化发展趋势。

（三）机构投资者出资比例分布情况

截至2024年末，从数量上看，29.41%的创业投资基金由机构投资者100%出资，此类基金规模占比达57.88%；从单只基金的规模看，由机构投资者100%出资的基金平均规模达2.64亿元（见图5-57、图5-58）。

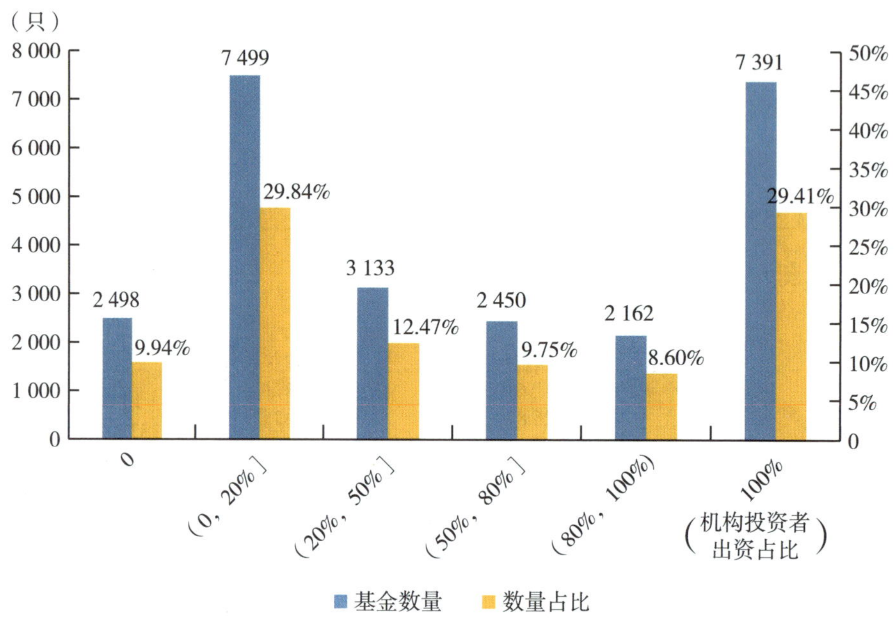

图5-57　创业投资基金按机构投资者出资数量及占比分布

资料来源：中国证券投资基金业协会。

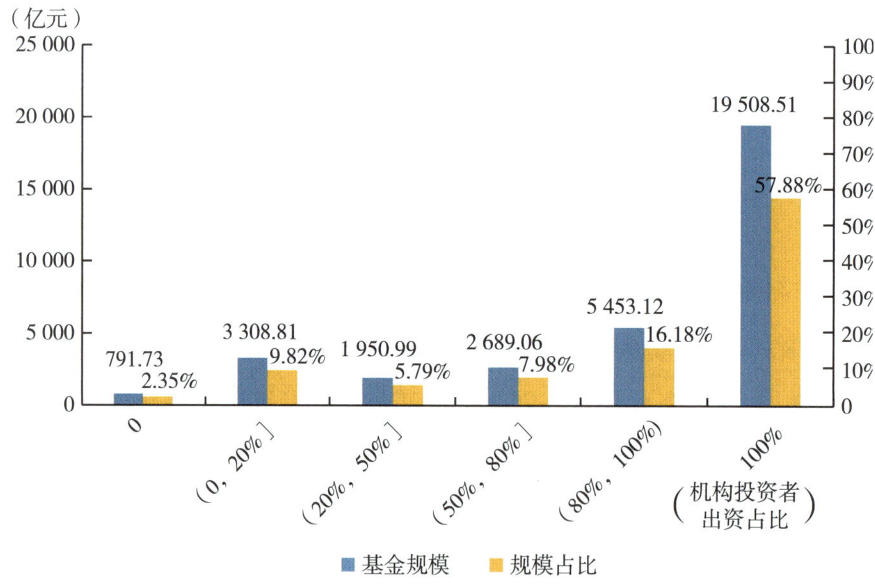

图5-58　创业投资基金按机构投资者出资规模及占比分布

资料来源：中国证券投资基金业协会。

2024年备案的创业投资基金中，从数量上看，44.46%的创业投资基金由机构投资者100%出资，此类基金规模占比达60.35%；从单只基金的规模看，由机构投资者100%出资的基金平均规模达5 766.15万元。

四、创业投资基金投资运作情况

截至2024年末，已进行季度更新、完成运行监测表填报的存续创业投资基金中，已投资且暂未完全退出的境内未上市、未挂牌公司股权投资、上市公司再融资项目、新三板投资、境内债权类投资以及境外股权、债权投资的投资项目数量78 640个，在投本金19 362.72亿元。2024年，创业投资基金新增投资项目数量10 352个，投资本金2 279.03亿元。

（一）基金投资项目地域分布情况

截至2024年末，从创业投资基金投资项目地域分布来看，投资项目数量排名前五的地区为广东、江苏、北京、上海和浙江，合计59 351个，占项目总数量的75.47%（见图5–59）；投资项目在投本金排名前五的地区为江苏、广东、上海、北京和浙江，合计1.37万亿元，占在投本金总数的70.55%（见图5–60）。

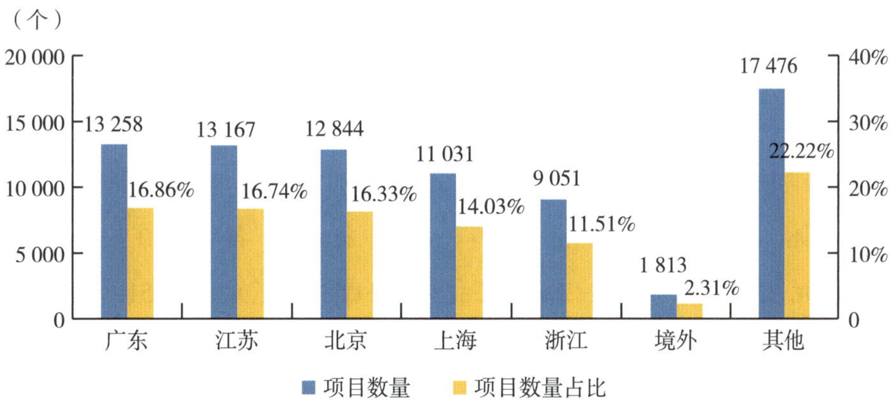

图5–59　创业投资基金投资项目数量排名前五地域分布

资料来源：中国证券投资基金业协会。

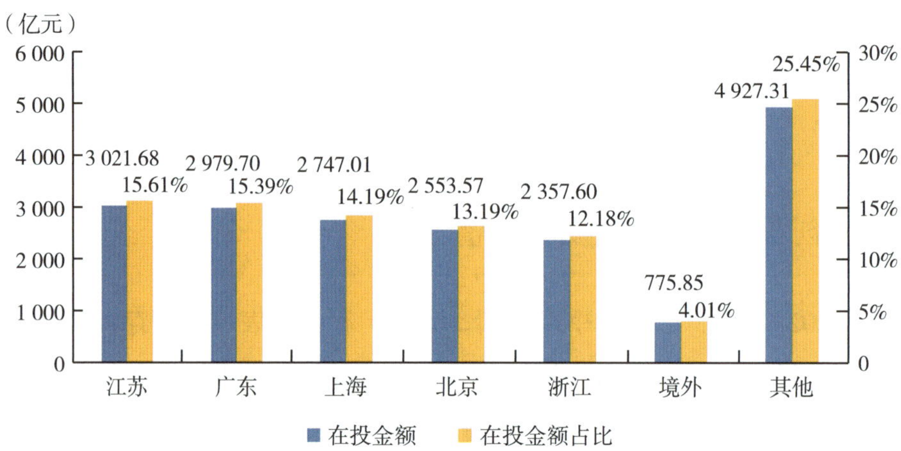

图5-60 创业投资基金投资项目在投本金排名前五地域分布

资料来源：中国证券投资基金业协会。

2024年创业投资基金新增投资项目中，投资项目数量排名前五的地区主要集中于江苏、广东、上海、浙江和北京，合计7 628个，占比73.69%；投资本金排名前五的地区为江苏、广东、浙江、上海和北京，合计1 520.50亿元，占比66.72%。

（二）基金投资项目行业分布情况

从投资项目数量的行业分布来看，截至2024年末，前五大行业为“计算机运用”“半导体”“资本品”“医药生物”和“医疗器械与服务”，各行业投资项目数量分别为20 195个、10 037个、9 923个、8 659个和6 153个，数量合计54 967个，占比69.90%。

从投资项目在投本金的行业分布来看，前五大行业分别为“计算机运用”“半导体”“资本品”“医药生物”和“原材料”，各行业在投本金分别为3 546.95亿元、3 227.24亿元、2 505.95亿元、2 053.11亿元和1 351.66亿元，在投本金合计12 684.91亿元，占比65.51%。

2024年创业投资基金新增投资项目中，投资项目数量排名前五的行业为“半导体”“计算机运用”“资本品”“医药生物”和“计算机及电子设备”，各行业投资项目数量分别为1 825个、1 731个、1 646个、1 237个和948个，数量合计7 387个，占比71.36%；投资本金前五大行业为“半导体”“资本品”“计算机运用”“医药生物”和“计算机及电子设备”，各行业投资本金分别为569.94亿元、

316.16亿元、314.94亿元、219.31亿元和182.11亿元，投资本金合计1 602.46亿元，占比70.31%。

五、创业投资基金投资项目退出情况

截至2024年末，已进行季度更新、完成运行监测表填报且正在运作的创业投资基金投资项目退出共25 773个，发生退出行为43 855次，退出本金3 920.92亿元。其中，完全退出项目18 223个，发生退出行为28 663次，退出本金3 007.53亿元。

（一）存续基金投资项目退出方式分布情况

截至2024年末，创业投资基金投资项目退出方式，从退出次数来看主要为“协议转让”“企业回购”“被投企业分红”和“新三板挂牌”，上述方式合计占所有退出次数的80.73%；从退出本金来看，“协议转让”“企业回购”“境内IPO”退出本金占比较高，共84.54%。

（二）存续基金投资项目退出地域分布情况

截至2024年末，从创业投资基金投资项目退出的地域分布来看，退出项目数量排名前五的地区为北京、江苏、广东、上海和浙江，退出项目数量合计18 961个，数量占比73.57%（见图5-61）；项目退出本金排名前五的地区为北京、广东、江苏、上海和浙江，退出本金合计2 654.61亿元，占比67.70%（见图5-62）。

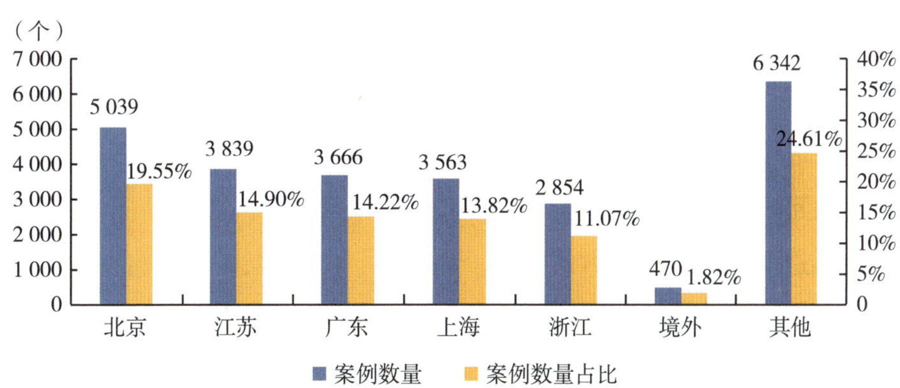

图5-61 存续创业投资基金退出项目数量排名前五地域分布

资料来源：中国证券投资基金业协会。

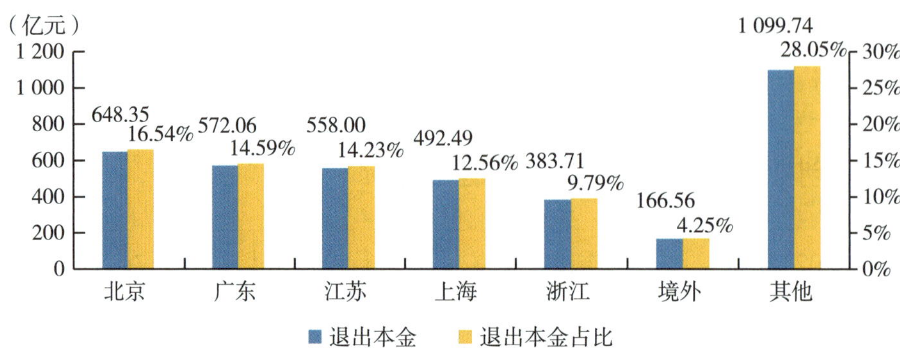

图5-62 存续创业投资基金投资项目退出本金排名前五地域分布

资料来源：中国证券投资基金业协会。

（三）存续基金投资项目退出行业分布情况

从创业投资基金退出项目数量的行业分布来看，截至2024年末，前五大行业为“计算机运用”“资本品”“医药生物”“原材料”和“医疗器械与服务”，各行业退出项目数量分别为7 890个、3 444个、2 006个、1 739个和1 719个，数量合计16 798个，占比65.18%。

从创业投资基金退出项目退出本金的行业分布来看，前五大行业分别为“计算机运用”“资本品”“医药生物”“医疗器械与服务”和“原材料”，各行业退出本金分别为803.56亿元、514.16亿元、358.06亿元、295.31亿元和282.38亿元，退出本金合计2 253.47亿元，占比57.80%。

（四）当年新增退出项目情况

2024年，创业投资基金新增退出项目6 059个，发生退出行为8 154次，退出本金738.30亿元。其中，完全退出项目3 085个，发生退出行为3 854次，退出本金503.69亿元。

从相关退出项目的退出方式来看，主要为“协议转让”和“企业回购”，上述方式占所有退出次数的74.78%；从退出本金来看，“协议转让”和“企业回购”退出本金占比较高，占比73.05%。

从相关退出项目的地域分布来看，退出项目数量排名前五的地区为江苏、广东、北京、上海和浙江，退出项目数量合计4 376个，数量占比72.22%；项目退出本金排名前五的地区为广东、江苏、浙江、北京和上海，退出本金合计495.54亿元，占比67.12%。

从相关退出项目的行业分布来看，退出项目数量排名前五的行业为“计算机运用”“资本品”“医药生物”“医疗器械与服务”和“计算机及电子设备”，各行业退出项目数量分别为1 462个、839个、499个、473个和445个，数量合计3 718个，占比61.36%；退出本金前五大行业为“计算机运用”“资本品”“半导体”“医药生物”和“医疗器械与服务”，各行业退出本金分别为134.22亿元、99.97亿元、73.16亿元、59.43亿元和55.03亿元，退出本金合计421.80亿元，占比57.13%。

第六章

公募基金管理机构[①]

截至2024年末，我国境内已成立的公募基金管理机构有163家[②]。其中，合资公司44家，外商独资公司9家[③]，取得公募基金管理资格的证券公司或证券公司资管子公司14家，保险资管公司1家。与2023年相比，增加5家公募基金管理机构[④]。

第一节　公募基金管理机构股东情况

一、国有、合资、民企、其他

按股东背景[⑤]将基金管理机构分为：国有企业、合资企业、民营企业、外商

① 本章主体内容由上海证券协助撰写。

② 本章以基金管理人取得证券期货经营许可证的公募基金管理机构名录（2024年12月）为准。

③ 公司性质基础数据来源于Wind资讯。

④ 安联基金管理有限公司于2023年8月24日获批，于2024年纳入公募基金管理机构名录；汇百川基金管理有限公司于2022年11月23日获批，于2024年纳入公募基金管理机构名录；苏新基金管理有限公司于2022年11月25日获批，于2024年纳入公募基金管理机构名录；兴证证券资产管理有限公司于2023年11月8日获批，于2024年纳入公募基金管理机构名录；招商证券资产管理有限公司于2023年7月24日获批，于2024年纳入公募基金管理机构名录。

⑤ 具体分类标准如下：国有企业，指大股东或实际控制人属于国务院/地方各级国资委、中央国家机关及地方各政府/部门、中央国有及地方国有企/事业单位；合资企业，指由外国公司、中国港澳台地区公司或其他经济组织或个人与中国大陆的公司或其他经济组织按法律规定共同投资设立、共同经营，按各自的出资比例共担风险、共负盈亏，各方出资折算成一定的出资比例，合营者的出资比例一般不低于25%；民营企业，指非公有制企业，例如个体企业，私营企业等，特点是没有国有资本，非国家控股；外商投资企业，指外国的公司、企业、其他经济组织或者个人，依照中国法律在中国境内设立的全部资本由外国投资者投资的企业；其他企业，指除以上四种类型外的企业单位。

独资企业、其他企业。

属于国有企业的公募基金管理机构共59家，其中多为地方政府或财政部出资，个别基金管理公司由财政部或国资委直接出资。从机构类型来看，有48家为基金公司，11家为持牌机构；从控股模式看，有38家公募基金管理机构为国有企业绝对控股，其中有17家公募基金管理机构由国有企业独资。目前国有企业仍然是基金管理机构股东群体中的重要力量。

属于合资企业的公募基金管理机构共44家，机构类型上多为基金公司（其中1家为证券公司），无持牌机构；从控股模式来看，绝对控股[①]的公募基金管理机构有31家，其中大部分均由单家内资企业控股超过50%（即绝对控股），少部分为外资控股。12家机构为相对控股[②]，无分散持股[③]的机构。从外资股东所处区域来看，外资股东多是来自美国、欧洲等的大型国家投资机构，也包括中国香港、中国澳门和中国台湾等地区，以及日本、新加坡等国的亚洲市场金融机构。

属于民营企业的公募基金管理机构共34家。从机构类型看，有33家基金公司，1家持牌机构；从控股模式上看，16家基金管理机构股权为绝对控股，其余18家为相对控股，股东中多数为民营企业与自然人。从第一大股东来看，21家基金管理机构第一大股东为自然人。

属于外商独资企业的公募基金管理机构共9家。所有外商独资企业均采用绝对控股的模式。

总体来看，我国公募基金管理机构股权结构呈现出多元化的特点，各种各样的机构参与到公募基金管理领域，为基金管理机构在丰富社会投资、提升服务能力、激励人才方面奠定了基础。相关资料见图6-1和图6-2。

---

① 绝对控股，是指第一大股东持有公司全部股份的50%以上，处于绝对控股地位。

② 相对控股，是指第一大股东持股比例在20%~50%之间，这种股权结构也称为股权相对集中模式。

③ 分散持股，是指第一大股东持股比例在20%以下，相当数量的股东持股比例较接近。

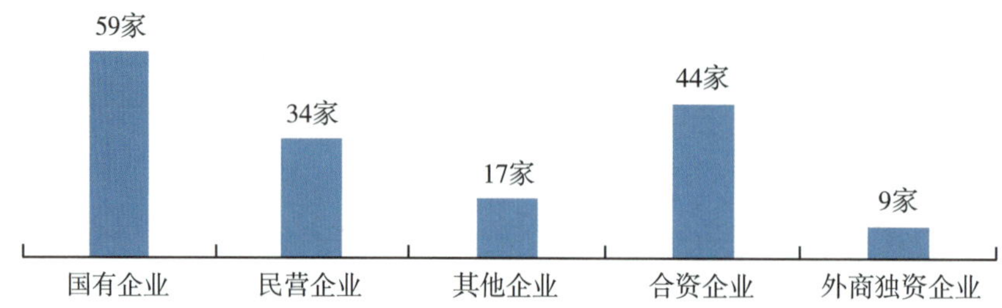

图6-1　2024年国有、合资、民营、外商独资、其他公募基金管理机构数量分布

资料来源：Wind，上海证券基金评价研究中心。

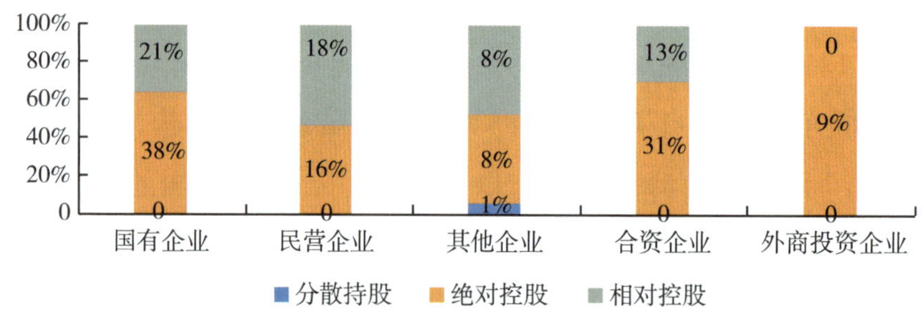

图6-2　2024年各类公募基金管理机构股权模式占比

资料来源：Wind，上海证券基金评价研究中心。

二、不同类型股东背景

从主要控股股东所处行业来划分，大致可分为五个类型[①]：银行系、券商系、信托系、外资系和其他系。一直以来，无论从公募基金管理机构数量还是从管理资产规模来看，券商系公募基金管理机构都在行业中占据领先地位。尽管银行系中有建信基金、工银瑞信基金等规模较大的基金公司，但是券商系公募基金管理机构具有数量优势，因此整体规模占优。

2024年共有69家券商系基金管理机构，数量较上年增加2家。券商系基金管理机构在全部基金管理机构中数量占比42.33%，规模占比57.16%。此外，共有3家证券公司及11家证券公司资管子公司获得公募基金管理人资格。

① 机构派系基础数据来源于Wind。

银行系基金管理机构有15家，占比9.20%；规模占全部基金管理机构的18.87%，数量较上年新增1家。

信托系基金管理机构共计20家，在全部基金管理机构中数量占比12.27%，规模占比10.46%，数量较上年未发生变化。

外资系基金管理机构共计9家，在全部基金管理机构中数量占比5.52%，规模占比1.02%。

其他系基金管理机构共计50家，主要包括多类金融机构共同控股或资产管理公司为控股股东的基金管理机构。随着混业经营的态势持续深化，其他系基金管理机构包括保险、期货、私募等金融机构，也包括地产、互联网等机构，可以清晰地看出，其他系基金管理机构占比近年来逐步上升。以往以券商系为主导的市场，可能随着其他系基金管理机构的加入而变得更加活跃。

相关资料见图6–3至图6–6。

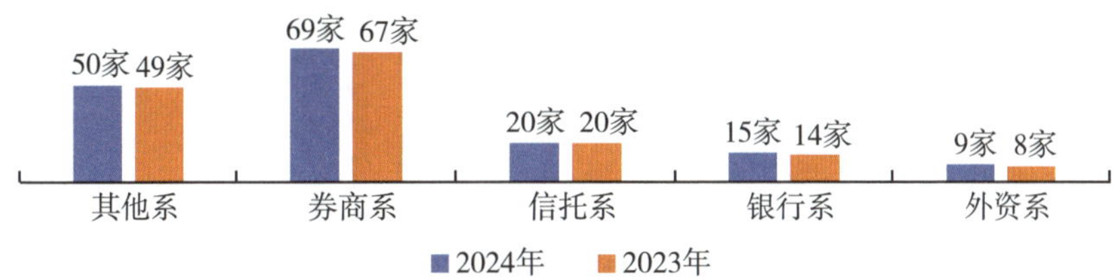

图6-3　2023年和2024年各类公募基金管理机构数量

资料来源：Wind，上海证券基金评价研究中心。

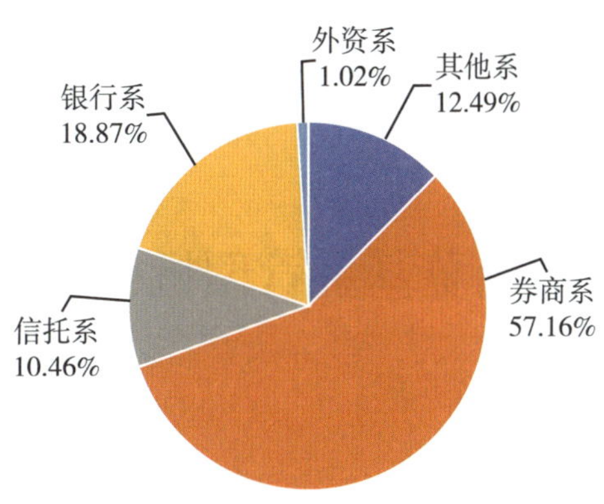

图6-4　2024年各类公募基金管理机构资产规模占比

资料来源：Wind，上海证券基金评价研究中心。

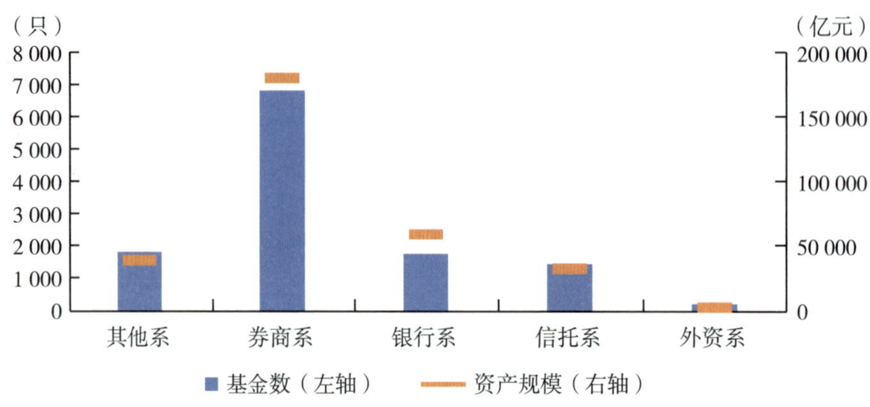

图6-5　2024年末各类公募基金管理机构管理资产情况

资料来源：Wind，上海证券基金评价研究中心。

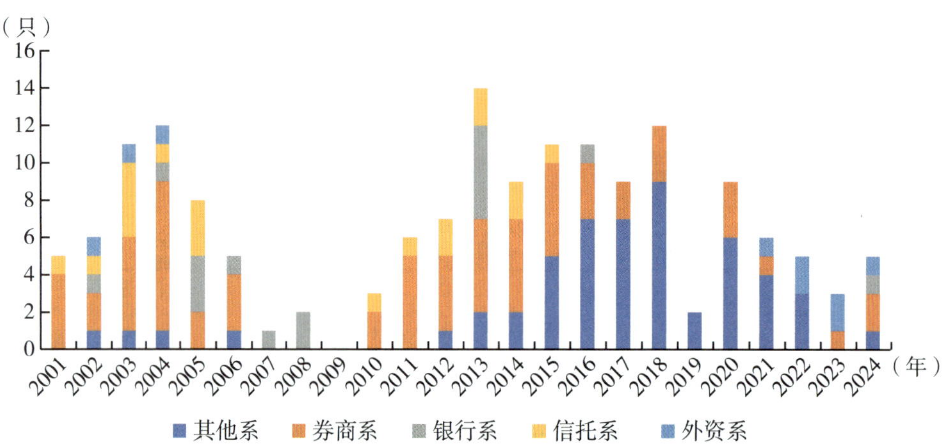

图6-6　2000年以来每年新成立公募基金管理机构类别及数量①

资料来源：Wind，上海证券基金评价研究中心。

第二节　公募基金管理机构股权结构

一、控股模式

2024年，102家基金管理机构采用绝对控股模式，占比为62.58%，其中包含

① 2020年及以前按已获批日期为准，2020年之后按许可证获取日期为准。

31家独资控股公司。另有60家基金管理机构采用相对控股模式；1家基金管理机构采用分散持股模式（见图6–7）。

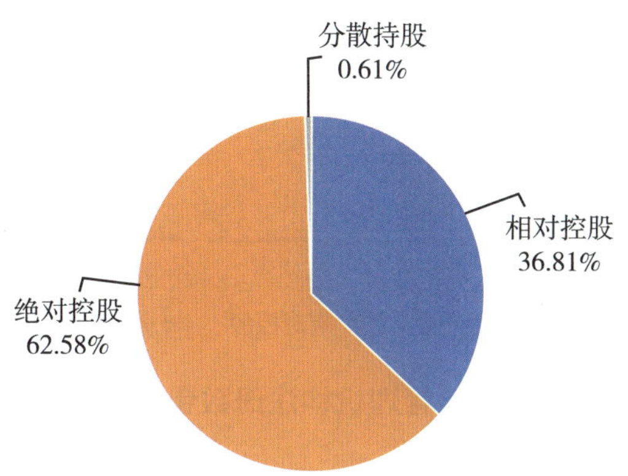

图6–7　2024年公募基金管理机构股权结构数量分布（参、控股）

资料来源：Wind，上海证券基金评价研究中心。

从公司性质上看，相对控股与分散持股在民营企业中占比较大（见图6–8）；而在国有企业、外商独资企业与合资企业中绝对控股占大多数。

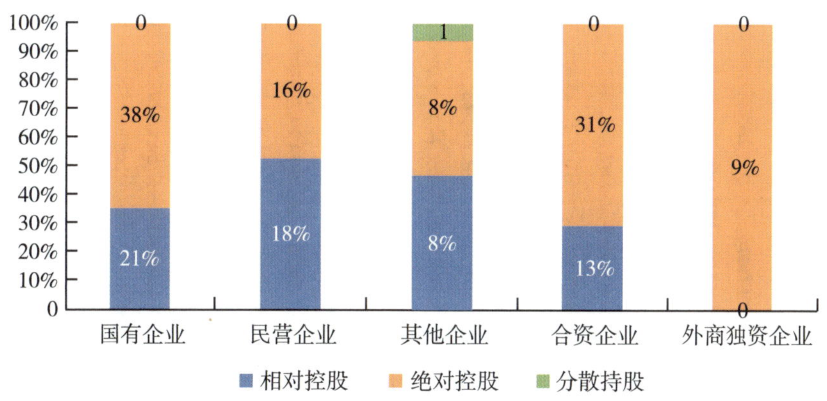

图6–8　2024年各类公募基金管理机构股权结构（参、控股）

资料来源：Wind，上海证券基金评价研究中心。

从公募基金管理机构分布的地域上看（见图6–9），基金管理机构主要分布在上海、深圳、北京三地。其中，上海与北京地区的公募基金管理机构多采用绝对控股模式；而深圳地区的公募基金管理机构采用相对控股模式的较多。

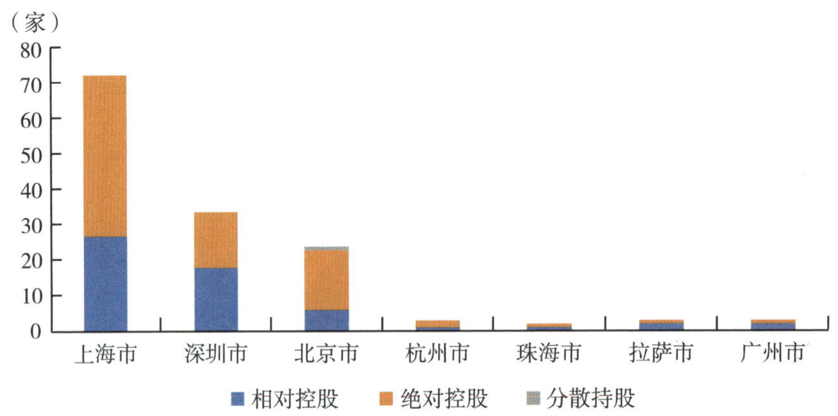

图6-9　公募基金管理机构注册数量较多的六个区域

资料来源：Wind，上海证券基金评价研究中心。

从图6-10可以看出公募基金管理机构在选择控股模式上，大致经历了从相对控股为主到绝对控股与相对控股持平的状态。从新增公募基金管理机构股权模式来看，在大多数年份，公募基金管理机构大概率选择绝对控股，但总体上，相对控股与绝对控股的控股模式趋于平衡。

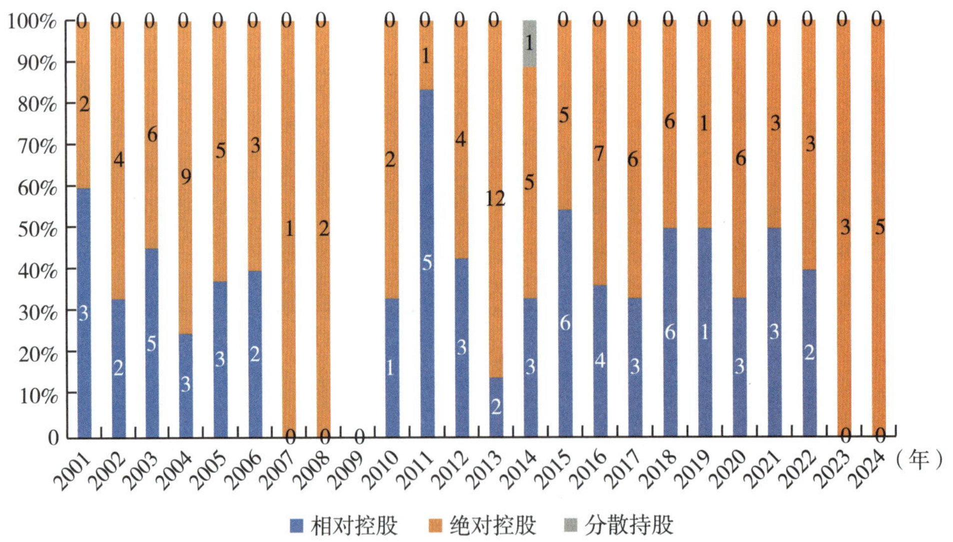

图6-10　每年新增公募基金管理机构的控股模式选择

注：2020年及以前按以获批日期为准，2020年之后按许可证获取日期为准。

资料来源：Wind，上海证券基金评价研究中心。

由于两种模式优势与劣势各不相同，公募基金管理机构在选择时，都会选择更为适合自己公司的模式（见图6-11）。近年来，新成立的基金公司均偏向选择绝对控股模式，整体控股模式占比趋势也逐步向绝对控股模式倾斜。

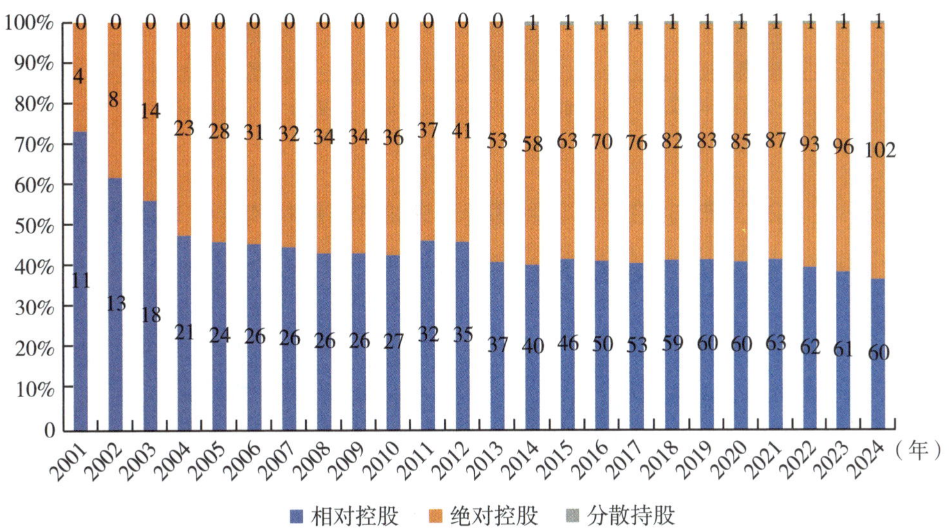

图6-11　公募基金管理机构整体控股模式占比趋势

注：2020年及以前按以获批日期为准，2020年之后按许可证获取日期为准。

资料来源：Wind，上海证券基金评价研究中心。

二、股权集中度

在纳入统计的163家公募基金管理机构中，第一大股东平均持股集中度为60.96%，较2023年略有提升；前两大股东和前三大股东平均持股集中度分别为84.89%和93.10%（见图6-12），较2023年均略有提升。第一大股东的持股比例达到50%以上（不含50%）的有102家公募基金管理机构，在公司运作中掌握绝对话语权。71家公募基金管理机构由两家及以下股东控制全部的股份，另有31家公募基金管理机构由三家股东共同控制100%的股份（见图6-13）。个别公募基金管理机构股东较为分散，多数股东为个人或民营企业。

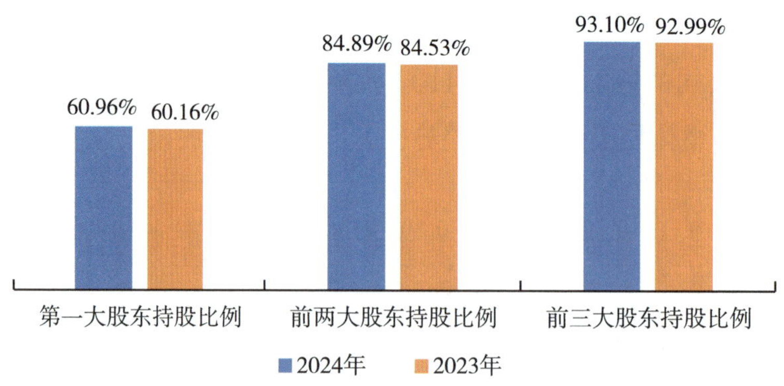

图6-12　2024年与2023年公募基金管理机构参股机构合资与独资情况

资料来源：Wind，上海证券基金评价研究中心。

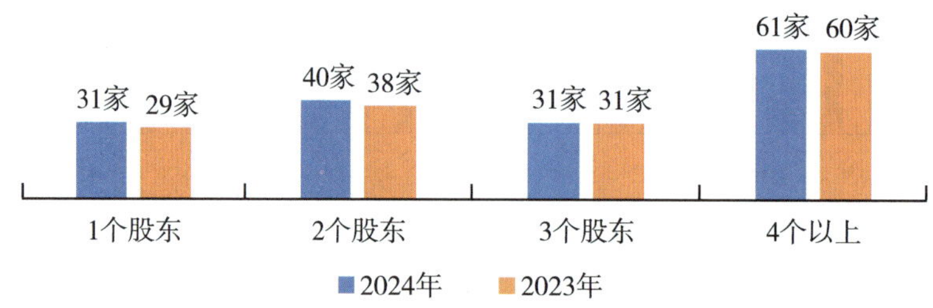

图6-13　2024年与2023年公募基金管理机构股东数量情况

资料来源：Wind，上海证券基金评价研究中心。

股权集中度，指全部股东因持股比例不同所表现出来的股权集中（分散）的数量化指标，是衡量公司的股权分布状态、公司结构、公司稳定性强弱的重要指标。上述数据显示，多数公募基金管理机构股权集中度较高，加上股东大部分为金融机构，使得股东之间利益关系较为一致，认知差异较小，较为有利于公募基金管理机构的稳定发展。

第三节　公募基金管理机构人力资本情况

一、从业人员整体情况

截至2024年末，公募基金管理机构共有从业人员36 036人，较2023年末增加1 231人，增加幅度为3.54%。其中，男性从业人员19 728人，占比54.75%；女性从业人员16 308人，占比45.25%（见图6-14）。

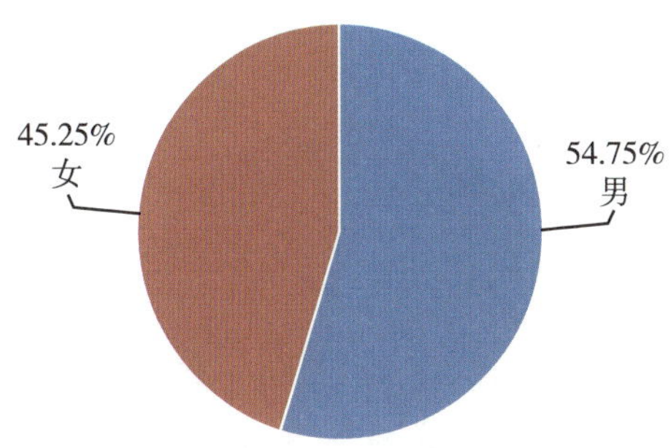

图6-14 截至2024年底公募基金从业人员性别构成

资料来源：中国证券投资基金业协会。

1. 学历构成

从学历构成看，公募基金管理机构从业人员中，具有本科及以上学历的人数占比达98.72%，其中，博士研究生学历的1 171人，占比3.25%；硕士研究生学历的24 441人，占比67.82%；大学本科学历的9 963人，占比27.65%；大专及以下学历的461人，占比1.28%（见图6-15）。

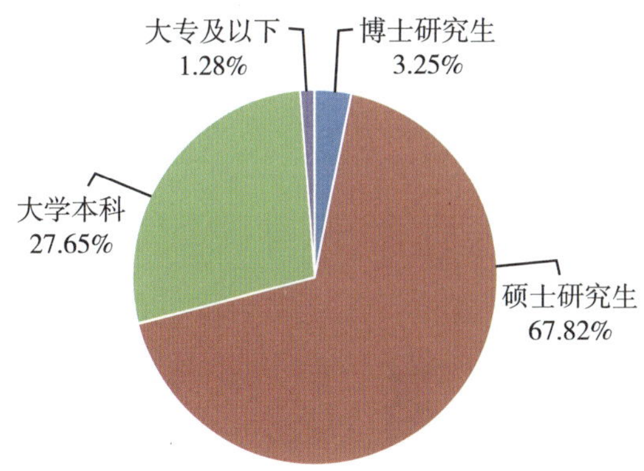

图6-15 截至2024年底公募基金从业人员学历构成

资料来源：中国证券投资基金业协会。

2. 年龄构成

从年龄构成看，公募基金管理机构从业人员的年龄主要集中在30~39岁，其次为20~29岁，这两个年龄段的从业人员在总人数中的占比分别为55.19%、21.04%（见图6-16）。

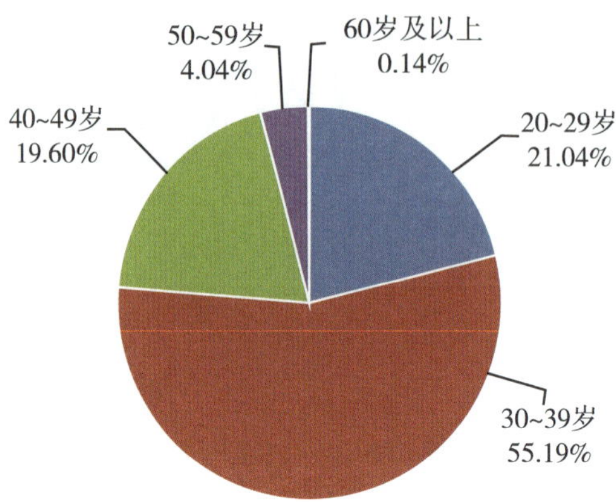

图6-16　截至2024年底公募基金从业人员年龄构成

资料来源：中国证券投资基金业协会。

3. 国籍及工作地域分布

公募基金从业人员中，有93人为外籍人士，169人来自我国港澳台地区，其余35 774人来自境内。从工作地域分布来看，公募基金从业人员仍集中于北京、上海、广东（含深圳）等地区，该三个省市从业人员数量占总人数的比例达到94.58%（见图6-17）。

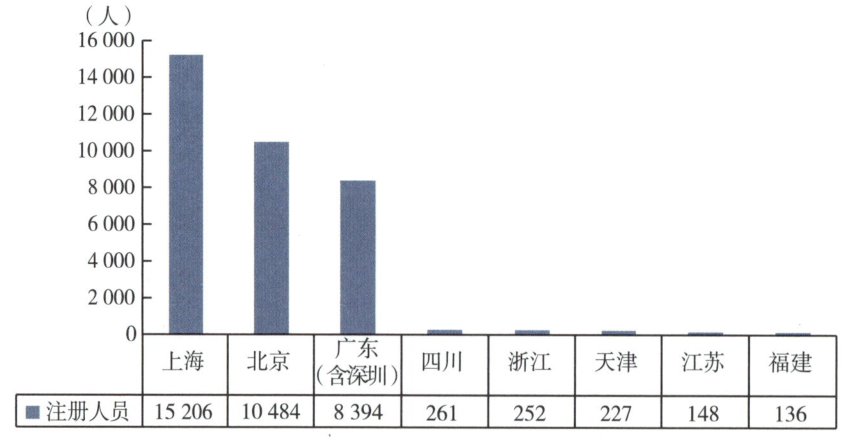

	上海	北京	广东（含深圳）	四川	浙江	天津	江苏	福建
注册人员	15 206	10 484	8 394	261	252	227	148	136

图6-17　截至2024年底公募基金从业人员工作地域分布

资料来源：中国证券投资基金业协会。

二、高管情况

（一）基金管理公司高管人员基本情况

截至2024年末，148家基金管理公司现任高管人员共计799人。其中：总经理144人（其中法定代表人48人），督察长142人，副总经理471人，总经理助理42人。基金管理公司高管人员人数平均为5人，中位数为5人。

1.学历构成

从学历结构上看，高管人员学历以硕士研究生为主。其中：博士研究生学历92人，占比11.5%；硕士研究生学历532人，占比66.6%；本科学历171人，占比21.4%；大专学历4人，占比0.5%（见图6–18）。

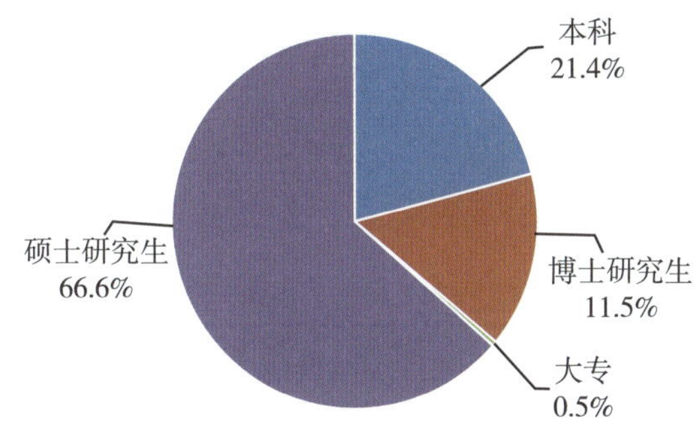

图6–18　基金管理公司高管人员学历结构图

资料来源：中国证券投资基金业协会。

2.年龄构成

从年龄上看，高管人员平均年龄49.4岁，年龄主要集中在40~50岁之间。具体情况如下：总经理平均年龄51.4岁，督察长平均年龄49.3岁，副总经理平均年龄49.2岁，总经理助理平均年龄46.1岁（见表6–1）。

表6–1　基金管理公司高管人员年龄结构

年龄区间	人数（人）	占比（%）
36~40岁	44	5.5
41~45岁	157	19.6

续表

年龄区间	人数（人）	占比（%）
46~50岁	251	31.4
51~55岁	230	28.8
56岁以上	117	14.6
合计	799	100

资料来源：中国证券投资基金业协会。

3. 性别构成

从性别上看，男性高管617人，占比77.2%，女性高管182人，占比22.8%（见表6-2）。

表6-2　　基金管理公司高管人员性别结构

高管职位	女性（人）	男性（人）
总经理（含兼任法定代表人）	23	121
督察长	52	90
副总经理	97	374
总经理助理	10	32
合计	182	617

资料来源：中国证券投资基金业协会。

4. 地域构成

从所属地域上看，有13人来自境外，8人来自我国港台地区，其余778人来自我国内地地区。

5. 聘任和离任情况

从人员流动情况上看，2024年除公司内部转任的情况外，有79家基金管理公司新聘任了高管人员119人，有78家基金管理公司离任高管人员112人。

（二）取得公募资格的资产管理机构高管人员基本情况

截至2024年末，15家取得公募资格的资产管理机构高管人员共计65人。其中：总经理（含兼任法定代表人的情况）13人，合规或风控负责人15人，副总经理32人，总经理助理5人。

1.学历构成

从学历结构上看，高管人员学历以硕士研究生为主。其中：博士研究生学历4人，占比6.2%；硕士研究生学历49人，占比75.4%；本科学历12人，占比18.4%。

2.性别构成

从性别上看，男性高管人员48人，占比73.8%；女性高管人员17人，占比26.1%（见表6–3）。

表6–3　　取得公募资格的资产管理机构高管人员性别结构

高管职位	女性（人）	男性（人）
总经理	2	11
合规或风控负责人	3	12
副总经理	11	21
总经理助理	1	4
合计	17	48

注：因高管存在兼任情况，以所担任的最高职务为统计标准。

资料来源：中国证券投资基金业协会。

3.聘任和离任情况

从人员流动情况上看，2024年有8家取得公募资格的资产管理机构新聘任高管人员10人，有6家取得公募资格的资产管理机构离任高管人员8人。

三、基金经理情况

截至2024年末，公募基金管理机构注册的在职基金经理共计4 004人，较2023年末的3 690人增加8.51%。其中，男性基金经理占73.10%，女性基金经理占26.90%。3 944人为中国内地的基金经理，37人来自我国港澳台地区，23人为外籍人士。

1. 学历构成

从学历构成看，基金经理中具有硕士研究生学历的3 399人，在总人数中占比84.89%；具有博士研究生学历的389人，占比9.72%；具有本科及以下学历的216人，占比5.39%（见图6-19）。与2023年末相比，基金经理学历构成未发生大幅变化。

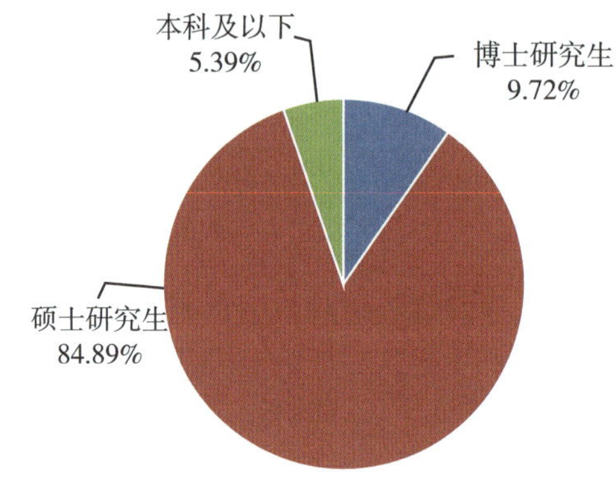

图6-19　截至2024年底公募基金经理学历构成

资料来源：中国证券投资基金业协会。

2. 年龄构成

从年龄构成看，基金经理平均年龄为38.6岁，有31.12%的基金经理年龄在35岁以下。基金经理的年龄主要集中在36~45岁，其次为31~35岁，这两个年龄段的基金经理人数占比分别为58.34%、28.07%（见图6-20）。

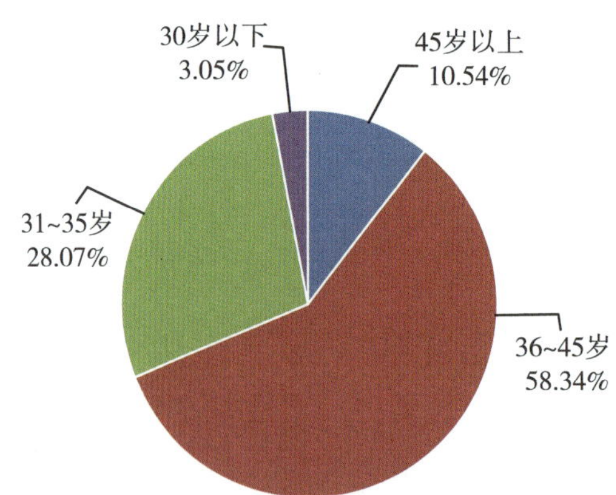

图6-20　截至2024年底公募基金经理年龄构成

资料来源：中国证券投资基金业协会。

3.任职年限

从担任基金经理职务的年限看，基金经理平均任职年限为4.09年。其中，任职年限在1年以下的615人，占比15.36%；1~2年的668人，占比16.70%；2~3年的560人，占比13.98%；3~4年的549人，占比13.71%；4~5年的363人，占比9.06%；5年及以上的1 249人，占比31.19%（见图6-21）。

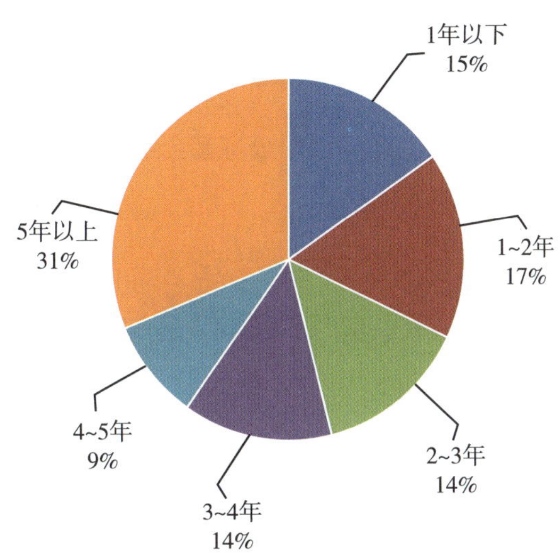

图6-21　截至2024年底公募基金经理任职年限情况

资料来源：中国证券投资基金业协会。

4.基金经理新增注册情况

2024年，公募基金经理新增注册607人[①]，较上年减少14.6%，平均每月注册约51人。新注册基金经理中有94.3%为硕士研究生及以上学历；有83.4%的基金经理年龄在40岁及以下。公募基金经理新增登记为兼任私募资产管理计划投资经理的71人。

从新注册基金经理的过往任职经历看，从本机构研究岗位等其他岗位转任基金经理的384人，占63.26%；来自其他公募基金管理机构的141人，占23.23%；来自证券期货经营机构的49人，占8.07%；来自私募基金管理机构的29人，占4.78%；来自集团内调动的4人，占0.66%（见图6-22）。

① 新增注册人数中已剔除因公募业务牌照在集团内部迁移而重复注册的8人。

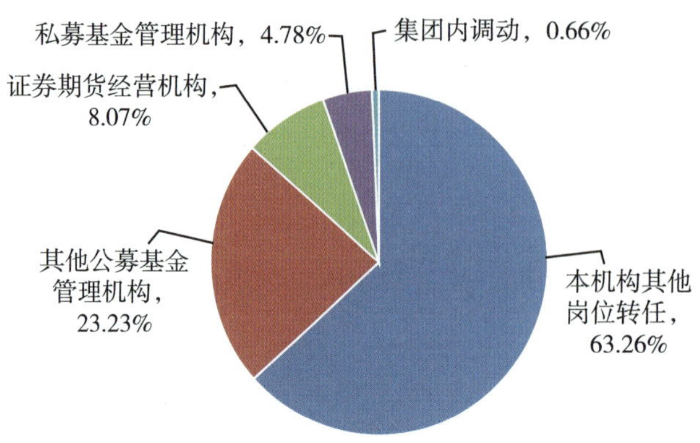

图6-22　2024年新注册公募基金经理来源情况

资料来源：中国证券投资基金业协会。

5.基金经理注销情况

2024年，共有来自126家公募基金管理机构的309名基金经理完成注销，其中，因公司内部岗位调整注销的46人，退休4人，因离职注销的259人，因身体、家庭因素离职的31人。经统计离职去向，离职的基金经理中有79人选择到其他公募基金管理机构任职，40人到证券公司、保险公司或其资管子公司任职，20人到私募基金管理机构任职，16人选择商业银行理财子公司及其他金融机构任职，24人选择其他非金融行业；49人未说明离职去向（见图6-23）。

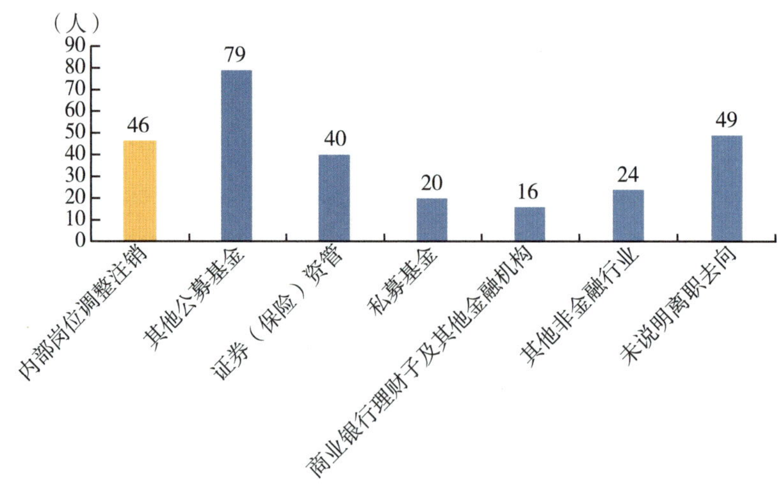

图6-23　2024年公募基金经理注销情况

资料来源：中国证券投资基金业协会。

第七章

私募基金管理人

面对错综复杂的国际政治环境，2024年我国私募投资基金行业发展面临诸多困难，但私募行业仍保持了平稳发展态势，发展质量有所提升。截至2024年末，已登记私募基金管理人20 289家，较2023年末存量机构减少1 336家，同比下降6.18%；管理基金只数14.41万只，较2023年末减少8 894只，同比下降5.81%；管理规模19.93万亿元，较2023年末存量规模减少3 896.75亿元，同比下降1.92%。

第一节　私募证券投资基金管理人

一、私募证券投资基金管理人情况分析

（一）管理人登记数量变化情况

截至2024年末，协会已登记的私募证券投资基金管理人共8 000家，较2023年末减少469家，同比下降5.54%（见图7-1）。2024年新登记私募证券投资基金管理人49家，占当年登记私募基金管理人总数的29.34%；与2023年相比，新登记私募证券投资基金管理人数量减少129家，同比下降72.47%。

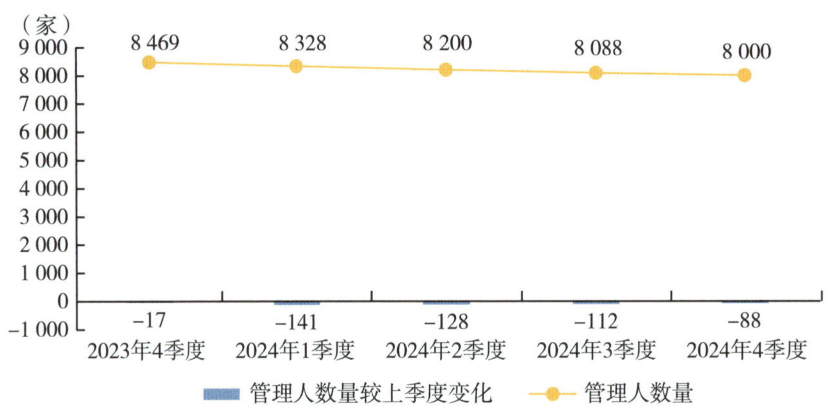

图 7-1　私募证券投资基金管理人登记数量变化

资料来源：中国证券投资基金业协会。

（二）管理人管理基金数量及规模情况

1. 管理人管理基金概况

截至2024年末，8 000家私募证券投资基金管理人所管理的正在运作的私募基金共87 669只，较2023年末减少9 360只，同比下降9.65%（见图7-2）；管理基金规模[①]合计为5.21万亿元，较2023年末减少3 527.16亿元，同比下降6.34%（见图7-3）。

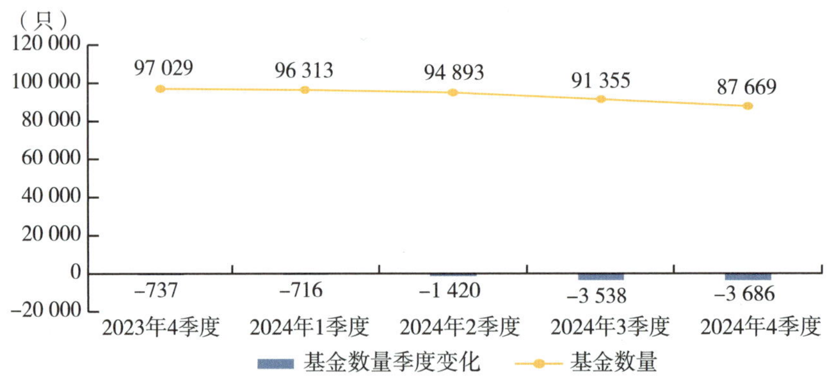

图 7-2　私募证券投资基金管理人管理基金数量变化

资料来源：中国证券投资基金业协会。

① 本章所统计基金数量和基金规模，均指截至统计时点正在运作的基金数量及规模，不含已清盘基金数据。管理人管理规模和基金规模以相关管理人填报的基金运行表中期末净资产为准；若相关基金新设立且暂未更新运行表，以基金募集资金规模为准。

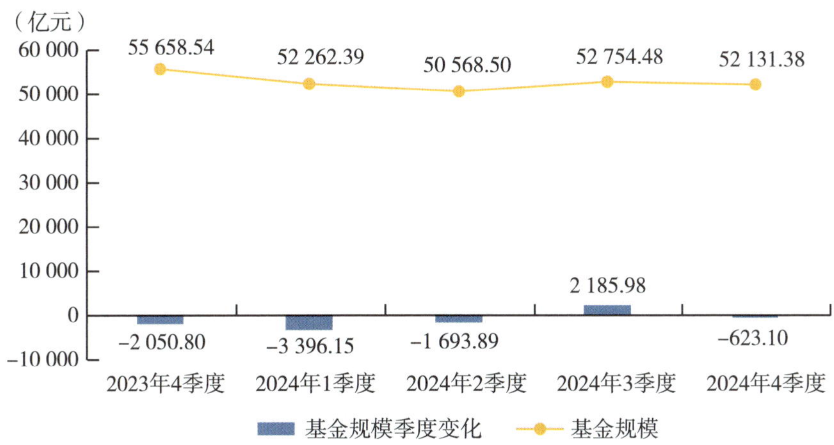

图7-3　私募证券投资基金管理人管理基金规模变化

资料来源：中国证券投资基金业协会。

2024年当年新登记私募证券投资基金管理人49家，已备案私募基金114只，管理基金规模593.82亿元。

2.管理人管理的基金数量及规模分布情况

截至2024年末，已登记的8 000家私募证券投资基金管理人中，无在管基金的管理人有167家；有管理正在运作基金的私募证券投资基金管理人7 833家，占管理人总数的97.91%，平均每家管理人在管基金数量约为11.19只（见图7-4）。

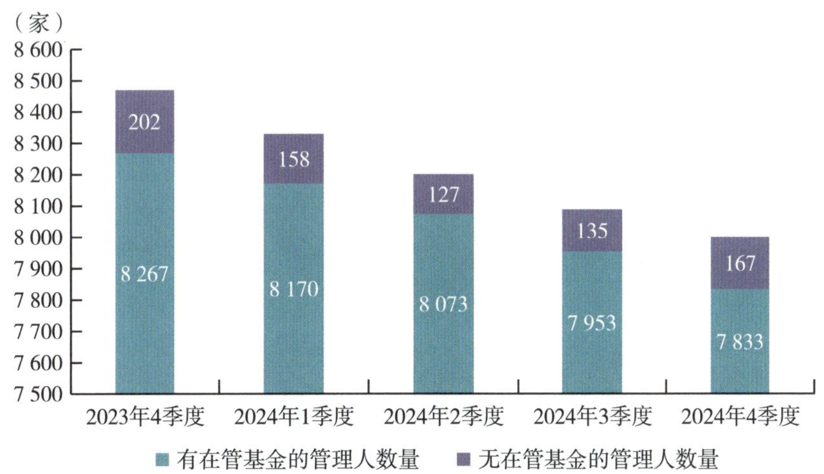

图7-4　私募证券投资基金管理人展业数量变化对比

资料来源：中国证券投资基金业协会。

从在管基金数量分布看，私募证券投资基金管理人在管基金数量集中在2~4只（见图7–5）。

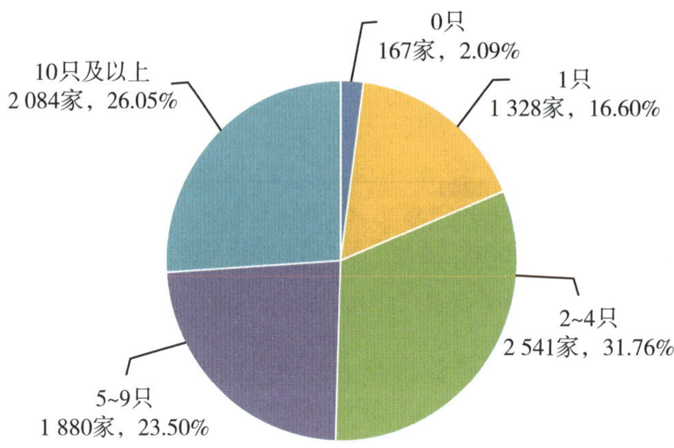

图7–5　私募证券投资基金管理人管理基金数量分布

资料来源：中国证券投资基金业协会。

截至2024年末，有实际管理规模的私募证券投资基金管理人为7 825家[①]，其中管理规模在5 000万元以下的管理人数量占比48.24%（见图7–6）。

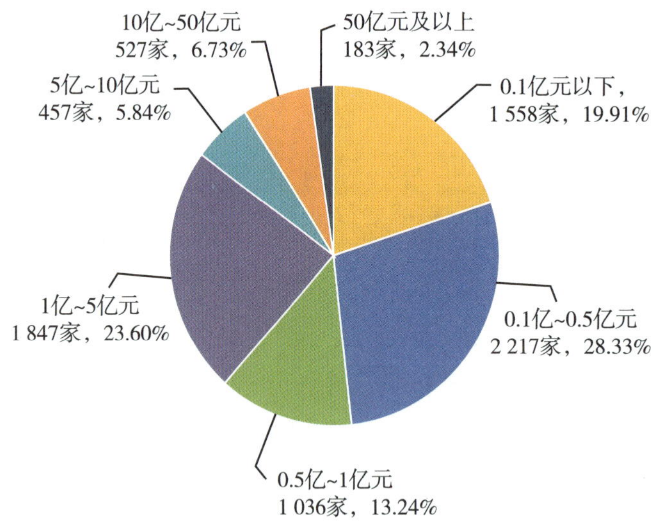

图7–6　私募证券投资基金管理人管理规模分布

资料来源：中国证券投资基金业协会。

① 此处管理规模为0的私募证券投资基金管理人未统计在内。

（三）管理人管理规模集中度情况

截至2024年末，在所有私募证券投资基金管理人中位列管理规模前20名的管理人，管理规模占比28.21%，较2023年末增长0.96个百分点；管理规模位列行业前20%的管理人，管理规模占比92.21%，较2023年末下降0.89个百分点（见图7-7）。

私募证券投资基金管理人行业集中度	行业前5管理规模占比	行业前10管理规模占比	行业前20管理规模占比
	13.73%	20.95%	28.21%
	行业前5%管理规模占比	行业前10%管理规模占比	行业前20%管理规模占比
	74.35%	84.31%	92.21%

图7-7 私募证券投资基金管理人管理规模集中度

资料来源：中国证券投资基金业协会。

（四）管理人成立时间及注册/实收资本情况

从成立时间来看，截至2024年末，超过一半私募证券投资基金管理人成立时间在6~10年；2024年当年登记的私募证券投资基金管理人成立时间大部分在1~3年，占比57.14%（见图7-8）。

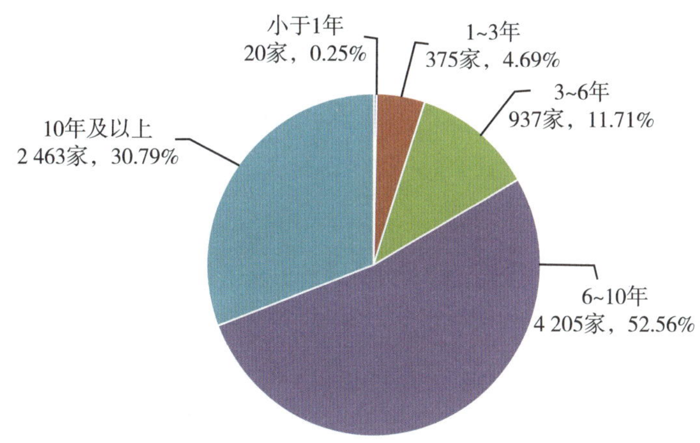

图7-8 私募证券投资基金管理人成立时间分布

资料来源：中国证券投资基金业协会。

就管理人注册资本而言，私募证券投资基金管理人注册资本主要集中在1 000万~5 000万元（不含5 000万元）之间，共有7 002家，数量占比达到87.53%（见图7–9）。

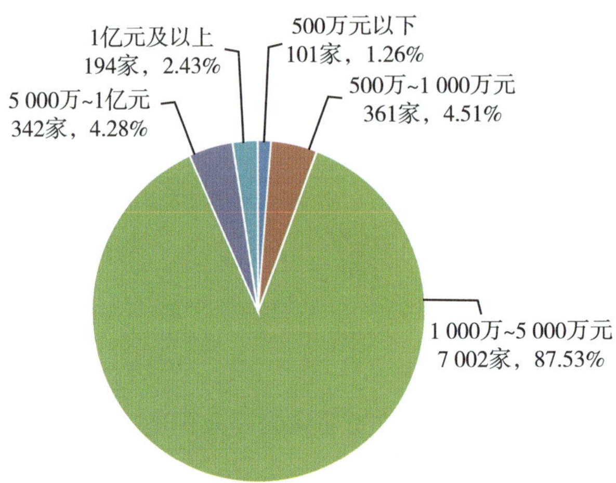

图7–9　私募证券投资基金管理人注册资本分布

资料来源：中国证券投资基金业协会。

从实收资本来看，超半数的私募证券投资基金管理人实收资本达到1 000万~5 000万元（见图7–10）。

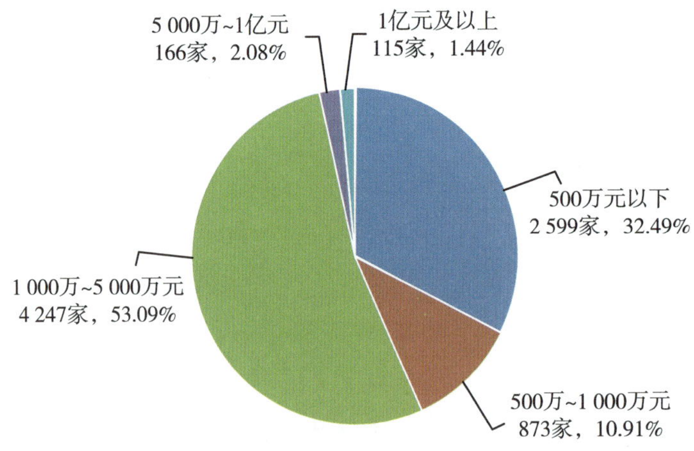

图7–10　私募证券投资基金管理人实收资本分布

资料来源：中国证券投资基金业协会。

截至2024年末，在私募证券投资基金管理人中，实收资本比例低于25%的管理人数量共有272家，占所有私募证券投资基金管理人数量的3.40%（见图7-11）。

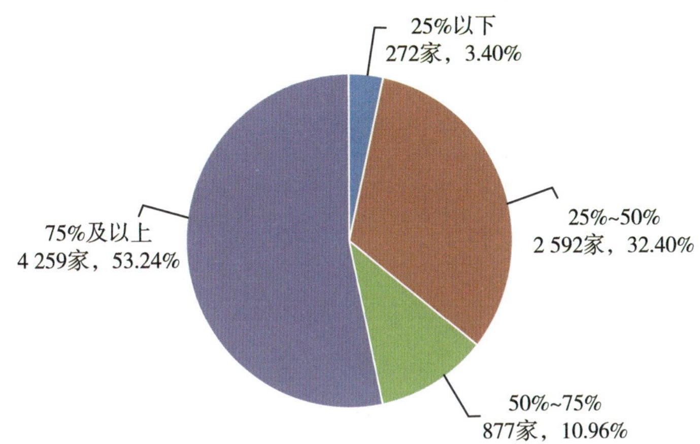

图7-11 私募证券投资基金管理人实收资本比例分布

资料来源：中国证券投资基金业协会。

（五）管理人组织形式、股权性质与控股类型分布情况

截至2024年末，公司制是私募证券投资基金管理人的最主要组织形式，占比高达92.34%；2024年登记的私募证券投资基金管理人中公司制占比95.92%（见图7-12）。

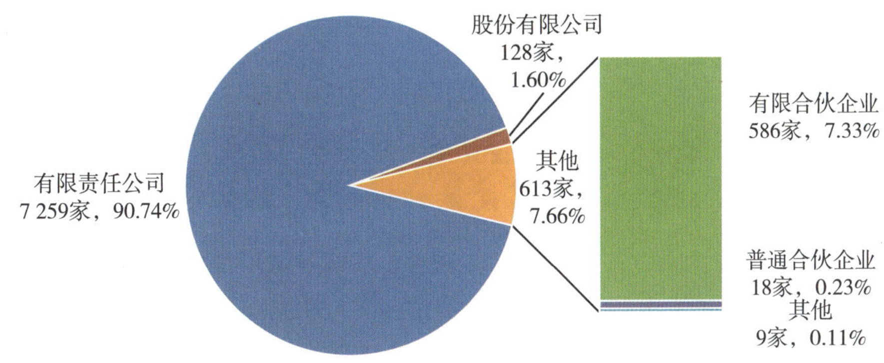

图7-12 私募证券基金管理人组织形式分布

资料来源：中国证券投资基金业协会。

截至2024年末，从私募证券投资基金管理人股权的中外性质来看，股权性质中含有外资成分的管理人数量有63家，其中外商独资和合资私募证券管理人（WFOE PFM）60家；2024年登记的私募证券投资基金管理人中，含有外资成分的管理人数量1家，为外商独资私募证券投资基金管理人（见图7-13）。

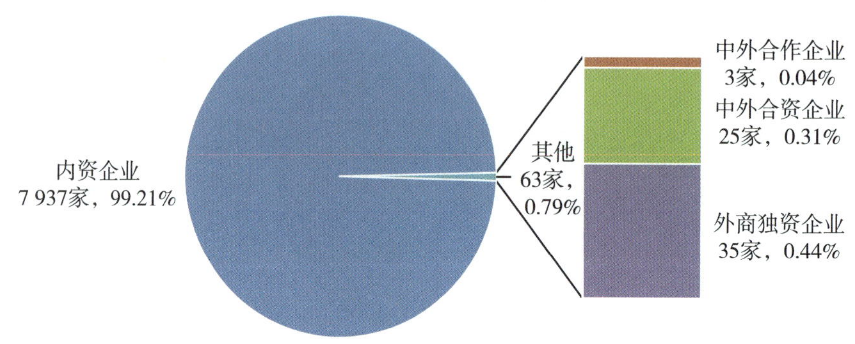

图7-13　私募证券基金管理人中外性质分布

资料来源：中国证券投资基金业协会。

从私募证券投资基金管理人的控股类型①来看，自然人及其所控制民营企业控股的管理人数量最多，共计7 769家，占比97.29%；2024年登记的私募证券投资基金管理人，自然人及其所控制民营企业控股的管理人数量占比同比下降，为91.84%，同比下降5.9个百分点（见图7-14）。

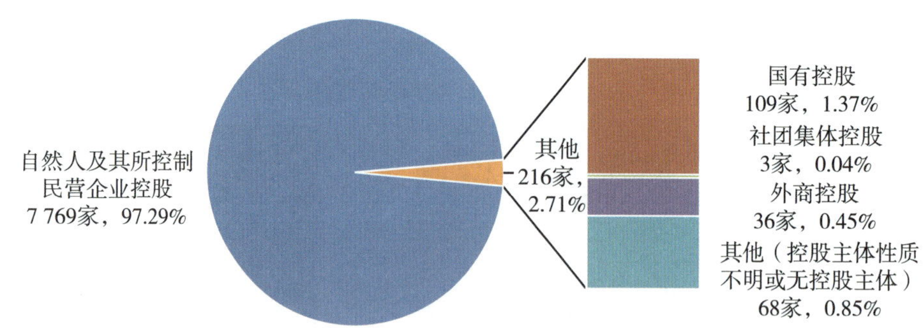

图7-14　私募证券基金管理人控股类型分布

资料来源：中国证券投资基金业协会。

① 截至统计时点，仍有15家私募证券投资基金管理人未补充填报“控股类型”信息，将此15家未补充填报的机构剔除后分析。

（六）管理人股东数量分布情况

截至2024年末，从私募证券投资基金管理人的股东数量来看，大部分管理人股东数量为1~5人，共计6 126家，占比76.58%；2024年登记的私募证券投资基金管理人，股东数量为1~5人的管理人占比85.71%（见图7-15）。

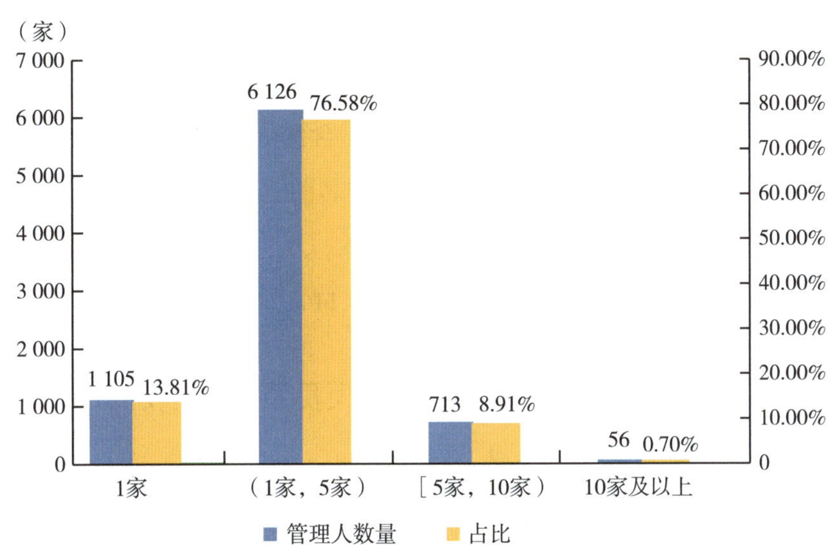

图7-15 私募证券投资基金管理人股东数量分布

资料来源：中国证券投资基金业协会。

（七）管理人地域分布情况

1. 管理人注册地分布

截至2024年末，从管理人数量来看，注册地在上海、深圳、北京、广东（不含深圳）、浙江（不含宁波）前五大证监会派出机构辖区的私募证券投资基金管理人数量合计6 007家，占全国所有私募证券投资基金管理人的75.09%，较2023年末上升0.26个百分点。

从注册在各辖区的私募证券投资基金管理人管理的基金只数和规模来看，只数排名前五的上海、北京、深圳、广东（不含深圳）、浙江（不含宁波）五大辖区管理的基金只数之和为69 414 只；规模排名前五的上海、北京、深圳、浙江（不含宁波）、广东（不含深圳）管理规模4.38万亿元，分别占全国私募证券投资基金管理人管理的基金总只数和总规模的79.18%和84.05%，较2023年末分别上升了0.05个百分点和0.43个百分点。

2.管理人办公地分布

截至2024年末，上海、深圳、北京、广东（不含深圳）、浙江（不含宁波）五大辖区内共有6 134家私募证券投资基金管理人办公，占全国所有私募证券投资基金管理人数量的76.68%，较2023年末上升0.07个百分点。

从在各辖区办公的私募证券投资基金管理人所管理的基金只数和规模来看，只数排名前五的上海、北京、深圳、广东（不含深圳）、浙江（不含宁波）五大辖区管理的基金只数之和为72 859只，规模排名前五的上海、北京、深圳、浙江（不含宁波）、广东（不含深圳）管理规模4.65万亿元，分别占全国私募证券投资基金管理人管理的基金总只数和总规模的83.11%与89.25%。

二、私募证券投资基金管理人从业人员及高管情况分析

截至2024年末，私募证券投资基金管理人在从业人员管理平台完成注册的全职员工总人数为72 458人，其中，具有从业资格的员工64 687人，占比89.28%。私募证券投资基金管理人高管总数20 147人，具有基金从业资格高管19 894人，占比达98.74%。

2024年登记的私募证券投资基金管理人的员工人数342人，其中具有从业资格的有302人，占比88.30%；私募证券投资基金管理人高管125人，具有从业资格的有124人，占比99.20%。

（一）从业人员情况分析①

截至2024年末，在从业人员管理平台完成注册的全职员工数量在9人以下的管理人数量占比73.70%（见图7-16）。从员工数量角度，目前私募证券投资基金管理人以中小型为主。

① 截至统计时点，仍有8家私募证券投资基金管理人未补充填报从业人员管理平台员工信息，为更好分析私募证券投资基金管理人控股类型分布情况，将8个空字段进行剔除。

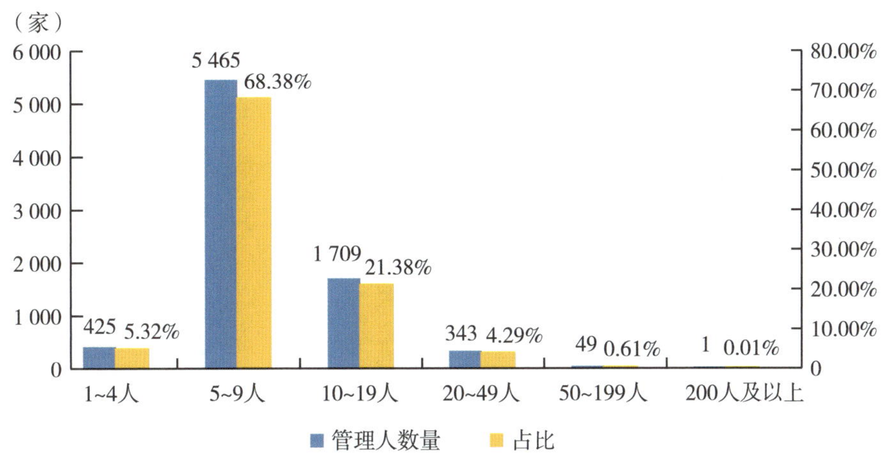

图7-16　私募证券投资基金管理人分布情况（按员工数量）

资料来源：中国证券投资基金业协会。

私募证券投资基金管理人①员工数量与其管理基金规模有明显正相关性，管理基金规模较大的私募证券投资基金管理人配备的员工数量相对较多（见图7-17）。

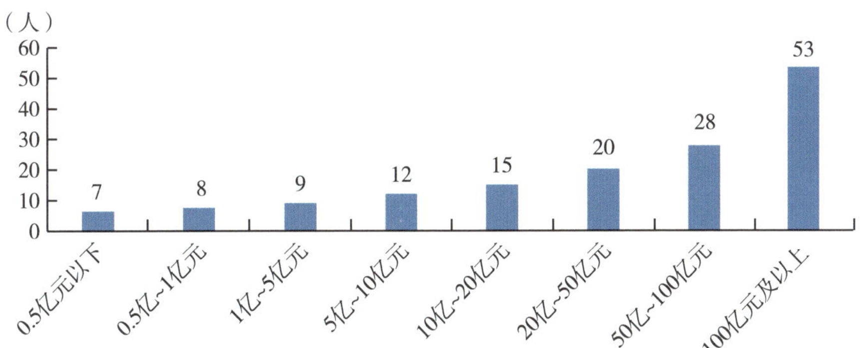

图7-17　私募证券投资基金管理人平均员工数量分布（按管理规模）

资料来源：中国证券投资基金业协会。

（二）高管情况分析

1.管理人高管人数分布情况

截至2024年末，从单个私募证券投资基金管理人所配备的高管数量来看，超

① 未包含没有在管基金或者在管基金规模为负的私募证券投资基金管理人。

过一半的管理人配备了2名高管（见图7-8）。

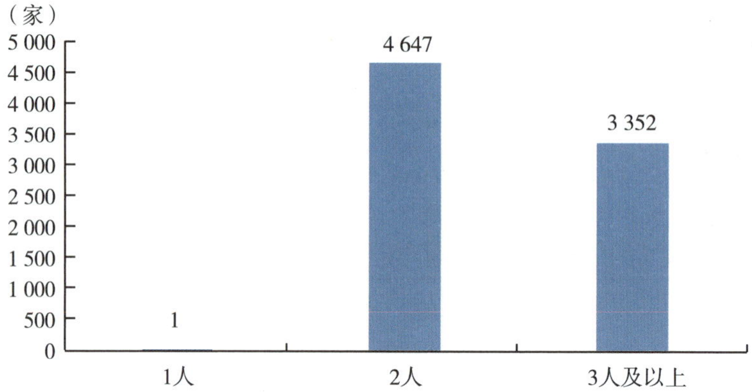

（家）
5 000
4 500
4 000
3 500
3 000
2 500
2 000
1 500
1 000
500
0
1
4 647
3 352
1人
2人
3人及以上

图7-18　私募证券投资基金管理人高管人数分布

资料来源：中国证券投资基金业协会。

2. 管理人高管取得从业资格情况

截至2024年末，在20 147名私募证券投资基金管理人高管中，有19 894名高管拥有基金从业资格；其中，有18 384名通过参加基金从业考试取得从业资格，1 510名通过资格认定程序取得从业资格（见图7-19）。

不具备
253人，1.26%
具备资格
19 894人，
98.74%
资格认定
1 510人，
7.49%
通过考试
18 384人，91.25%

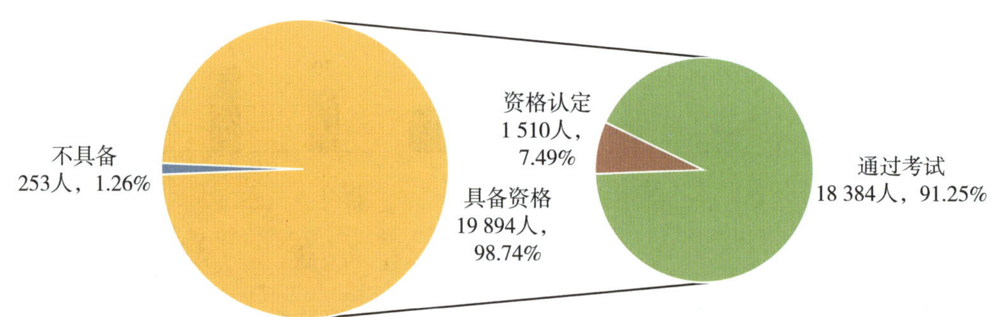

图7-19　私募证券投资基金管理人高管取得从业资格情况

资料来源：中国证券投资基金业协会。

3. 管理人高管最高学历分布和高管人数分布情况

截至2024年末，私募证券投资基金管理人所有高管，最高学历主要为本科及以上（见图7-20）。

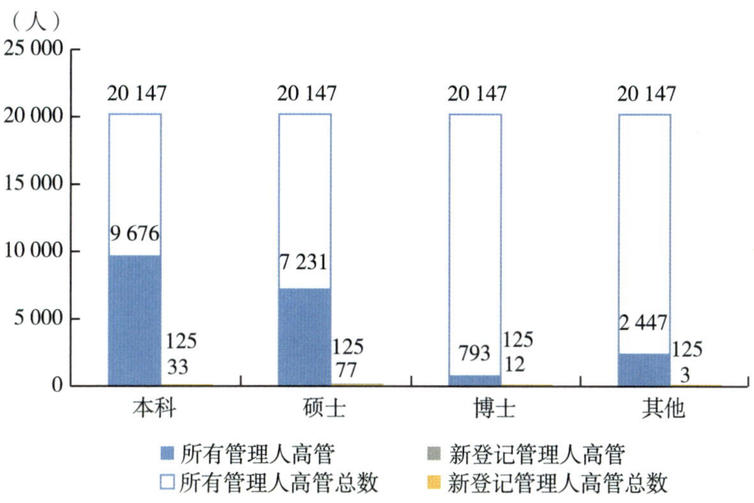

图7-20 私募证券投资基金管理人高管最高学历分布

资料来源：中国证券投资基金业协会。

4. 管理人高管年龄分布情况

从高管年龄分布来看，所有私募证券投资基金管理人的高管，年龄都主要集中在40~49岁。2024年登记的私募证券投资基金管理人的高管，年龄主要集中在30~39岁（见图7–21）。

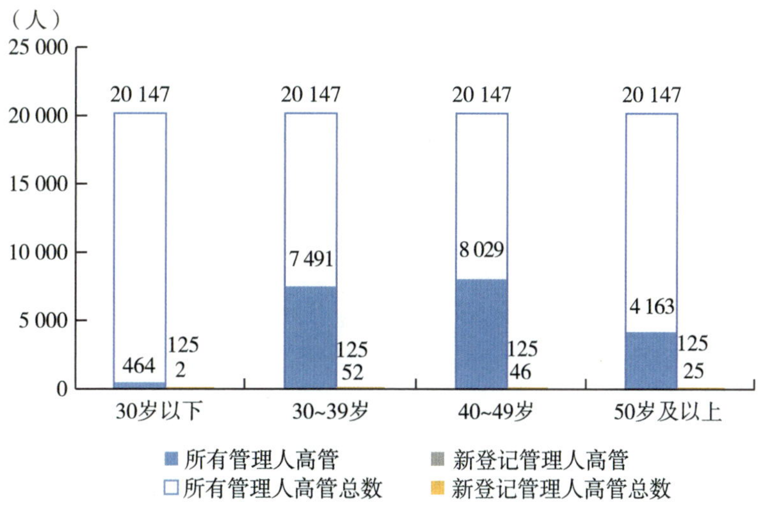

图7-21 私募证券投资基金管理人高管年龄分布情况

资料来源：中国证券投资基金业协会。

5. 管理人高管从业年限分布情况

从高管从业年限分布来看，截至2024年末，私募证券投资基金管理人中91.67%的高管从业年限在10年及以上，整体从业年限较长（见图7-22）。

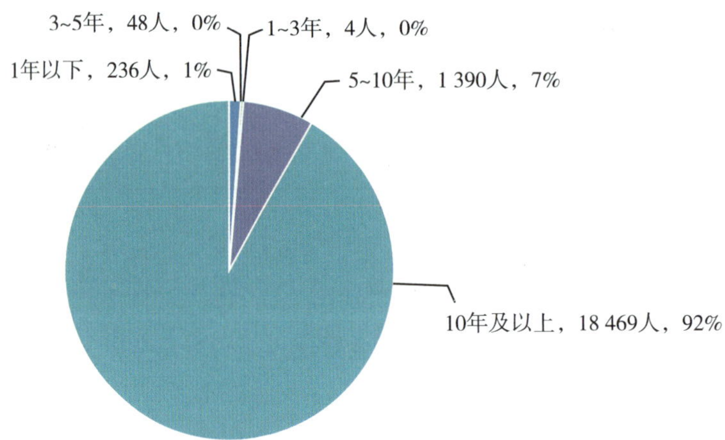

图7-22　私募证券投资基金管理人高管从业年限分布情况

资料来源：中国证券投资基金业协会。

6. 管理人高管任职年限分布情况

从高管任职年限分布来看，截至2024年末，私募证券投资基金管理人的任职年限主要集中在5年及以上，这部分高管数量占比为53.05%（见图7-23）。

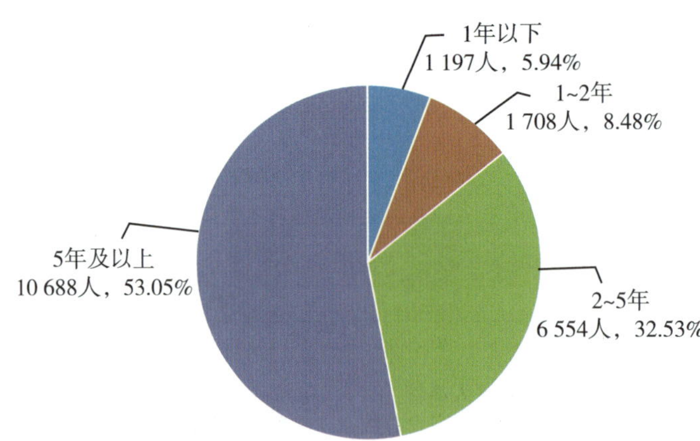

图7-23　私募证券投资基金管理人高管任职年限分布情况

资料来源：中国证券投资基金业协会。

第二节 私募股权、创业投资基金管理人

一、私募股权、创业投资基金管理人总体情况

（一）私募股权、创业投资基金管理人基本情况

1.管理人数量及规模

2024年私募股权、创业投资基金管理人数量有所下降，截至2024年末，协会已登记私募股权、创业投资基金管理人12 083家，较2023年末减少810家，同比下降6.28%；占私募基金管理人总数量的比例为59.55%，较2023年末下降0.07个百分点。其中，有在管基金的私募基金管理人11 789家，占比达97.57%。2024年当年新登记私募股权、创业投资基金管理人118家，占当年登记私募基金管理人总数的70.66%（见图7–24）。

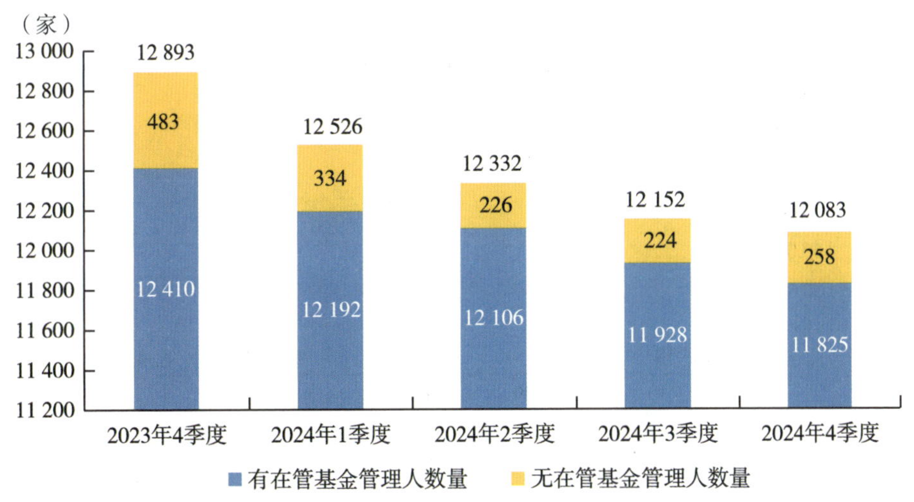

图7–24 私募股权、创业投资基金管理人数量变化

资料来源：中国证券投资基金业协会。

2.管理人管理的基金数量及规模变化情况

截至2024年末，已登记私募股权、创业投资基金管理人管理各类型私募基

金55 380只，较2023年末增加678只，同比增长1.24%；管理基金规模14.32万亿元，较2023年末增加400.58亿元，同比增长0.28%①。平均来看，有在管基金的私募股权、创业投资基金管理人平均管理基金规模12.15亿元（见图7-25、图7-26）。

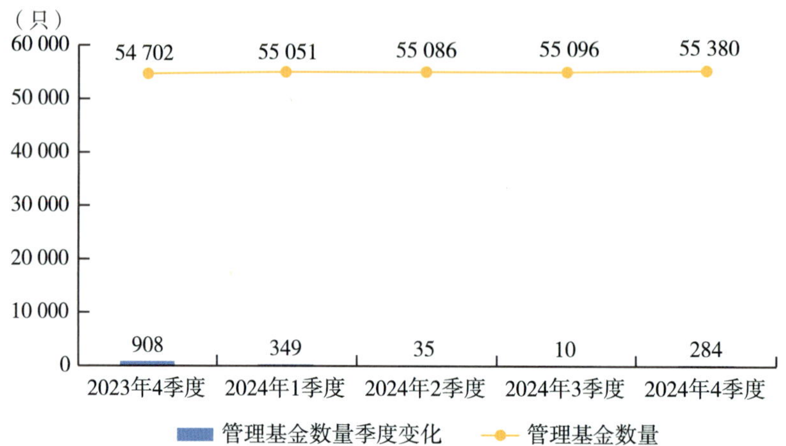

图7-25　私募股权、创业投资基金管理人管理基金数量变化

资料来源：中国证券投资基金业协会。

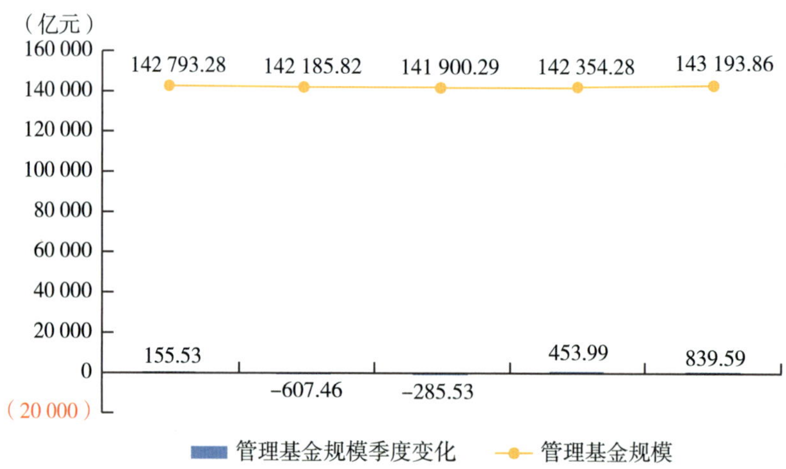

图7-26　私募股权、创业投资基金管理人管理基金规模变化

资料来源：中国证券投资基金业协会。

① 本章所统计基金数量和基金规模，均指截至统计时点正在运作的基金数量及规模，不含已清盘基金数据。管理人管理规模和基金规模以相关管理人填报的基金运行表中期末净资产为准；若相关基金新设立且暂未更新运行表，以基金募集资金规模为准。

（二）管理人管理基金数量及规模分布情况

1.行业集中度继续提升

截至2024年末，有在管基金的私募股权、创业投资基金管理人中，小型私募股权、创业投资基金管理人仍占多数，42.41%的管理人管理基金规模在1亿元以下；管理基金规模在5亿元以下的私募股权、创业投资基金管理人8 420家，占比达71.42%（见图7–27）。

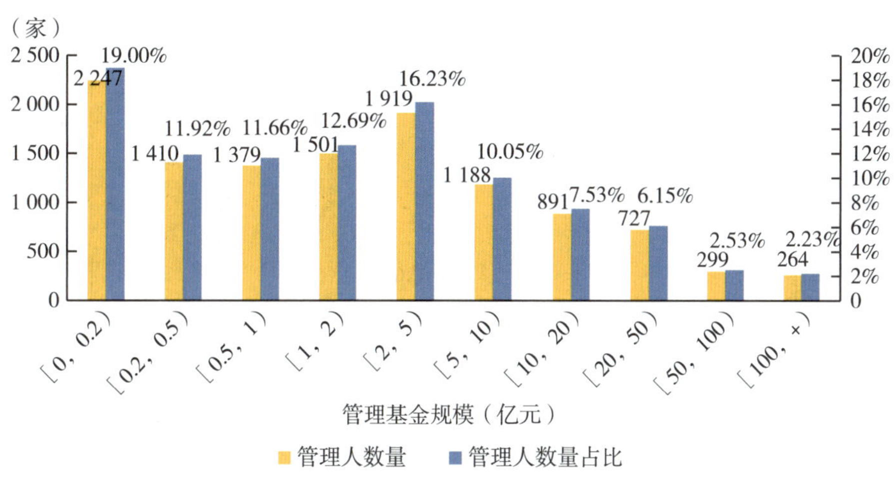

图7–27　私募股权、创业投资基金管理人管理基金规模分布

资料来源：中国证券投资基金业协会。

2.管理人管理规模集中度

私募股权、创业投资基金管理人管理规模的行业集中度较高，其中行业排名前20的管理人管理规模占比13.24%，较2023年末上升0.46个百分点；行业排名前20%的管理人管理规模占比达88.26%，较2023年末下降0.41个百分点（见图7–28）。

私募股权、创业投资基金管理人行业集中度	行业前5管理规模占比	行业前10管理规模占比	行业前20管理规模占比
	6.22%	9.10%	13.24%
	行业前5%管理规模占比	行业前10%管理规模占比	行业前20%管理规模占比
	63.13%	76.73%	88.26%

图7–28　私募股权、创业投资基金管理人管理规模集中度

资料来源：中国证券投资基金业协会。

（三）管理人成立时间及注册/实收资本情况

1.管理人成立时间分布

从成立时间来看，大部分私募股权、创业投资基金管理人成立时间在6年以上，占比达82.54%，其中成立时间在10年以上的管理人数量占比最低为29.68%（见图7-29）。

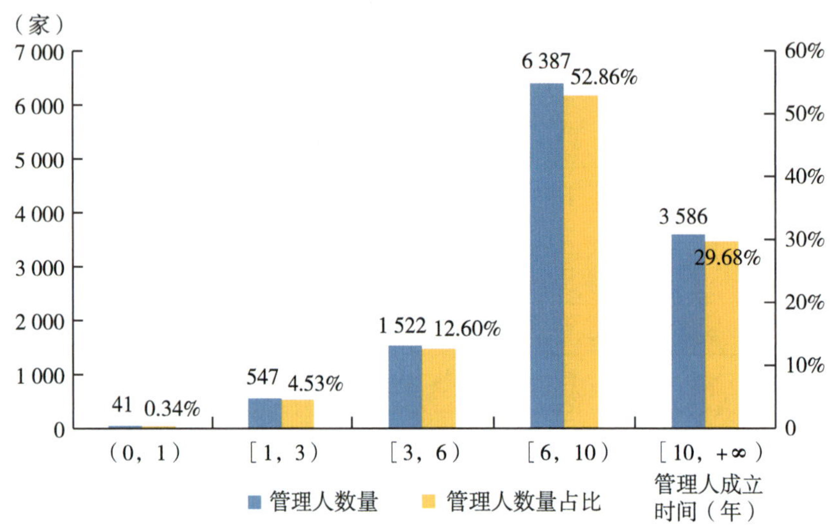

图7-29 私募股权、创业投资基金管理人成立时间分布

资料来源：中国证券投资基金业协会。

2024年登记的私募股权、创业投资基金管理人中，多数管理人成立时间不足3年，数量占比达95.76%；成立时间在1~3年（不含）年的管理人数量占比61.02%。

2.管理人注册资本分布

从管理人注册资本来看，私募股权、创业投资基金管理人的注册资本集中在1 000万~2 000万元（不含），管理人数量占比51.81%；注册资本在2 000万元及以上管理人数量占比合计为35.18%（见图7-30）。

2024年登记的私募股权、创业投资基金管理人，注册资本也主要集中在1 000万~2 000万元（不含），管理人数量占比62.71%；注册资本在2 000万元及以上管理人数量占比合计为37.29%。

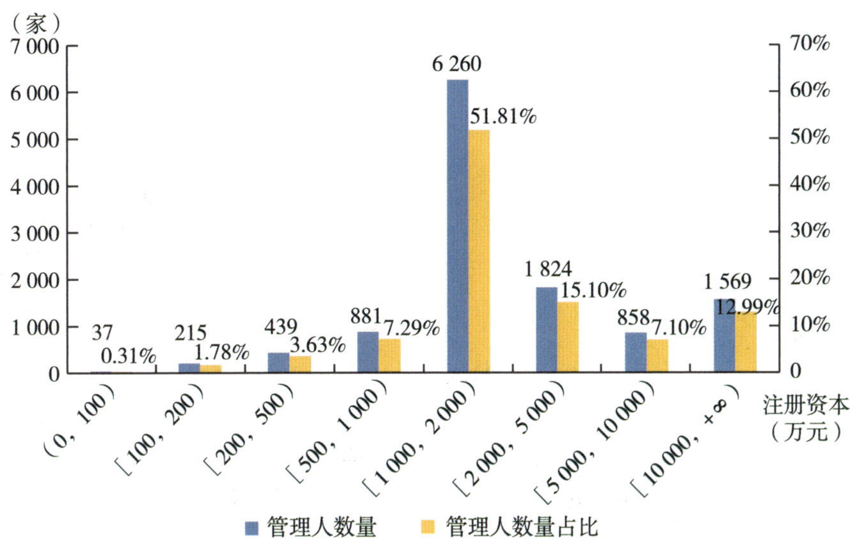

图7-30　私募股权、创业投资基金管理人注册资本分布

资料来源：中国证券投资基金业协会。

3. 管理人实收资本分布

从管理人实收资本来看，62.98%的私募股权、创业投资基金管理人实收资本在1 000万元及以上（见图7-31）。

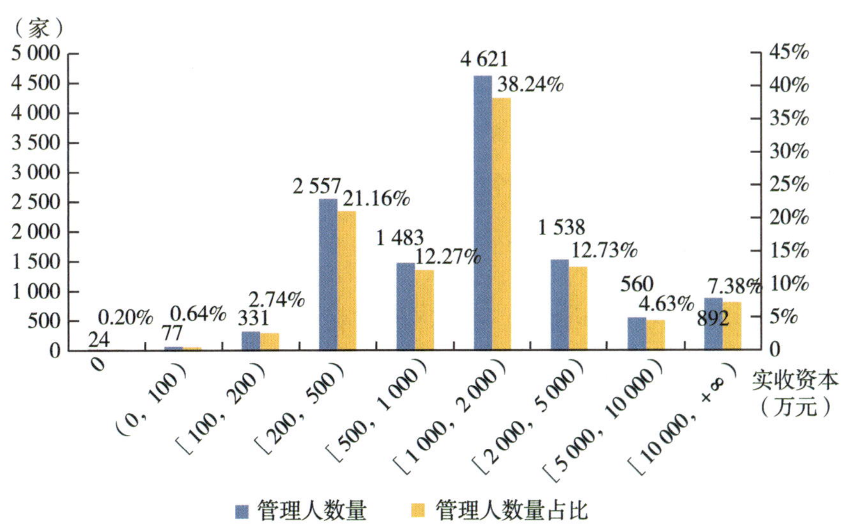

图7-31　私募股权、创业投资基金管理人实收资本分布

资料来源：中国证券投资基金业协会。

从管理人实收资本比例来看，超半数私募股权、创业投资基金管理人实收资本比例达到100%（见图7-32）。

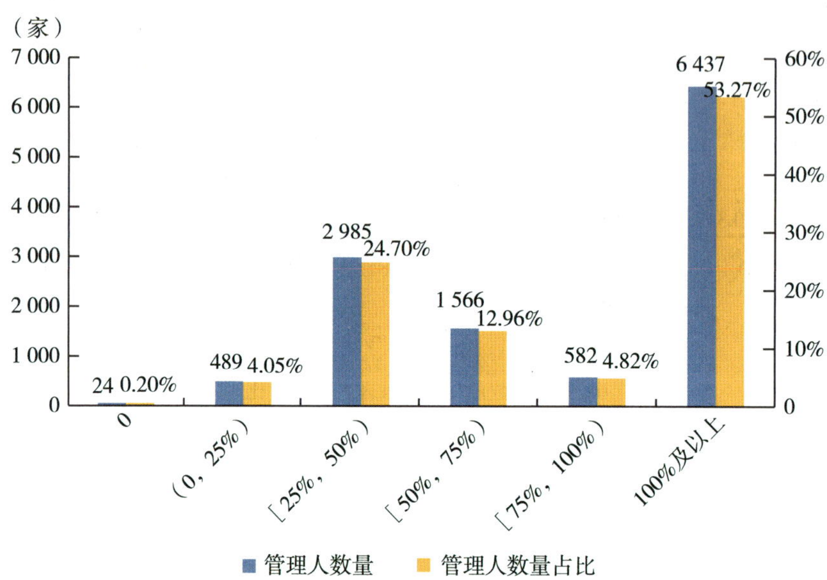

图7-32　私募股权、创业投资基金管理人实收资本比例分布

资料来源：中国证券投资基金业协会。

2024年登记的私募股权、创业投资基金管理人，实收资本主要集中在1 000万~2 000万元（不含），占比72.88%；实收资本比例在25%及以上的管理人数量占比达到94.92%。

（四）管理人组织形式、股权性质及控股类型情况

1. 管理人组织形式分布

截至2024年末，从私募股权、创业投资基金管理人组织形式看，公司制管理人最多，达11 049家，占比91.44%；合伙制管理人仅1 019家，占比8.43%（见图7-33）。

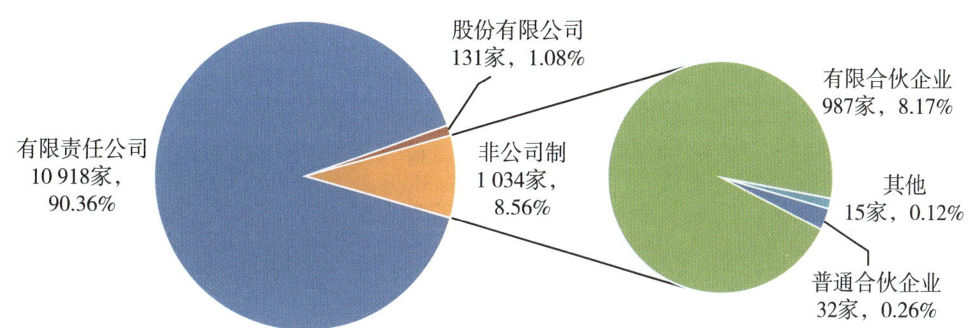

图7-33　私募股权、创业投资基金管理人组织形式分布

资料来源：中国证券投资基金业协会。

2024年登记的私募股权、创业投资基金管理人主要为有限责任公司制管理人，达110家，数量占比达93.22%。

2. 管理人股权性质分布

从管理人股权中外性质来看，私募股权、创业投资基金管理人的主要股权性质仍然是内资，管理人数量和管理基金规模分别为11 830家和13.86万亿元，占比分别达97.91%和96.80%；外商独资管理人平均管理规模最大，达23.19亿元（见图7-34、图7-35）。

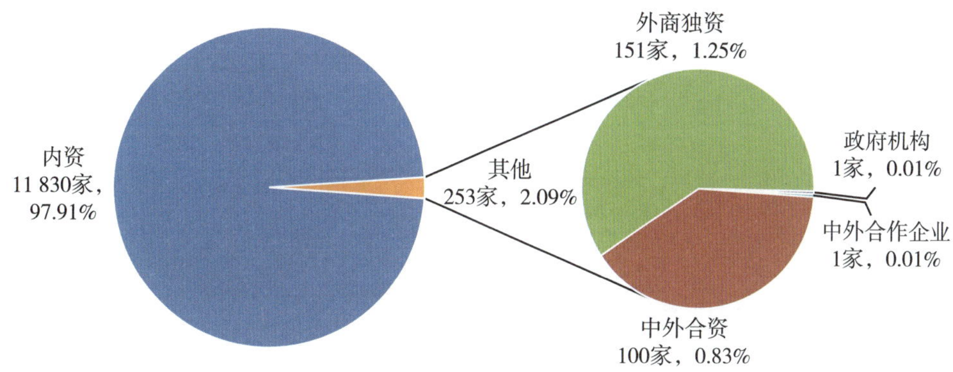

图7-34　私募股权、创业投资基金管理人股权中外性质分布

资料来源：中国证券投资基金业协会。

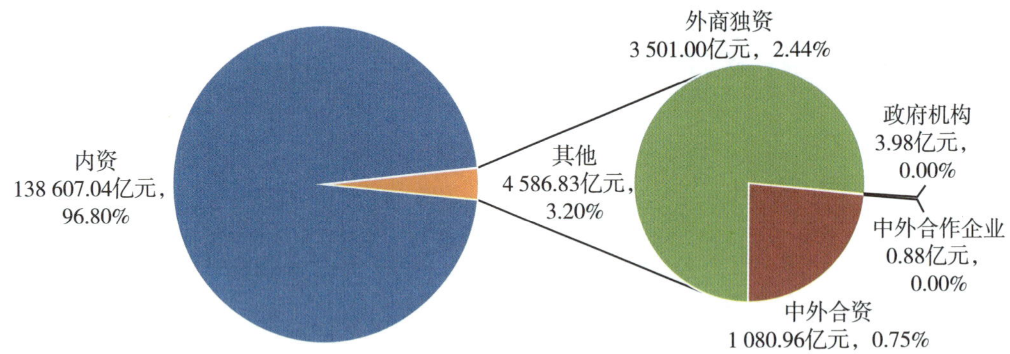

图7-35　私募股权、创业投资基金管理人股权中外性质分布

资料来源：中国证券投资基金业协会。

2024年登记的私募股权、创业投资基金管理人，主要股权性质仍然是内资企业，达107家，占比90.68%；此外，中外合资企业3家，外商独资管理人8家。

3.管理人控股类型分布

从控股类型①来看，私募股权、创业投资基金管理人中，自然人及其所控制民营企业控股的管理人数量最多，9 011家，占比74.76%；国有控股管理人管理规模最大，管理规模5.85万亿元，占比40.93%（见图7-36、图7-37）。

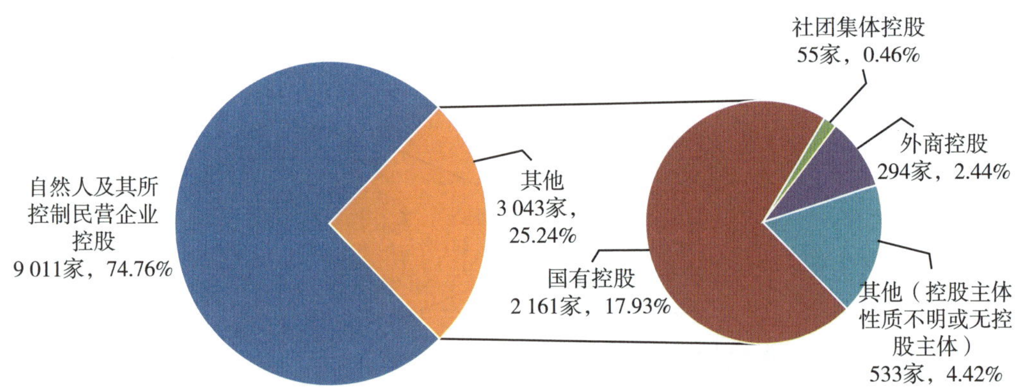

图7-36　私募股权、创业投资基金管理人控股类型分布

资料来源：中国证券投资基金业协会。

① 截至统计时点，仍有29家私募股权、创业投资基金管理人未补充填报“控股类型”信息，为更好分析私募股权、创业投资基金管理人控股类型分布情况，将29个空字段进行剔除。

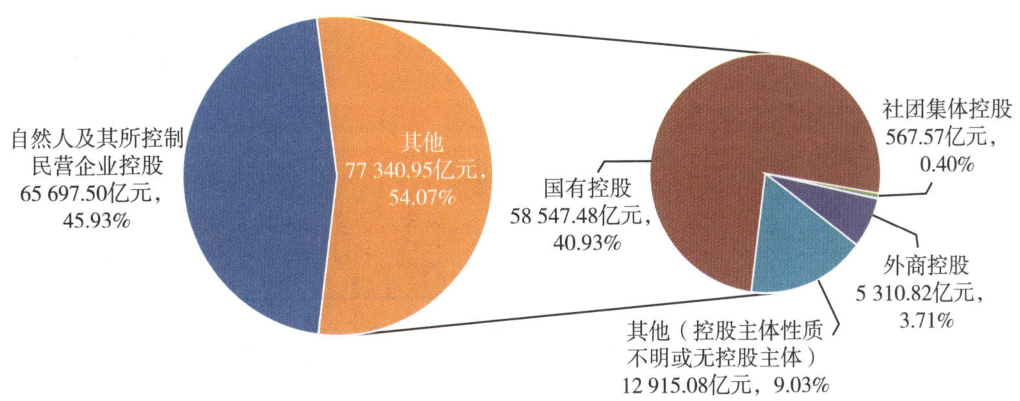

图7-37　私募股权、创业投资基金管理人控股类型分布

资料来源：中国证券投资基金业协会。

2024年登记的私募股权、创业投资基金管理人，控股类型主要为自然人及其所控制民营企业控股，达62家，占比52.54%；此外控股类型为国有控股的管理人44家，外商控股管理人10家，社团集体控股私募基金管理人1家，其他（控股主体性质不明或无控股主体）管理人1家。

（五）管理人注册区域分布集中在东部省市，集中度较2023年进一步下降

以中国证监会派出机构所在辖区划分，从私募基金管理人注册地和办公地两个角度出发分别分析全国私募股权、创业投资基金管理人地域分布情况。总体来看，排名前十的私募股权、创业投资基金管理人数量、管理基金数量及管理基金规模注册地集中度较2023年有所下降，仍主要集中在少数一线城市及东南沿海等经济较发达地区，随着中西部等欠发达地区的经济发展与政策倾斜，私募股权、创业投资基金作为支持当地实体经济发展的重要融资方式，其规模也在不断增长。

1. 管理人数量、管理基金数量及规模按注册地分布

截至2024年末，全国私募股权、创业投资基金管理人中，注册地在北京、上海和深圳三大辖区的管理人数量合计5 441家，占全国总数的45.03%，较上年下降0.64个百分点；注册地在北京、上海、深圳、浙江（不含宁波）、江苏五大辖区的管理人数量合计7 355家，占比60.87%，较去年下降0.28个百分点；管理人数量排名前10的辖区合计有9 456家私募股权、创业投资基金管理人，占比78.26%，较上年下降0.07个百分点（见图7-38）。

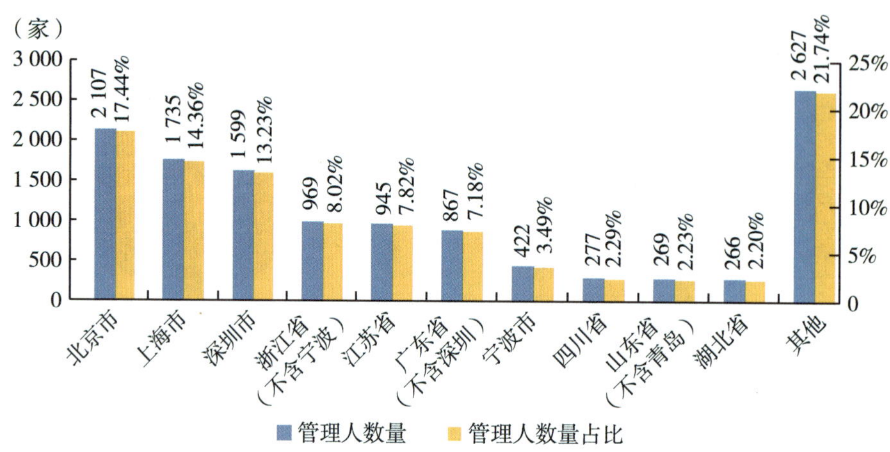

图7-38　私募股权、创业投资基金管理人数量按注册地分布

资料来源：中国证券投资基金业协会。

从各辖区内管理人管理基金数量来看，注册地在北京、上海、深圳三大辖区内的私募股权、创业投资基金管理人管理的基金数量合计26 801只，占全国私募股权、创业投资基金管理人所管理基金总数的48.39%，较上年下降0.94个百分点；注册地在北京、上海、深圳、广东（不含深圳）、浙江（不含宁波）五大辖区内的管理人管理基金数量合计35 993只，占比64.99%，较上年下降0.68个百分点；排名前10的辖区内私募基金管理人管理的基金数量合计45 270只，占比81.74%，较上年下降0.28个百分点（见图7–39）。

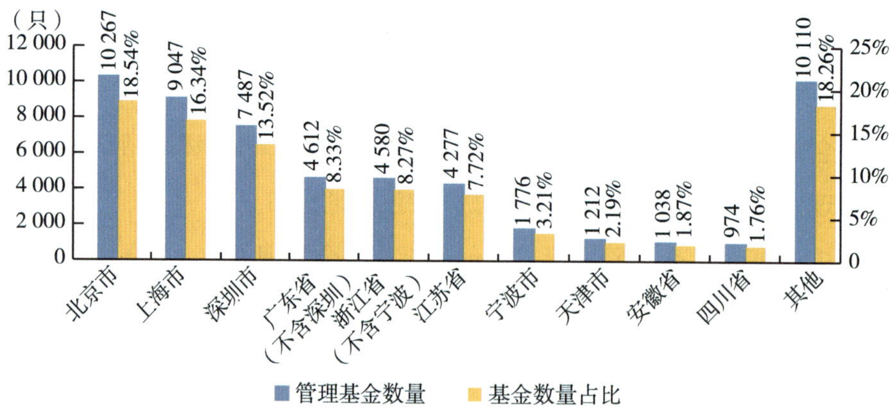

图7-39　私募股权、创业投资基金管理人管理基金数量按注册地分布

资料来源：中国证券投资基金业协会。

从各辖区内管理人管理基金规模来看，注册地在北京、上海、深圳三大辖区内的私募股权、创业投资基金管理人管理基金规模合计7.42万亿元，占全国私募股权、创业投资基金管理人所管理基金总规模的51.83%，较上年下降0.68个百分点；注册地在北京、上海、深圳、江苏、广东（不含深圳）五大辖区内的管理人管理基金规模合计9.52万亿元，占比66.51%，较上年增长0.04个百分点；排名前十的辖区内机构管理规模合计11.64万亿元，占比81.28%，较上年下降0.30个百分点（见图7-40）。

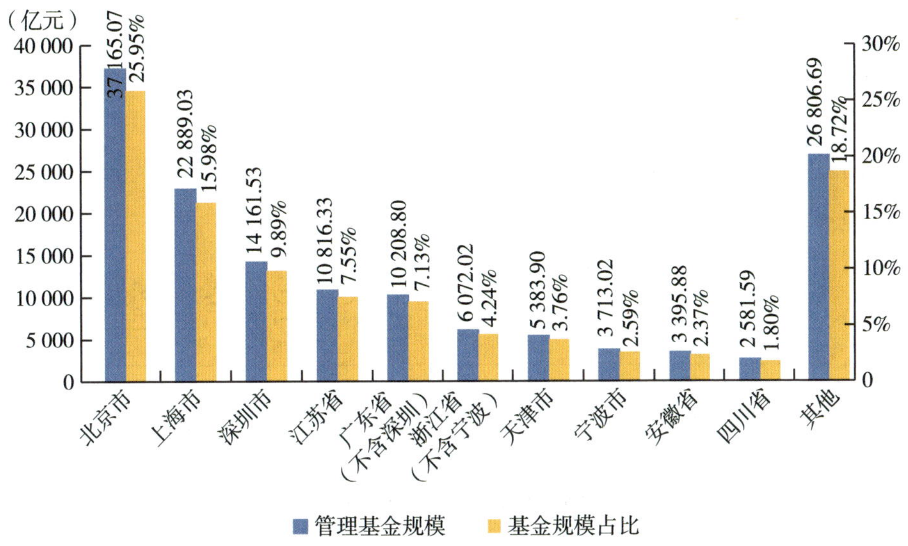

图7-40　私募股权、创业投资基金管理人管理基金规模按注册地分布

资料来源：中国证券投资基金业协会。

2024年登记的私募股权、创业投资基金管理人中，注册地在上海、广东（不含深圳）和江苏省三大辖区的管理人数量合计58家，占新登记管理人总数的49.15%，较2023年当年增长11.13个百分点；注册地在上海、广东（不含深圳）、江苏、浙江（不含宁波）和北京五大辖区的管理人数量合计80家，占比67.80%，较2023年当年增长11.25个百分点；管理人数量排名前十的辖区合计有100家私募股权、创业投资基金管理人，占比84.75%，较2023年当年增长4.55个百分点。2024年新登记的私募股权、创业投资基金管理人注册地仍主要集中于经济发达地区。

2. 管理人数量、管理基金数量及规模按办公地分布①

截至2024年末，私募股权、创业投资基金管理人中，办公地在北京、上海和深圳三大辖区的管理人数量合计6 509家，占全国总数的53.87%，较上年下降0.53个百分点；办公地在北京、上海、深圳、浙江（不含宁波）、江苏五大辖区的管理人数量合计8 160家，占67.53%，较上年下降0.30个百分点；管理人数量排名前十的辖区合计有10 000家私募股权、创业投资基金管理人，占比82.76%，较上年增长0.08个百分点（见图7-41）。

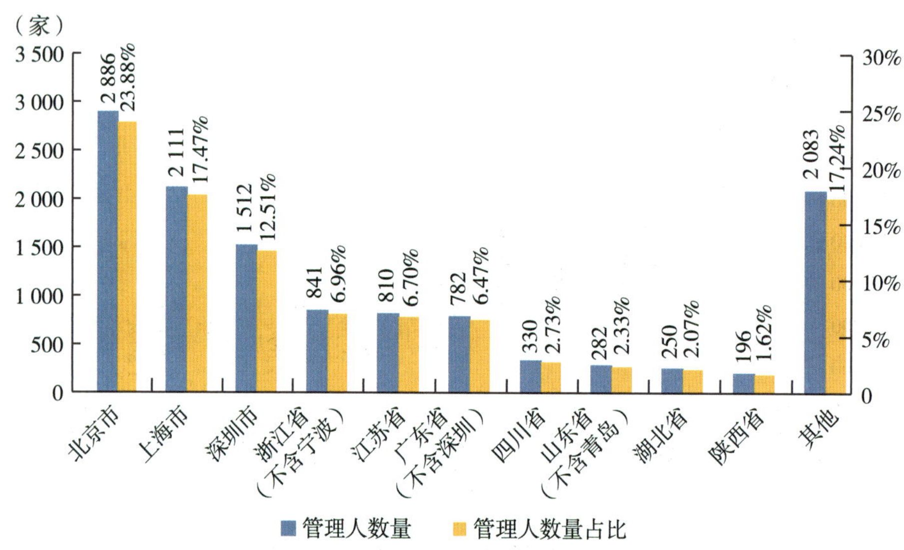

图7-41　私募股权、创业投资基金管理人数量按办公地分布

资料来源：中国证券投资基金业协会。

各辖区内管理人管理基金数量来看，办公地在北京、上海、深圳三大辖区内的私募股权、创业投资基金管理人管理的基金数量合计32 104只，占全国总数的57.97%，较上年下降1.18个百分点；办公地在北京、上海、深圳、广东（不含深圳）和浙江（不含宁波）五大辖区内管理人管理的基金数量合计40 642 只，占比73.39%，较上年下降0.61个百分点；排名前十的辖区内管理人管理的基金数量合计47 874只，占比86.45%，较上年下降0.15个百分点（见图7-42）。

① 私募股权、创业投资基金管理人按办公地分布情况详见《附录》表3和表4。

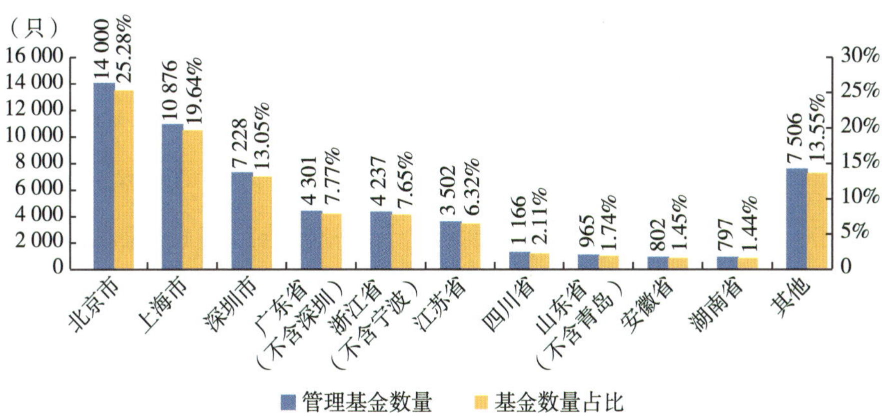

图7-42　私募股权、创业投资基金管理人管理基金数量按办公地分布

资料来源：中国证券投资基金业协会。

从各辖区内管理人管理的基金规模来看，办公地在北京、上海、深圳三大辖区的私募股权、创业投资基金管理人管理的基金规模合计9.01万亿元，占全国私募股权、创业投资基金管理人管理基金总规模的62.95%，较上年下降1.67个百分点，其中北京远超上海和深圳，为规模最大辖区；在北京、上海、深圳、江苏、广东（不含深圳）五大辖区的管理人管理规模合计10.82万亿元，占比75.57%，较上年下降0.67个百分点；排名前十的辖区内管理人管理规模合计12.35万亿元，占比86.22%，较上年下降0.17个百分点（见图7–43）。

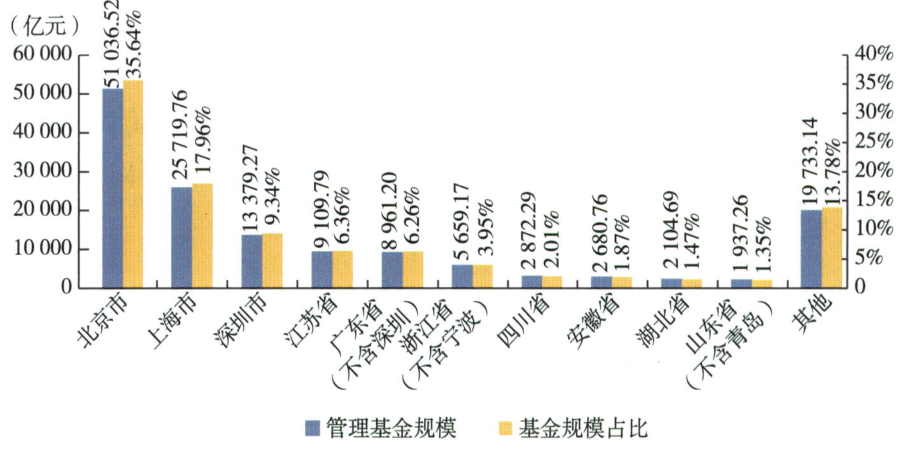

图7-43　私募股权、创业投资基金管理人管理基金规模按办公地分布

资料来源：中国证券投资基金业协会。

2024年登记的私募股权、创业投资基金管理人，办公地在上海、北京和广东（不含深圳）三大辖区的管理人数量合计63家，占全国总数的53.39%，较2023年当年增长10.58个百分点；办公地在上海、北京、广东（不含深圳）、江苏和浙江（不含宁波）五大辖区的管理人数量合计83家，占比70.34%，较2023年当年增长9.00个百分点；管理人数量排名前十的辖区合计有101家私募股权、创业投资基金管理人，占比85.59%，较2023年当年增长4.44个百分点。2024年当年新登记的私募股权、创业投资基金管理人办公地同样主要集中于经济发达地区。

二、私募股权、创业投资基金管理人从业人员及高管情况

截至2024年末，私募股权、创业投资基金管理人在从业人员管理平台完成注册的全职员工总人数10.91万人，其中，具有基金从业资格的员工9.36万人，数量占比85.72%。私募股权、创业投资基金管理人高管总数3.13万人，具有基金从业资格高管3.00万人，数量占比达96.04%，较2023年末增长0.49个百分点。

2024年登记并在从业人员管理平台完成注册的私募股权、创业投资基金管理人的员工人数857人，其中具有基金从业资格的员工682人，占比79.58%；私募股权、创业投资基金管理人高管319人，其中具有基金从业资格的高管310人，占比达97.18%。

（一）管理人从业人员情况①

截至2024年末，大多数私募股权、创业投资基金管理人具有5名及以上员工，其中，半数以上管理人的员工数量在5人（含）至10人。整体来看，私募股权、创业投资基金管理人平均具有14名员工（见图7-44）。

① 截至统计时点，仍有60家私募股权、创业投资基金管理人未补充填报从业人员管理平台员工信息，为更好分析私募证券投资基金管理人控股类型分布情况，将60个空字段进行剔除。

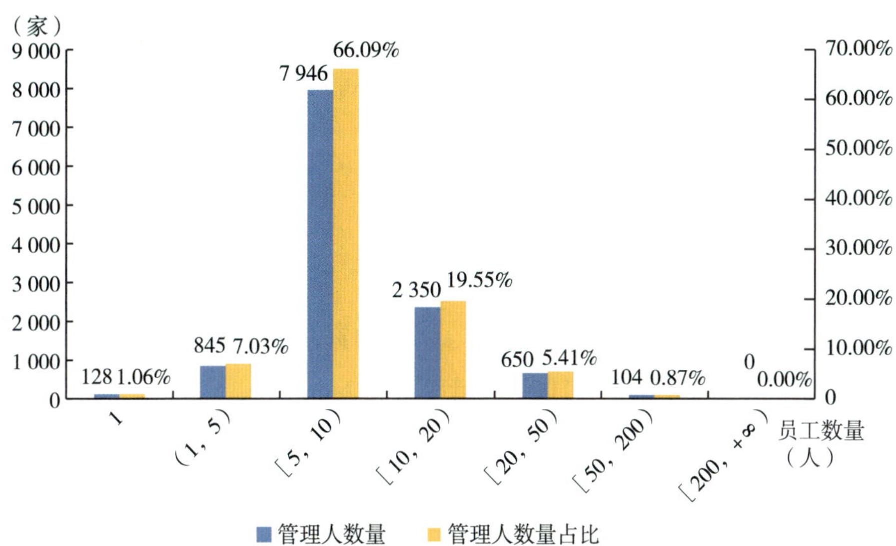

图7-44　私募股权、创业投资基金管理人从业人员数量分布（按家数统计）

资料来源：中国证券投资基金业协会。

从单家私募股权、创业投资基金管理人从业人员数量来看，管理基金规模较大的管理人具有的从业人员普遍较多。截至2024年末，管理规模在5亿元以下的管理人平均具有7名员工，而管理规模在100亿元及以上的管理人平均具有33名员工（见图7-45）。

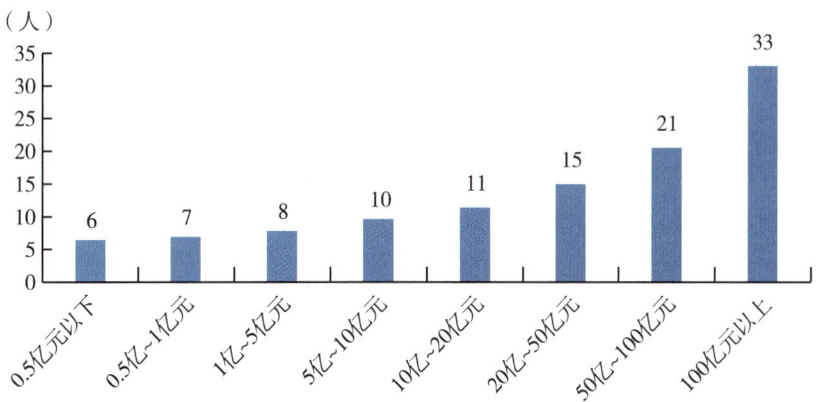

图7-45　私募股权、创业投资基金管理人平均从业人员数量分布（按规模统计）

注：未包含没有在管基金或者在管基金规模为负的私募股权、创业投资基金管理人。

资料来源：中国证券投资基金业协会。

2024年登记的私募股权、创业投资基金管理人，从业人员数量主要集中于5~10人（不含），占比达95.76%；整体来看，私募股权、创业投资基金管理人平均具有6名员工。

（二）管理人高管情况

1. 管理人高管人数分布情况

截至2024年末，从单个私募股权、创业投资基金管理人的高管数量来看，99.93%的管理人具有2名或2名以上高管（见图7–46）。

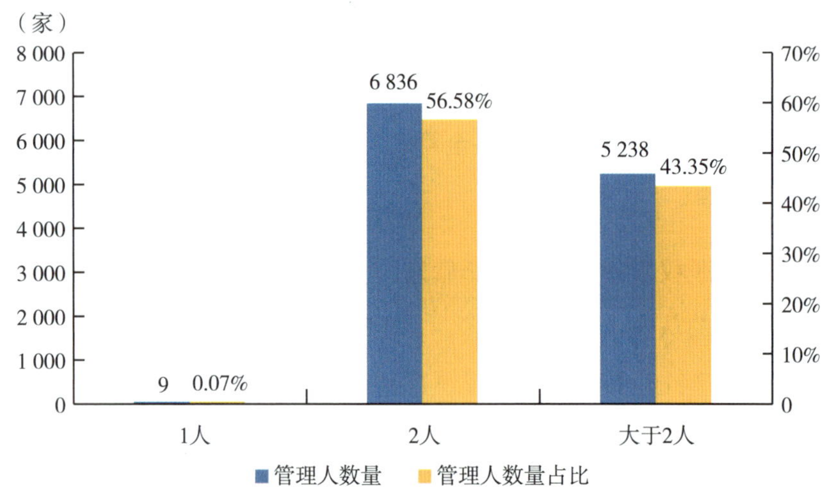

图7–46　私募股权、创业投资基金管理人高管人数分布（按家数统计）

资料来源：中国证券投资基金业协会。

2024年登记的私募股权、创业投资基金管理人均具有2名或2名以上高管，其中有3名及以上高管的管理人数量占比55.93%。

2. 管理人高管取得从业资格情况

截至2024年末，私募股权、创业投资基金管理人高管中，具备基金从业资格的有3.00万人，占高管总数的96.04%（见图7–47）。其中，11 074家管理人的所有高管都具备基金从业资格，占比91.65%；法定代表人与合规风控负责人具备基金从业资格的管理人11 597家，占私募股权、创业投资基金管理人数量的95.98%（见图7–48）。

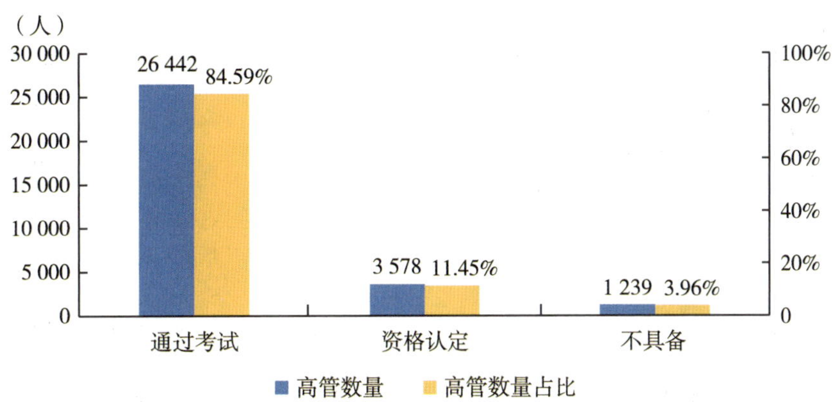

图7-47　私募股权、创业投资基金管理人基金从业资格取得情况（按人数统计）

资料来源：中国证券投资基金业协会。

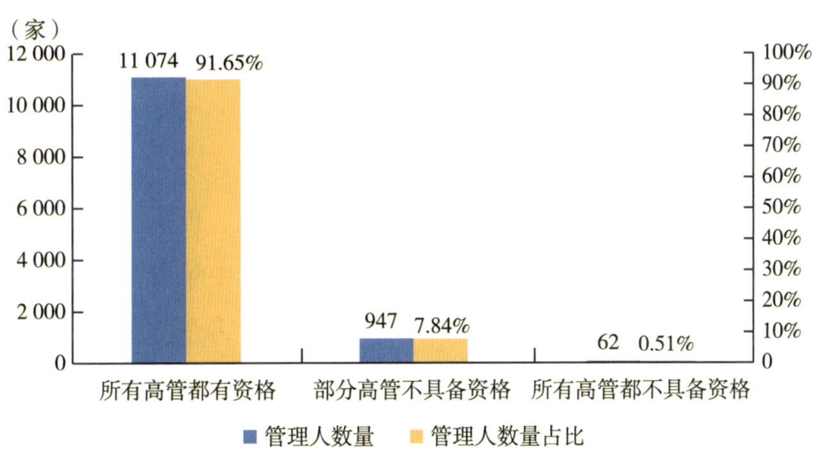

图7-48　私募股权、创业投资基金管理人基金从业资格取得情况（按家数统计）

资料来源：中国证券投资基金业协会。

2024年登记的私募股权、创业投资基金管理人的高管中，具备基金从业资格的高管310人，占比达97.18%；所有高管都具备基金从业资格的管理人111家，占比达94.07%。

3.管理人高管人员学历分布情况

从高管最高学历来看，截至2024年末，私募股权、创业投资基金管理人高管普遍学历背景良好，最高学历为本科及以上的为28 887人，占比94.86%，其中硕博占比为55.01%（见图7-49）。

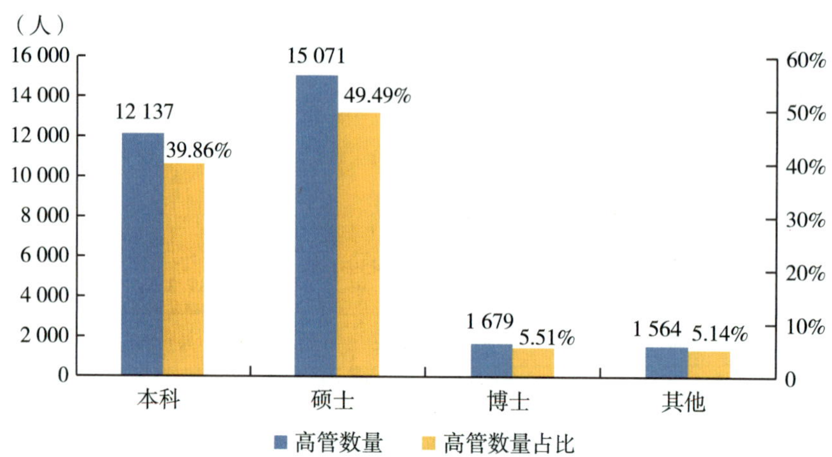

图7-49 私募股权、创业投资基金管理人高管最高学历分布情况（按人数统计）

资料来源：中国证券投资基金业协会。

2024年登记的私募股权、创业投资基金管理人中，最高学历为本科及以上的高管数量占比达99.05%，其中硕博占比为73.73%。

4. 管理人高管人员年龄分布情况

从高管年龄分布来看，截至2024年末，私募股权、创业投资基金管理人高管年龄主要集中在30~50岁（不含），占比69.37%，其中年龄在40~50岁（不含）的人士，成为私募股权、创业投资从业的中坚力量，占全部高管数量的比例达38.75%（见图7-50）。

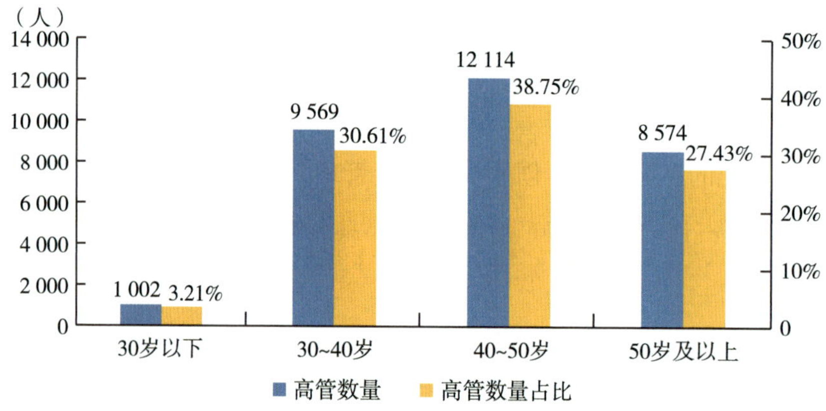

图7-50 私募股权、创业投资基金管理人高管年龄分布（按人数统计）

资料来源：中国证券投资基金业协会。

2024年登记的私募股权、创业投资基金管理人高管年龄主要集中在30~40岁（不含）的青壮年人士，占比46.71%，年龄在40~50岁（不含）的高管占全部高管数量的35.74%。

5.管理人高管从业年限分布情况[①]

从高管从业年限分布来看，截至2024年末，私募股权、创业投资基金管理人中91.28%的高管从业年限在10年及以上，整体从业年限较长（见图7–51）。

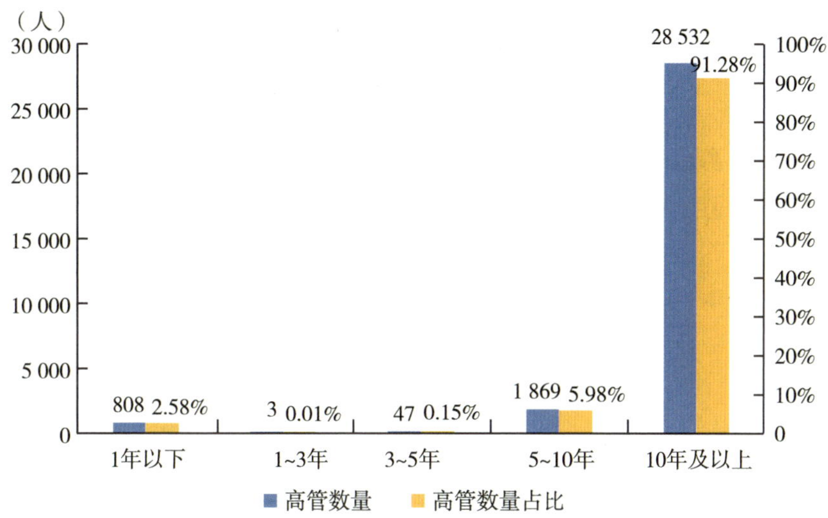

图7–51　私募股权、创业投资基金管理人高管从业年限分布（按人数统计）

资料来源：中国证券投资基金业协会。

2024年登记的私募股权、创业投资基金管理人高管从业年限主要集中在10年及以上，占比达90.28%；从业年限在1年以下的高管3人。

6.管理人高管任职年限分布情况

从高管任职年限分布来看，截至2024年末，私募股权、创业投资基金管理人高管在现有管理人任职时间主要集中在5年及以上，占比达54.02%（见图7–52）。

① 本章中高管从业年限自高管毕业以来从事第一份工作的起始时间算起。

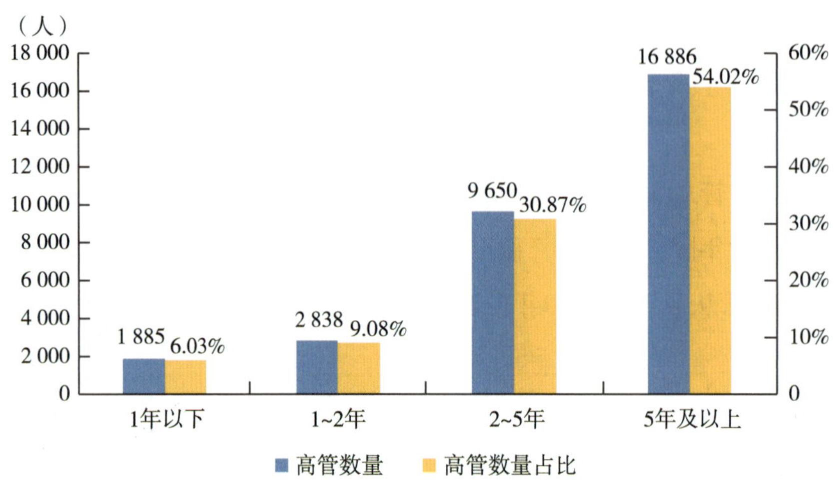

图 7-52　私募股权、创业投资基金管理人高管任职年限分布（按人数统计）

资料来源：中国证券投资基金业协会。

第八章
基金托管机构

第一节　托管机构登记情况

一、基金托管人登记情况

金融机构从事基金托管业务，应当经中国证监会核准，依法取得基金托管资格，申请基金托管资格的金融机构应当符合《证券投资基金托管业务管理办法》要求。

根据中国证监会发布的《证券投资基金托管人名录》，截至2024年12月31日，共66家托管人经中国证监会核准，依法取得证券投资基金托管业务展业资格。其中，包括34家银行、30家证券公司以及2家其他类型托管机构（见图8-1）。具体名录见行业数据篇。

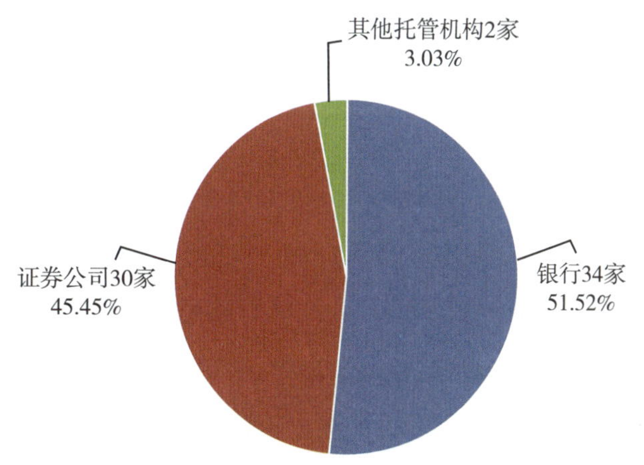

图8-1　托管机构类型分布

资料来源：中国证监会官网。

二、合格境外机构投资者托管人备案情况

《合格境外机构投资者和人民币合格境外机构投资者境内证券期货投资管理办法》第8条要求，托管人首次开展合格境外投资者资产托管业务的，应当自签订托管协议之日起5个工作日内，报中国证监会备案。

截至2024年12月31日，共23家托管人备案开展合格境外机构投资者托管业务，全部为银行类托管机构。具体名录见行业数据篇。

第二节　托管业务发展情况

一、托管产品数量及资产规模

截至2024年末，托管人开展托管业务或资产保管业务的产品共计470 854只，资产规模达到246.89万亿元[①]。从产品类型来看，按照产品数量统计（见图8–2），私募基金的数量最多，总计130 551只，占比27.73%；公募基金12 161只，占比2.58%；证券期货经营机构发行的资管产品44 968只，占比9.55%；跨境或者管理人为外资的基金4 769只，占比1.01%；银行理财49 891只，占比10.60%；信托（保管）120 273只，占比25.54%；保险产品11 742只，占比2.49%；养老金11 555只，占比2.45%；其他产品（托管或保管）84 944只，占比18.04%。

按照资产规模统计（见图8–3），保险产品的规模最大，总计408 998.75亿元，占比16.57%；银行理财319 920.09亿元，占比12.96%；公募基金318 537.59亿元，占比12.90%；私募基金189 848.42亿元，占比7.69%；证券期货经营机构发行的资管产品150 056.57亿元，占比6.08%；跨境或者管理人为外资的基金38 384.36亿元，占比1.55%；信托（保管）296 407.71亿元，占比12.01%；养老金153 751.77亿元，占比6.23%；其他产品（托管或保管）593 035.09亿元，占比24.02%。

① 本次统计范围从托管机构业务角度出发，不仅包括资管产品托管业务，也包括资产保管等其他业务。

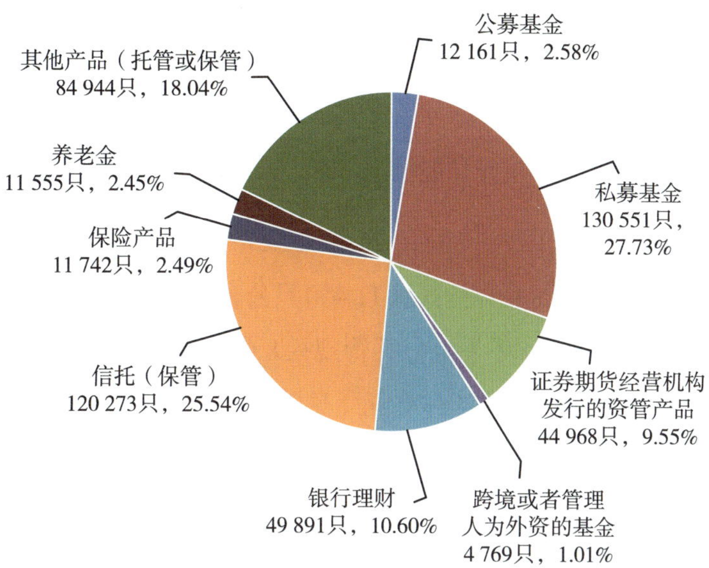

图8-2　托管产品数量及占比（按产品类型）

资料来源：中国证券投资基金业协会。

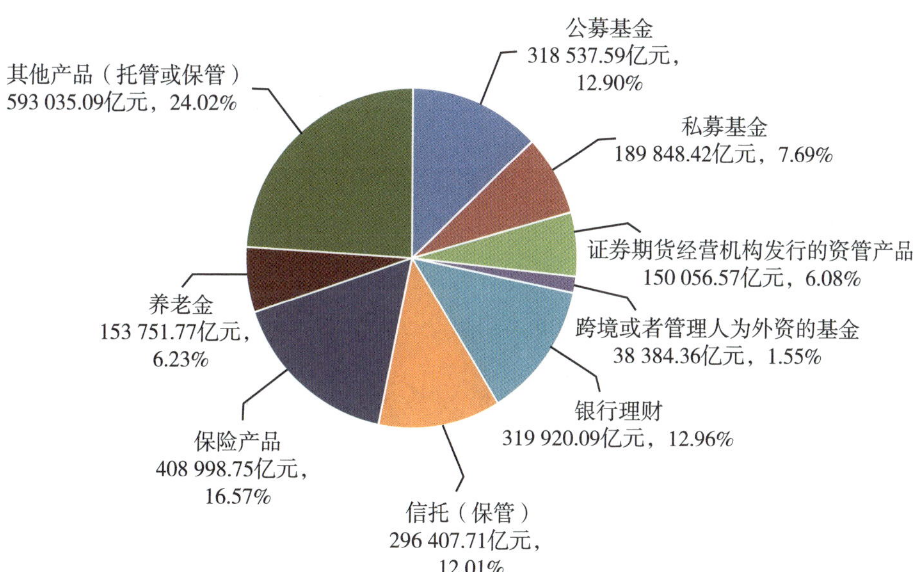

图8-3　托管资产规模占比（按产品类型）

资料来源：中国证券投资基金业协会。

二、不同类型托管人的基金托管业务开展情况

（一）公募基金的托管业务开展情况

截至2024年末，托管人托管的公募基金产品共计12 161只，资产规模318 537.59亿元。其中，商业银行托管11 450只公募基金，托管规模309 190.65亿元；证券公司托管705只公募基金，托管规模8 039.29亿元；其他类型托管人托管6只公募基金，托管规模1 307.65亿元（见图8–4）。

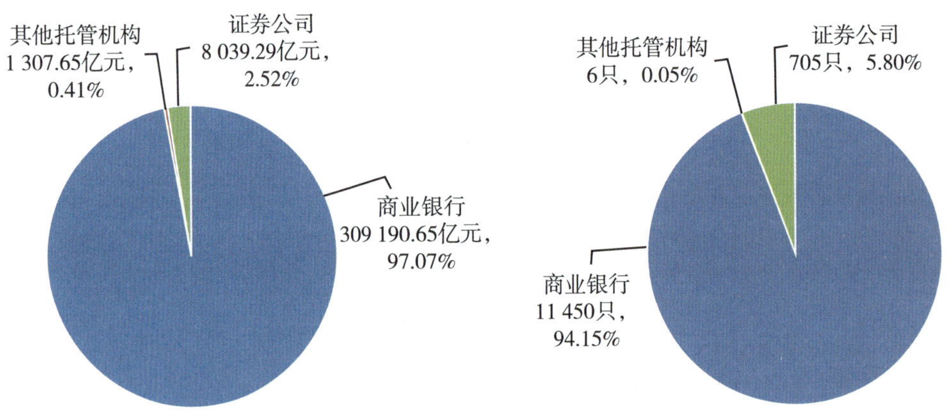

图8–4　托管公募基金的数量及规模占比（按托管人类型）

资料来源：中国证券投资基金业协会。

（二）私募基金的托管业务开展情况

截至2024年末，托管人托管的私募基金产品共计130 551只，资产规模189 848.42亿元（见图8–5和图8–6）。其中，私募证券投资基金86 288只，资产规模45 758.24亿元，商业银行托管1 678只，托管规模3 588.02亿元，证券公司托管84 610只，托管规模42 170.21亿元；私募股权投资42 966只，资产规模141 427.84亿元，商业银行托管37 364只，托管规模134 640.84亿元，证券公司托管5 602只，托管规模6 787.00亿元；其他类型托管人未托管私募基金。

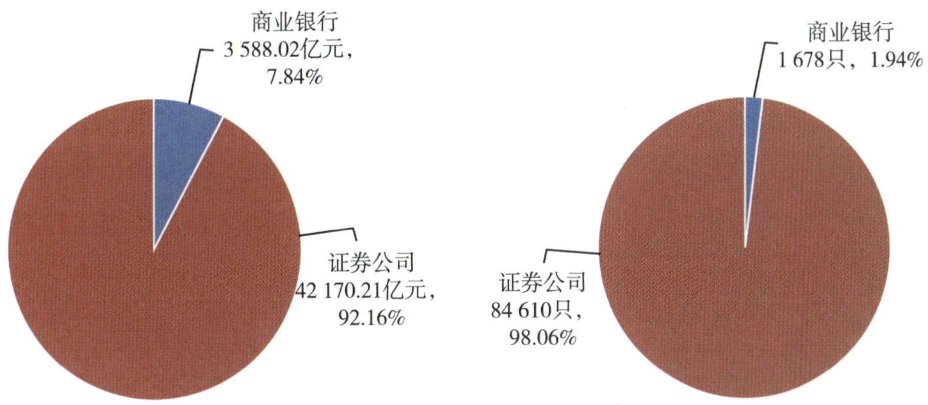

图8-5　托管私募证券投资基金的数量及规模占比（按托管人类型）

资料来源：中国证券投资基金业协会。

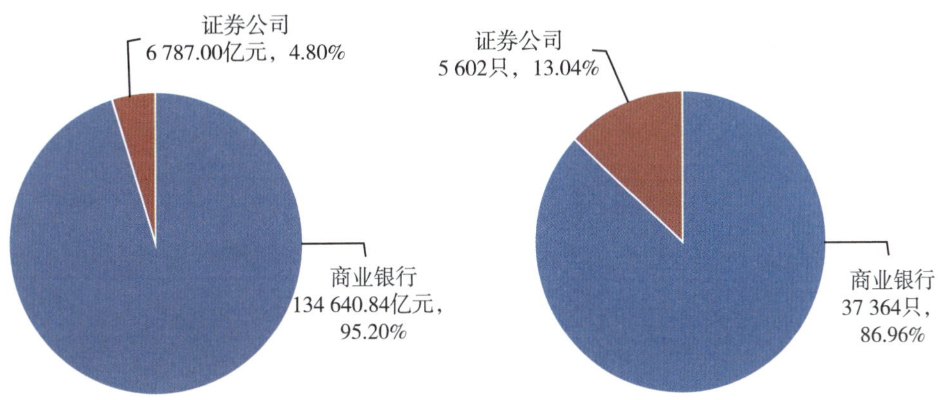

图8-6　托管私募股权投资基金的数量及规模占比（按托管人类型）

资料来源：中国证券投资基金业协会。

（三）证券期货经营机构发行的资管产品的托管业务开展情况

截至2024年末，托管人托管的证券期货经营机构发行的资管产品（以下简称资管计划）共计44 968只，资产规模150 056.57亿元（见图8-7）。其中，商业银行托管35 902只资管计划，托管规模142 047.45亿元；证券公司托管9 029只资管计划，托管规模4 543.65亿元；其他类型托管人托管37只资产管理计划，托管规模3 465.47亿元。

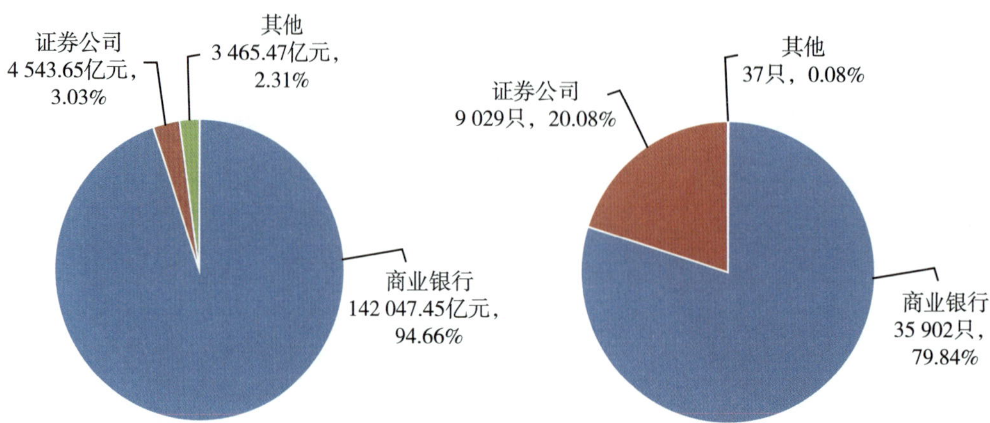

图8-7 托管资管计划的数量及规模占比（按托管人类型）

资料来源：中国证券投资基金业协会。

第九章

私募基金服务机构①

第一节　私募基金服务业务发展历程

我国私募基金服务业务大概可以分为四个阶段。

第一阶段：初创探索阶段（2013—2014年）。

2013年6月1日起开始实施的《中华人民共和国证券投资基金法》，设置“基金服务机构”单独章节，为基金服务业务和基金行业专业化分工奠定了法律基础。首次明确基金管理人可以委托基金服务机构代为办理基金的销售、销售支付、份额登记、核算、估值、信息技术系统等事项。

第二阶段：蓬勃发展阶段（2015—2016年）。

2015年中国证券投资基金业协会开始对第一批基金服务机构进行备案，专业的基金服务机构帮助私募基金管理人解决了“运营瓶颈”，降低了私募基金运作成本，提升了经营合规水平，基金服务业务促进了私募基金行业有序健康发展。

第三阶段：高速创新阶段（2017—2018年）。

2017年开始，国内服务机构发展进入高速发展阶段，协会围绕“7+2”自律框架，重新梳理对私募基金服务业务的规范要求，发布《私募基金服务业务管理办法（试行）》（以下简称《服务办法》）。按照《服务办法》要求改造并重新上线了私募基金服务机构登记系统，通过培育专业的私募基金服务机构梯队，搭建私

① 本章内容仅涉及私募基金服务机构。

募基金行业生态体系，促进管理人、托管人和服务机构三类市场主体之间的合作和博弈，提升私募基金行业的专业化水平。

第四阶段：扶优限劣、生态培育阶段（2019年至今）。

2019年7月，协会正式公布第四批完成登记的私募基金服务机构名单。根据《中华人民共和国证券投资基金法》及其他私募基金法规要求，秉持会员管理标准，依照《中华人民共和国证券投资基金法》信义义务要求，按照合规风控、人力资本、运营能力、金融科技、生态培育等五大维度，筛选符合条件的私募基金服务机构登记入会。为完善私募基金生态体系建设，协会着手修订《服务办法》。

2020年10月，协会就《私募投资基金电子合同业务管理办法（试行）（征求意见稿）》正式公开征求意见。电子合同业务是金融科技在私募基金领域的重要应用，通过电子合同缔约能够衔接投资者、基金管理人、基金托管人和基金服务机构等主体，为募集机构履行销售适当性、份额登记机构履行份额确权等法定职责提供落地场景，同时大大提高了缔约效率。

2021年，市场对于电子合同签署服务需求越来越大，疫情期间线上办公及无纸化合同签署方式在私募基金领域应用越来越广泛，巨量需求催生部分市场机构加快布局电子合同业务速度。

2022年6月，为规范私募基金电子合同业务发展，保护基金投资者及相关当事人合法权益，协会正式发布《私募投资基金电子合同业务管理办法（试行）》。为规范电子合同服务机构数据报送标准，监督电子合同服务机构电子签约系统满足业务运作要求，协会于同年11月配套发布《私募投资基金电子合同业务数据报送接口规范（试行）》以及《私募投资基金电子合同业务服务系统测试规范（试行）》。

2023年3月，为有序开展私募投资基金电子合同服务机构数据接口联测工作，协会制定发布《私募投资基金电子合同报送接口联测方案》。同年5月，协会正式上线私募基金电子合同登记系统，鼓励符合办法规定的电子合同服务机构办理登记业务。同年11月，根据《私募投资基金电子合同业务管理办法（试行）》要求，协会正式公布首批电子合同业务服务机构名单。未来，协会将继续鼓励私募基金行业专业化经营、发展，扶优限劣，择机引入更多优秀的电子合同服务机构，满足市场差异化需求。

第二节　私募基金服务机构登记情况

截至2024年末，在协会完成登记的基金服务机构共计51家（具体名录见行业数据篇），其中从事基金份额登记、估值核算、信息技术系统服务的机构48家，从事电子合同服务的机构3家①。按照机构类型划分，从事基金份额登记、估值核算、信息系统技术服务的基金服务机构包括证券公司、商业银行、基金公司、IT公司及第三方独立服务机构等5类，其中证券公司的数量最多（见图9-1）。

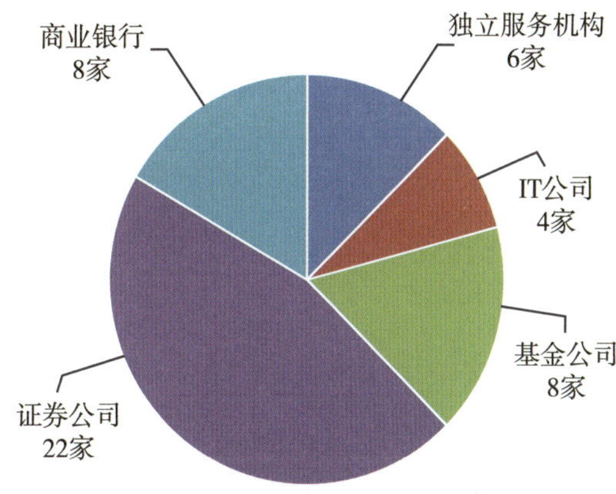

图9-1　从事基金份额登记、估值核算、信息技术系统服务的机构类型分布

资料来源：中国证券投资基金业协会。

第三节　私募基金服务机构业务开展情况

一、服务产品数量和规模

作为《中华人民共和国证券投资基金法》下的三类主体之一，基金服务机

① 电子合同服务机构属于《私募投资基金服务业务管理办法（试行）》规定的基金服务机构。

构的发展初衷是提高基金行业专业能力，搭建基金行业良性发展生态圈。私募基金服务机构在协会登记以来，服务对象已经从私募投资基金，不断扩大至公募基金、券商资管、期货资管、基金公司专户等大资管行业各类产品。服务内容除了份额登记和估值核算两项涉及系统重要性数据的核心业务之外，在围绕信息科技建设、培育行业生态等发展目标下，不断扩展至整个基金运作链条，提供了全方位、多功能的各项专业服务，对基金行业发展起到了重要推动作用。

截至2024年末，私募基金服务机构对外（不含完全控股下属公司）提供份额登记及估值核算服务的基金产品共计143 171只，比2023年底减少0.71%；服务的资产规模达到153 693.09亿元，比2023年底增加13.46%。

按照服务业务数量统计（见图9-2），私募基金的数量最多，总计109 246只，占比76.30%；银行、保险和信托发行的资管产品26 742只，占比18.68%；证券期货经营机构发行的私募资管产品6 490只，占比4.53%；跨境或者管理人为外资的基金261只，占比0.18%；公募基金（含证券公司大集合产品）38只，占比0.03%；其他资管产品394只，占比0.28%。

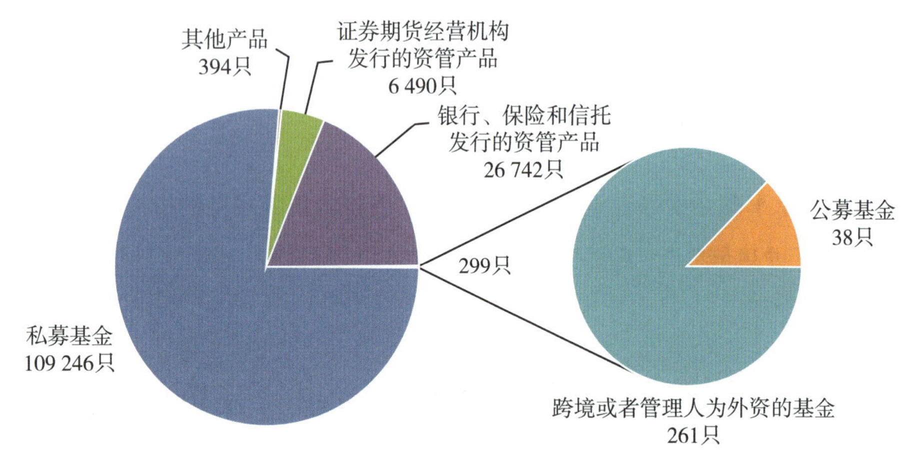

图9-2 服务业务数量分布（按服务基金类型）

资料来源：中国证券投资基金业协会。

按照服务业务规模（见图9-3）统计，银行、保险和信托发行的资管产品是服务机构服务规模最大的产品类型，总计79 250.39亿元，占比51.56%；私募基金59 608.76亿元，占比38.78%；证券期货经营机构发行的私募资管产品规模

10 663.04亿元，占比6.94%；跨境或管理人为外资的基金1 244.28亿元，占比0.81%；公募基金规模241.09亿元，占比0.16%；其他资管产品2 685.52亿元，占比1.75%。

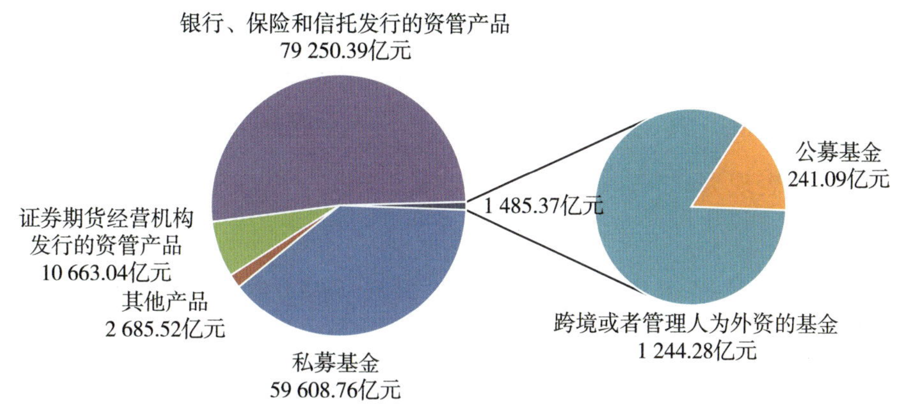

图9-3　服务业务规模分布（按服务基金类型）

资料来源：中国证券投资基金业协会。

按私募基金类型划分（见图9-4），私募证券投资基金产品46 503.96亿元，占私募基金服务总规模的78.02%；私募股权投资基金10 780.05 亿元，占私募基金服务总规模的18.08%；创业投资基金1 895.58亿元，占私募基金服务总规模的3.18%；其他类私募基金422.09亿元，占私募基金服务总规模的0.71%。

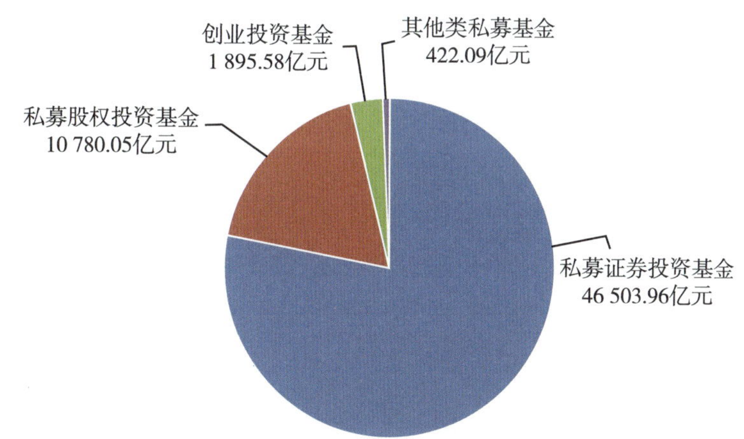

图9-4　私募投资基金服务业务规模分布（按基金类型）

资料来源：中国证券投资基金业协会。

二、行业集中度情况

截至2024年末，私募基金服务机构对外服务业务规模（见表9-1）排名前三的服务机构服务资产规模占总规模的43.98%，排名前十的服务机构服务资产规模共计占总规模的78.09%，行业集中度较高。相较2023年底，基金服务行业的整体格局基本稳定，第一梯队优势愈发明显，服务规模突破千亿元的第二梯队继续扩大，具体表现为“3+14+n”的特点（见图9-5）。其中第一梯队3家，规模均超过10 000亿元，合计占总规模的43.98%；第二梯队14家，规模均在1 000亿~9 000亿元之间，合计占总规模的48.88%；其余的服务机构为第三梯队，规模均不超过1 000亿元，合计占总规模的7.13%。

表9-1　各服务机构服务的基金规模和数量（扣除集团内部完全控股公司）

序号	机构名称	服务规模（亿元）	数量（只）
1	国泰君安证券股份有限公司	21 535.51	24 583
2	招商证券股份有限公司	13 801.86	22 503
3	中信中证投资服务有限责任公司	10 856.03	16 136
4	中国工商银行股份有限公司①	8 934.30	2 391
5	华泰证券股份有限公司	7 176.81	17 687
6	创金合信基金管理有限公司	5 328.01	1 924
7	中信建投证券股份有限公司	4 729.88	7 262
8	中国建设银行股份有限公司	3 421.99	818
9	国金道富投资服务有限公司	3 167.72	4 793
10	渤海银行股份有限公司	3 066.81	268

资料来源：中国证券投资基金业协会。

① 工商银行服务的资管产品以银行理财、保险、信托等产品为主。

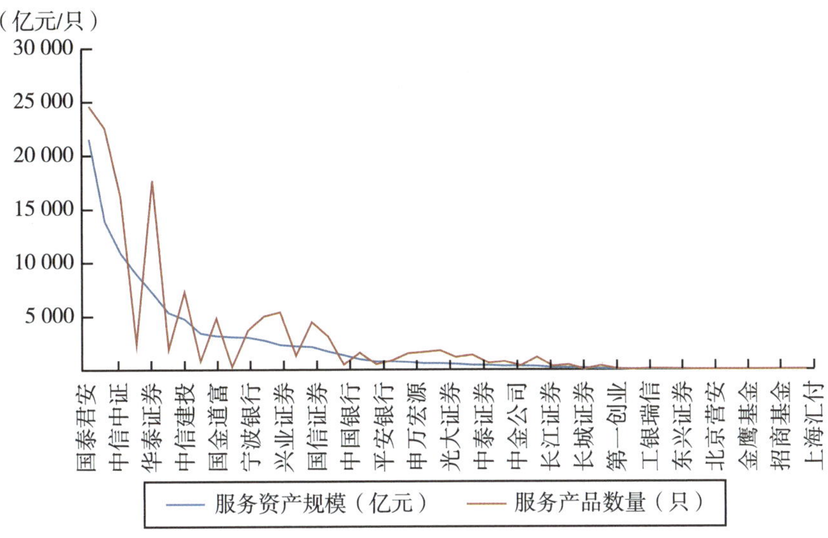

图9-5　排除服务机构服务的集团内部资管产品的行业集中度

注：图中X轴未完整显示出所有服务机构。

资料来源：中国证券投资基金业协会。

三、收入情况

2024年度私募基金服务机构对外开展服务业务的总收入（见表9-2）为13.06亿元，较2023年度下降16.87%。其中，私募证券投资基金对基金服务行业的收入贡献度最高，为76.85%；银行、保险和信托发行的资管产品其次，收入贡献度为11.09%。

表9-2　　2024年基金服务业务（份额登记和估值核算）收入情况（按基金类型分）

服务基金类型	规模（亿元）	收入（万元）	收入贡献度（%）
私募证券投资基金	46 503.96	100 335.73	76.85
私募股权投资基金	10 780.05	7 183.00	5.50
创业投资基金	1 895.58	2 515.21	1.93
大类资产配置私募基金	7.08	8.63	0.01
其他类私募基金	422.09	296.56	0.23

续表

服务基金类型	规模（亿元）	收入（万元）	收入贡献度（%）
证券期货经营机构发行的私募资管产品	10 663.04	2 427.34	1.86
银行、保险和信托发行的资管产品	79 250.39	14 478.56	11.09
其他资管产品	3 929.81	3 212.61	2.46

资料来源：中国证券投资基金业协会。

02 第二篇 行业数据篇

一、公开募集证券投资基金数据

表 1-1　　公开募集证券投资基金数量　　（单位：只）

年份	封闭式	开放式	其中					合计
			股票	混合	货币	债券	QDII	
1998	5	0	—	—	—	—	—	5
1999	16	0	—	—	—	—	—	16
2000	34	0	—	—	—	—	—	34
2001	48	3	—	—	—	—	—	51
2002	54	17	—	—	—	—	—	71
2003	54	41	—	—	—	—	—	95
2004	54	107	—	—	—	—	—	161
2005	54	164	—	—	—	—	—	218
2006	53	254	—	—	—	—	—	307
2007	36	310	—	—	—	—	—	346
2008	33	406	162	138	40	61	10	439
2009	31	516	239	158	43	81	10	547
2010	39	665	332	166	46	103	28	704
2011	57	857	434	192	51	129	51	914
2012	68	1 105	534	218	61	225	67	1 173
2013	137	1 415	611	287	94	341	82	1 552
2014	134	1 763	699	395	171	409	89	1 897
2015	164	2 558	587	1 184	220	466	101	2 722
2016	303	3 564	661	1 707	286	789	121	3 867
2017	480	4 361	791	2 096	348	989	137	4 841
2018	669	4 957	927	2 375	347	1 172	136	5 626
2019	861	5 683	1 135	2 593	335	1 471	149	6 544
2020	1 024	6 213	1 268	3 030	332	1 417	166	7 237
2021	1 175	7 977	1 756	3 879	333	1 810	199	9 152
2022	1 300	9 276	1 992	4 595	372	2 095	222	10 576
2023	1 354	10 174	2 274	4 942	371	2 306	281	11 528
2024	1 341	11 026	2 645	5 103	371	2 598	309	12 367

注：2008—2010年按投资类型合计与开放式有差异，鉴于历史数据已不可考，无法探究修正。基金数量以报送净值非零口径统计。

资料来源：中国证监会。

表 1-2　　公开募集证券投资基金份额　　（单位：亿份）

年份	封闭式	开放式	其中					合计
			股票	混合	货币	债券	QDII	
1998	100.00	0.00	—	—	—	—	—	100.00
1999	505.00	0.00	—	—	—	—	—	505.00
2000	562.00	0.00	—	—	—	—	—	562.00
2001	686.73	117.50	—	—	—	—	—	804.23
2002	817.00	501.85	—	—	—	—	—	1 318.85
2003	817.00	797.67	—	—	—	—	—	1 614.67
2004	817.00	2 491.79	—	—	—	—	—	3 308.79
2005	817.00	3 897.18	—	—	—	—	—	4 714.18
2006	812.00	5 408.67	—	—	—	—	—	6 220.67
2007	844.14	21 495.70	—	—	—	—	—	22 339.84
2008	890.32	24 851.46	10 866.30	7 395.81	3 891.73	1 745.23	1 094.01	25 741.78
2009	945.02	22 573.53	12 454.50	6 692.64	2 581.41	765.82	1 017.35	23 518.55
2010	1 119.80	22 835.53	12 945.64	6 651.08	1 532.77	1 359.03	940.50	23 955.33
2011	1 371.32	25 139.05	13 323.36	6 771.72	2 948.85	1 181.67	913.45	26 510.37
2012	1 424.85	30 283.56	13 510.10	6 493.14	5 717.28	3 687.60	875.46	31 708.41
2013	2 121.81	29 058.03	11 722.02	5 919.76	7 478.71	3 176.76	760.78	31 179.84
2014	1 253.71	40 758.28	10 772.46	5 525.28	20 804.36	3 039.70	616.48	42 011.99
2015	1 669.54	75 004.59	5 988.13	17 948.31	44 371.59	5 895.92	800.64	76 674.13
2016	6 179.14	82 249.17	6 450.19	18 667.35	42 730.63	13 310.59	1 090.41	88 428.31
2017	5 863.27	104 326.82	5 847.66	16 315.05	67 253.81	14 091.62	818.68	110 190.09
2018	8 706.16	120 263.35	7 716.98	14 152.74	76 150.94	21 552.75	689.94	128 969.51
2019	15 214.3	121 723.12	9 346.83	14 784.25	71 110.11	25 687.88	794.05	136 937.42
2020	23 961.85	146 012.44	11 746.07	27 857.78	80 915.99	24 478.4	1 014.21	169 974.29
2021	29 005.00	189 239.00	15 996.00	40 872.00	94 977.00	35 604.00	1 790.00	218 244.00
2022	33 265.65	206 162.67	20 131.94	40 755.25	103 354.25	38 209.47	3 711.76	239 428.35
2023	36 004.04	228 130.73	26 485.14	36 503.68	112 241.51	47 680.04	5 220.36	264 134.77
2024	34 743.80	266 478.05	33 657.85	31 143.88	136 160.16	59 638.28	5 877.89	301 221.85

注：2008—2010年按投资类型合计与开放式有差异，鉴于历史数据已不可考，无法探究修正。基金数量以报送净值非0口径统计。

资料来源：中国证监会。

表 1-3　　公开募集证券投资基金资产净值　　（单位：亿元）

年份	封闭式	开放式	其中					合计
			股票	混合	货币	债券	QDII	
1998	107.00	0.00	—	—	—	—	—	107.00
1999	577.00	0.00	—	—	—	—	—	577.00
2000	847.35	0.00	—	—	—	—	—	847.35
2001	691.15	118.09	—	—	—	—	—	809.24
2002	717.06	468.50	—	—	—	—	—	1 185.56
2003	862.00	837.22	—	—	—	—	—	1 699.22
2004	809.71	2 436.63	—	—	—	—	—	3 246.34
2005	822.17	3 869.21	—	—	—	—	—	4 691.38
2006	1 623.64	6 941.41	—	—	—	—	—	8 565.05
2007	2 442.17	30 320.15	—	—	—	—	—	32 762.32
2008	758.95	18 644.30	7 242.57	5 193.09	3 892.43	1 880.36	522.41	19 403.25
2009	1 238.78	24 786.02	13 702.50	7 478.45	2 581.41	839.37	742.24	26 024.80
2010	1 299.00	23 741.86	13 214.94	7 300.67	1 532.78	1 449.76	735.50	25 040.86
2011	1 234.15	20 684.40	10 248.35	5 706.69	2 948.86	1 204.47	576.02	21 918.55
2012	1 413.01	27 248.80	11 476.71	5 646.86	5 717.28	3 776.94	632.02	28 661.81
2013	2 150.84	27 869.87	10 958.45	5 626.59	7 475.90	3 224.84	584.09	30 020.71
2014	1 363.79	43 989.82	13 142.02	6 025.23	20 862.43	3 473.40	486.75	45 353.61
2015	1 947.72	82 024.11	7 657.13	22 287.25	44 443.36	6 973.84	662.53	83 971.83
2016	6 340.11	85 252.94	7 059.02	20 090.29	42 840.57	14 239.10	1 023.96	91 593.05
2017	6 097.99	109 898.87	7 602.40	19 378.46	67 357.02	14 647.40	913.59	115 996.86
2018	8 985.29	121 361.21	8 244.63	13 603.91	76 178.14	22 628.80	705.73	130 346.50
2019	16 024.00	131 648.03	12 992.62	18 893.19	71 170.56	27 660.83	930.83	147 672.03
2020	25 606.39	172 912.94	20 017.48	43 600.75	80 521.47	27 484.3	1 288.94	198 519.33
2021	31 250.00	224 389.00	25 817.00	60 514.00	94 678.00	40 996.00	2 384.00	255 639.00
2022	35 000.29	225 311.60	24 782.42	49 972.86	104 557.63	42 730.86	3 267.81	260 311.89
2023	38 026.92	237 966.03	28 342.41	39 533.25	112 769.62	53 150.93	4 169.82	275 992.96
2024	37 986.72	290 263.96	44 527.83	35 094.72	136 086.21	68 442.02	6 113.18	328 250.68

注：2008—2010年按投资类型合计与开放式有差异，鉴于历史数据已不可考，无法探究修正。基金数量以报送净值非0口径统计。

资料来源：中国证监会。

表 1-4　开放式基金认/申购与赎回　（单位：亿元）

年份	偏股型						债券型			货币型			QDII		
	认/申购	赎回	净认/申赎				认/申购	赎回	净认/申赎	认/申购	赎回	净认/申赎	认/申购	赎回	净认/申赎
2011	6664.00	6000.00	664.00				1882.00	1652.00	230.00	12122.00	10763.00	1359.00	164.00	166.00	-2.00
2012	5601.00	5373.00	228.00				9501.00	6672.00	2829.00	25467.00	22880.00	2586.00	249.00	177.00	73.00
2013	8168.00	9769.00	-1602.00				11495.00	11176.00	319.00	33018.00	31425.00	1593.00	113.00	209.00	-96.00
年份	股票型			混合型			债券型			货币型			QDII		
	认/申购	赎回	净认/申赎	认/申购	赎回	净认/申赎	认/申购	赎回	净认/申赎	认/申购	赎回	净认/申赎	认/申购	赎回	净认/申赎
2014	10 492.00	11 067.00	-575.00	3 095.00	3 544.00	-448.00	7 732.00	7 523.00	209.00	104 725.00	93 509.00	11 216.00	121.00	216.00	-100.00
2015	42 706.00	44 420.00	-1 715.00	34 667.00	24 981.00	9 686.00	10 913.00	7 412.00	3 501.00	189 558.00	171 904.00	10 363.00	953.00	568.00	385.00
2016	6 611.00	5 552.00	1 059.00	15 994.00	14 929.00	1 065.00	20 818.00	13 213.00	7 605.00	234 377.00	236 051.00	-1 674.00	652.00	417.00	235.00
2017	5 603.11	5 824.86	-221.74	12 655.95	15 207.99	-2 552.04	14 288.37	13 258.71	1 029.66	346 960.79	319 037.21	27 923.58	347.86	633.55	-285.69
2018	5 956.35	4 697.08	1 259.26	7 284.57	10 384.15	-3 099.57	16 704.97	9 990.33	6 714.63	372 288.88	372 392.77	-103.89	363.26	431.61	-68.35
2019	14 638.00	12 903.00	1 735.00	13 794.00	12 589.00	1 205.00	33 685.00	21 508.00	12 177.00	467 820.00	472 928.00	-5 108.00	579.00	526.00	53.00
2020	30 908.01	32 133.89	-1 225.88	40 941.14	35 309.91	5 631.23	61 701.96	41 250.11	20 451.85	677 303.15	663 720.85	13 582.30	1 332.42	1 197.16	135.26
2021	37 515.92	34 343.16	3 172.76	70 794.42	57 668.54	13 125.88	53 656.28	34 859.56	18 796.72	849 811.53	853 476.65	-3 665.12	2 952.62	1 310.50	1 642.12
2022	25 754.46	21 596.82	4 157.64	32 919.02	35 871.60	-2 952.58	73 838.72	66 962.54	6 876.19	872 269.00	864 330.13	7 938.87	4 520.35	3 523.28	997.07
2023	23 681.31	17 890.26	5 791.05	10 906.74	14 883.45	-3 976.71	75 423.59	62 890.79	12 532.80	1 050 370.80	1 042 030.25	8 340.55	2 791.95	1 386.45	1 405.50
2024	39 285.71	30 832.53	8 453.17	9 276.77	14 712.33	-5 435.57	107 811.28	95 167.53	12 643.76	1 168 014.27	1 146 293.58	21 720.70	2 919.59	2 433.18	486.41

注：2018年及以前数据来源于中国证监会，2019年及以后数据来自中国证券投资基金业协会。

表 1-5　　开放式公募基金账户情况　　（单位：万户）

年份	基金账户数	基金有效账户数	个人有效账户数	机构有效账户数
2007	14 776.83	9 091.34	9 086.80	4.54
2008	16 846.51	8 459.42	8 454.35	5.07
2009	18 640.66	8 092.47	8 084.09	8.38
2010	19 533.39	7 494.94	7 491.45	3.49
2011	21 636.55	7 973.62	7 968.36	5.26
2012	22 717.42	7 635.71	7 630.14	5.57
2013	28 773.46	8 696.72	8 691.34	5.38
2014	46 408.83	12 742.26	12 734.55	7.71
2015	67 917.39	18 758.55	18 750.76	7.80
2016	94 303.67	26 954.59	26 946.09	8.50
2017	134 903.48	41 891.60	41 880.38	11.23
2018	212 637.27	61 728.43	61 715.86	12.57
2019	279 859.00	79 341.83	79 316.61	25.22
2020	387 155.04	118 530.97	118 493.78	37.19
2021	468 333.13	142 322.56	142 262.29	60.27
2022	537 041.65	152 247.88	152 181.96	65.93
2023	595 574.99	168 594.68	168 523.07	71.61
2024	649 408.24	179 305.24	179 227.73	77.51

资料来源：中国证监会。

二、证券期货经营机构私募资产管理业务数据

表 2-1　　基金管理公司私募资产管理计划数量与规模

年份	数量（只）	规模（亿元）
2013	1 668	4 739.01
2014	3 104	12 240.41

续表

年份	数量（只）	规模（亿元）
2015	5 122	28 943.83
2016	7 147	51 043.24
2017	6 402	49 625.25
2018	5 962	43 701.91
2019	5 374	43 444.46
2020	6 507	46 654.19
2021	7 293	50 665.27
2022	8 126	51 991.08
2023	8 299	47 710.22
2024	7 627	46 602.96

注：不含基金管理公司管理的养老金。

资料来源：中国证券投资基金业协会。

表 2-2　　基金子公司私募资产管理计划数量与规模

年份	数量（只）	规模（亿元）
2013	3 094	9 707.28
2014	9 389	37 390.06
2015	16 092	85 712.74
2016	14 494	105 030.91
2017	9 999	73 098.54
2018	7 592	52 469.94
2019	5 678	41 884.70
2020	4 938	33 902.64
2021	4 134	23 217.33
2022	3 521	19 202.95
2023	2 937	14 379.86
2024	2 662	11 025.06

注：2023 年及之后数据包含基金管理公司私募子公司私募基金。

资料来源：中国证券投资基金业协会。

表2-3 证券公司私募资产管理计划数量与规模

年份	数量（只）	规模（亿元）
2013	7 329	52 059.25
2014	12 485	79 463.29
2015	18 228	118 948.07
2016	24 281	173 110.74
2017	22 031	165 152.16
2018	18 923	129 106.07
2019	16 077	103 390.75
2020	16 854	80 106.56
2021	16 818	76 853.80
2022	17 168	62 844.09
2023	18 752	53 045.85
2024	20 122	54 656.87

注：不含证券公司私募子公司管理的私募基金。

资料来源：中国证券投资基金业协会。

表2-4 期货公司私募资产管理计划数量与规模

年份	数量（只）	规模（亿元）
2014	—	124.82
2015	3 478	1 063.74
2016	3 644	2 791.72
2017	3 319	2 458.40
2018	1 809	1 276.34
2019	1 219	1 428.62
2020	1 265	2 196.69
2021	1 724	3 549.09
2022	2 023	3 147.06
2023	2 117	2 745.57
2024	2 085	3 080.59

注：因个别机构在报送时点后更正数据，本部分统计结果存在与此前已公布数据不一致的情况。

资料来源：中国证券投资基金业协会。

表 2-5　　证券公司私募子公司私募基金数量与规模

年份	数量（只）	规模（亿元）
2015	175	1 193.23
2016	501	2 671.38
2017	714	3 690.79
2018	817	4 463.23
2019	925	4 937.19
2020	989	5 424.06
2021	1 054	5 498.03
2022	1 246	5 895.72
2023	1 394	6 204.79
2024	1 527	6 351.40

注：规模指实缴规模。

资料来源：中国证券投资基金业协会。

三、私募投资基金数据

（一）私募投资基金管理人数据

表 3-1　　私募投资基金管理人登记通过情况　　（单位：家）

年份	私募证券投资基金管理人	私募股权、创业投资基金管理人	私募资产配置类基金管理人	其他私募投资基金管理人	合计
2014	1 534	3 346	1	183	5 064
2015	8 730	10 552	1	832	20 115
2016	1 321	2 729	0	144	4 194
2017	1 605	4 329	1	81	6 016
2018	791	2 001	0	16	2 808
2019	286	808	2	4	1 100

续表

年份	私募证券投资基金管理人	私募股权、创业投资基金管理人	私募资产配置类基金管理人	其他私募投资基金管理人	合计
2020	431	709	4	4	1 148
2021	522	757	0	6	1 285
2022	539	730	0	11	1 280
2023	179	136	0	3	498
2024	49	118	0	0	167

注：当期登记通过的机构，含当期登记当期注销的机构，按管理人初始登记日期统计。

资料来源：中国证券投资基金业协会（AMAC）。

表3-2　私募投资基金管理人存量　（单位：家）

年份	私募证券投资基金管理人	私募股权、创业投资基金管理人	私募资产配置类基金管理人	其他私募投资基金管理人	合计
2014	1 438	3 366	0	151	4 955
2015	10 965	13 241	0	799	25 005
2016	7 996	9 540	0	452	17 988
2017	8 467	13 200	0	779	22 446
2018	8 989	14 683	0	776	24 448
2019	8 857	14 882	5	727	24 471
2020	8 908	14 986	9	658	24 561
2021	9 069	15 012	9	520	24 610
2022	9 023	14 303	9	332	23 667
2023	8 469	12 893	9	254	21 625
2024	8 000	12 083	7	199	20 289

注：存量指登记通过且当期末未注销机构数量。

资料来源：中国证券投资基金业协会（AMAC）。

表3-3-1　2024年登记通过的私募投资基金管理人地域分布（按注册地）

注册地	管理人数量（家）	管理人数量占比（%）	基金数量（只）	基金数量占比（%）	基金规模（亿元）	基金规模占比（%）
上海市	32	19.16	29	17.90	122.91	12.43
江苏省	28	16.77	47	29.01	92.95	9.40
广东省（不含深圳）	26	15.57	19	11.73	12.35	1.25
北京市	17	10.18	7	4.32	699.44	70.72
浙江省（不含宁波）	14	8.38	12	7.41	8.09	0.82
深圳市	10	5.99	12	7.41	2.99	0.30
海南省	7	4.19	14	8.64	10.47	1.06
安徽省	6	3.59	4	2.47	0.50	0.05
四川省	4	2.40	8	4.94	3.51	0.35
湖北省	3	1.80	0	0.00	0.00	0.00
湖南省	2	1.20	0	0.00	0.00	0.00
江西省	2	1.20	2	1.23	0.32	0.03
天津市	2	1.20	0	0.00	0.00	0.00
重庆市	2	1.20	4	2.47	28.86	2.92
宁波市	2	1.20	2	1.23	5.11	0.52
青岛市	2	1.20	1	0.62	0.54	0.05
厦门市	2	1.20	0	0.00	0.00	0.00
山东省（不含青岛）	1	0.60	0	0.00	0.00	0.00
广西壮族自治区	1	0.60	0	0.00	0.00	0.00
河南省	1	0.60	0	0.00	0.00	0.00
吉林省	1	0.60	0	0.00	0.00	0.00
内蒙古自治区	1	0.60	0	0.00	0.00	0.00
陕西省	1	0.60	1	0.62	1.00	0.10
合计	**167**	**100**	**162**	**100.00**	**989.03**	**100.00**

注：该统计口径下管理人数量为0的地域未列示。

资料来源：中国证券投资基金业协会（AMAC）。

表3-3-2 2024年登记通过的私募证券投资基金管理人地域分布（按注册地）

注册地	管理人数量（家）	管理人数量占比（%）	基金数量（只）	基金数量占比（%）	基金规模（亿元）	基金规模占比（%）
江苏省	13	26.53	41	35.96	17.36	2.92
上海市	10	20.41	21	18.42	13.31	2.24
北京市	7	14.29	3	2.63	533.42	89.83
广东省（不含深圳）	5	10.20	14	12.28	11.62	1.96
深圳市	5	10.20	11	9.65	2.89	0.49
海南省	3	6.12	12	10.53	10.17	1.71
四川省	3	6.12	7	6.14	3.31	0.56
浙江省（不含宁波）	2	4.08	5	4.39	1.75	0.29
厦门市	1	2.04	0	0.00	0.00	0.00
合计	**49**	**100.00**	**114**	**100.00**	**593.82**	**100.00**

注：该统计口径下管理人数量为0的地域未列示。

资料来源：中国证券投资基金业协会（AMAC）。

表3-3-3 2024年登记的私募股权、创业投资基金管理人地域分布（按注册地）

注册地	管理人数量（家）	管理人数量占比（%）	基金数量（只）	基金数量占比（%）	基金规模（亿元）	基金规模占比（%）
上海市	22	18.64	8	16.67	109.60	27.73
广东省（不含深圳）	21	17.80	5	10.42	0.73	0.19
江苏省	15	12.71	6	12.50	75.59	19.13
浙江省（不含宁波）	12	10.17	7	14.58	6.34	1.61
北京市	10	8.47	4	8.33	166.02	42.01
安徽省	6	5.08	4	8.33	0.50	0.13

续表

注册地	管理人数量（家）	管理人数量占比（%）	基金数量（只）	基金数量占比（%）	基金规模（亿元）	基金规模占比（%）
深圳市	5	4.24	1	2.08	0.10	0.03
海南省	4	3.39	2	4.17	0.30	0.08
湖北省	3	2.54	0	0.00	0.00	0.00
湖南省	2	1.69	0	0.00	0.00	0.00
江西省	2	1.69	2	4.17	0.32	0.08
天津市	2	1.69	0	0.00	0.00	0.00
重庆市	2	1.69	4	8.33	28.86	7.30
宁波市	2	1.69	2	4.17	5.11	1.29
青岛市	2	1.69	1	2.08	0.54	0.14
山东省（不含青岛）	1	0.85	0	0.00	0.00	0.00
广西壮族自治区	1	0.85	0	0.00	0.00	0.00
河南省	1	0.85	0	0.00	0.00	0.00
吉林省	1	0.85	0	0.00	0.00	0.00
内蒙古自治区	1	0.85	0	0.00	0.00	0.00
陕西省	1	0.85	1	2.08	1.00	0.25
四川省	1	0.85	1	2.08	0.20	0.05
厦门市	1	0.85	0	0.00	0.00	0.00
合计	**118**	**100.00**	**48**	**100.00**	**395.21**	**100.00**

注：该统计口径下管理人数量为0的地域未列示。

资料来源：中国证券投资基金业协会（AMAC）。

表3-4-1 2024年末存量私募投资基金管理人地域分布（按注册地）

注册地	管理人数量（家）	管理人数量占比（%）	基金数量（只）	基金数量占比（%）	基金规模（亿元）	基金规模占比（%）
上海市	3 768	18.57	41 377	28.71	48 956.16	24.57
北京市	3 310	16.31	22 566	15.66	46 565.65	23.37
深圳市	3 107	15.31	19 583	13.59	19 588.17	9.83
广东省（不含深圳）	1 624	8.00	11 790	8.18	12 935.94	6.49
浙江省（不含宁波）	1 620	7.98	10 897	7.56	9 504.97	4.77
江苏省	1 227	6.05	6 085	4.22	11 740.12	5.89
宁波市	610	3.01	4 834	3.35	6 270.24	3.15
海南省	598	2.95	4 474	3.10	2 753.87	1.38
山东省（不含青岛）	370	1.82	1 533	1.06	1 875.50	0.94
湖北省	363	1.79	1 244	0.86	2 398.39	1.20
四川省	363	1.79	1 653	1.15	2 831.25	1.42
青岛市	360	1.77	2 440	1.69	2 035.16	1.02
天津市	330	1.63	2 050	1.42	5 819.74	2.92
厦门市	323	1.59	2 155	1.50	1 975.77	0.99
湖南省	253	1.25	1 260	0.87	1 412.83	0.71
陕西省	245	1.21	1 186	0.82	1 265.57	0.64
江西省	235	1.16	1 148	0.80	1 279.90	0.64
福建省（不含厦门）	229	1.13	1 651	1.15	1 683.79	0.85
安徽省	216	1.06	1 285	0.89	3 642.64	1.83
河南省	149	0.73	530	0.37	1 050.29	0.53
重庆市	146	0.72	625	0.43	1 764.09	0.89
西藏自治区	131	0.65	1 247	0.87	2 716.97	1.36
河北省	79	0.39	244	0.17	1 034.93	0.52
广西壮族自治区	77	0.38	394	0.27	1 527.00	0.77

续表

注册地	管理人数量（家）	管理人数量占比（%）	基金数量（只）	基金数量占比（%）	基金规模（亿元）	基金规模占比（%）
新疆维吾尔自治区	69	0.34	348	0.24	1 070.39	0.54
云南省	65	0.32	165	0.11	987.02	0.50
贵州省	59	0.29	253	0.18	1 770.16	0.89
辽宁省（不含大连）	58	0.29	155	0.11	115.18	0.06
山西省	58	0.29	203	0.14	1 399.28	0.70
内蒙古自治区	47	0.23	145	0.10	338.87	0.17
大连市	47	0.23	228	0.16	73.13	0.04
吉林省	44	0.22	119	0.08	334.90	0.17
黑龙江省	39	0.19	90	0.06	121.65	0.06
甘肃省	33	0.16	66	0.05	125.28	0.06
宁夏回族自治区	28	0.14	87	0.06	194.39	0.10
青海省	9	0.04	28	0.02	100.02	0.05
合计	**20 289**	**100.00**	**144 138**	**100.00**	**199 259.22**	**100.00**

资料来源：中国证券投资基金业协会（AMAC）。

表 3-4-2　　2024 年末存量私募证券投资基金管理人地域分布（按注册地）

注册地	管理人数量（家）	管理人数量占比（%）	基金数量（只）	基金数量占比（%）	基金规模（亿元）	基金规模占比（%）
上海市	1 975	24.69	31 883	36.37	24 523.81	47.04
深圳市	1 475	18.44	11 970	13.65	4 927.09	9.45
北京市	1 168	14.60	12 131	13.84	8 788.65	16.86
广东省（不含深圳）	751	9.39	7 169	8.18	2 720.90	5.22
浙江省（不含宁波）	638	7.98	6 261	7.14	2 853.69	5.47
海南省	335	4.19	3 635	4.15	1 910.42	3.66

续表1

注册地	管理人数量（家）	管理人数量占比（%）	基金数量（只）	基金数量占比（%）	基金规模（亿元）	基金规模占比（%）
江苏省	268	3.35	1 722	1.96	900.67	1.73
宁波市	181	2.26	3 040	3.47	2 430.20	4.66
青岛市	153	1.91	1 499	1.71	441.74	0.85
福建省（不含厦门）	121	1.51	1 115	1.27	242.13	0.46
厦门市	113	1.41	1 277	1.46	324.50	0.62
山东省（不含青岛）	100	1.25	621	0.71	168.71	0.32
湖北省	96	1.20	508	0.58	135.52	0.26
湖南省	81	1.01	495	0.56	88.83	0.17
江西省	81	1.01	561	0.64	131.10	0.25
四川省	81	1.01	669	0.76	205.61	0.39
陕西省	65	0.81	482	0.55	142.60	0.27
天津市	64	0.80	820	0.94	337.49	0.65
河南省	40	0.50	166	0.19	40.42	0.08
西藏自治区	36	0.45	613	0.70	435.11	0.83
安徽省	28	0.35	188	0.21	107.09	0.21
重庆市	28	0.35	192	0.22	50.44	0.10
大连市	18	0.23	144	0.16	23.38	0.04
广西壮族自治区	15	0.19	107	0.12	17.43	0.03
辽宁省（不含大连）	15	0.19	58	0.07	45.08	0.09
云南省	13	0.16	54	0.06	12.04	0.02
山西省	11	0.14	40	0.05	6.93	0.01
河北省	10	0.13	28	0.03	1.95	0.00
宁夏回族自治区	9	0.11	33	0.04	6.80	0.01
黑龙江省	7	0.09	22	0.03	1.62	0.00
吉林省	7	0.09	41	0.05	4.53	0.01
内蒙古自治区	5	0.06	23	0.03	18.66	0.04

续表2

注册地	管理人数量（家）	管理人数量占比（%）	基金数量（只）	基金数量占比（%）	基金规模（亿元）	基金规模占比（%）
贵州省	4	0.05	76	0.09	56.94	0.11
新疆维吾尔自治区	4	0.05	19	0.02	8.72	0.02
甘肃省	3	0.04	6	0.01	0.13	0.00
青海省	1	0.01	1	0.00	20.45	0.04
合计	**8 000**	**100.00**	**87 669**	**100.00**	**52 131.38**	**100.00**

资料来源：中国证券投资基金业协会（AMAC）。

表3-4-3　　2024年末存量私募股权、创业投资基金管理人地域分布（按注册地）

注册地	管理人数量（家）	管理人数量占比（%）	基金数量（只）	基金数量占比（%）	基金规模（亿元）	基金规模占比（%）
北京市	2 107	17.44	10 267	18.54	37 165.07	25.95
上海市	1 735	14.36	9 047	16.34	22 889.03	15.98
深圳市	1 599	13.23	7 487	13.52	14 161.53	9.89
浙江省（不含宁波）	969	8.02	4 580	8.27	6 072.02	4.24
江苏省	945	7.82	4 277	7.72	10 816.33	7.55
广东省（不含深圳）	867	7.18	4 612	8.33	10 208.80	7.13
宁波市	422	3.49	1 776	3.21	3 713.02	2.59
四川省	277	2.29	974	1.76	2 581.59	1.80
山东省（不含青岛）	269	2.23	911	1.64	1 706.78	1.19
湖北省	266	2.20	735	1.33	2 262.56	1.58
天津市	261	2.16	1 212	2.19	5 383.90	3.76
海南省	257	2.13	821	1.48	802.04	0.56
厦门市	210	1.74	878	1.59	1 651.27	1.15
青岛市	205	1.70	935	1.69	1 590.07	1.11

续表

注册地	管理人数量（家）	管理人数量占比（%）	基金数量（只）	基金数量占比（%）	基金规模（亿元）	基金规模占比（%）
安徽省	183	1.51	1 038	1.87	3 395.88	2.37
陕西省	179	1.48	702	1.27	1 121.94	0.78
湖南省	172	1.42	765	1.38	1 324.00	0.92
江西省	151	1.25	574	1.04	1 112.93	0.78
重庆市	113	0.94	416	0.75	1 689.15	1.18
河南省	109	0.90	364	0.66	1 009.87	0.71
福建省（不含厦门）	107	0.89	528	0.95	1 366.66	0.95
西藏自治区	95	0.79	634	1.14	2 281.86	1.59
河北省	69	0.57	216	0.39	1 032.98	0.72
新疆维吾尔自治区	63	0.52	313	0.57	1 020.21	0.71
广西壮族自治区	62	0.51	287	0.52	1 509.57	1.05
贵州省	54	0.45	174	0.31	1 689.32	1.18
云南省	51	0.42	107	0.19	973.81	0.68
山西省	47	0.39	163	0.29	1 392.35	0.97
辽宁省（不含大连）	43	0.36	97	0.18	70.10	0.05
内蒙古自治区	42	0.35	122	0.22	320.20	0.22
吉林省	37	0.31	78	0.14	330.37	0.23
黑龙江省	32	0.26	68	0.12	120.04	0.08
甘肃省	30	0.25	60	0.11	125.15	0.09
大连市	29	0.24	84	0.15	49.75	0.03
宁夏回族自治区	19	0.16	54	0.10	187.59	0.13
青海省	7	0.06	24	0.04	66.14	0.05
合计	**12 083**	**100.00**	**55 380**	**100.00**	**143 193.86**	**100.00**

资料来源：中国证券投资基金业协会（AMAC）。

表3-5-1　　2024年登记通过的私募投资基金管理人地域分布（按办公地）

办公地	管理人数量（家）	管理人数量占比（%）	基金数量（只）	基金数量占比（%）	基金规模（亿元）	基金规模占比（%）
上海市	40	23.95	62	38.27	138.00	13.95
北京市	32	19.16	29	17.90	716.50	72.44
广东省（不含深圳）	23	13.77	13	8.02	7.50	0.76
江苏省	15	8.98	10	6.17	75.69	7.65
浙江省（不含宁波）	12	7.19	12	7.41	8.09	0.82
深圳市	11	6.59	12	7.41	2.99	0.30
四川省	5	2.99	9	5.56	3.71	0.38
安徽省	5	2.99	4	2.47	0.50	0.05
山东省（不含青岛）	3	1.80	0	0.00	0.00	0.00
海南省	3	1.80	0	0.00	0.00	0.00
重庆市	2	1.20	4	2.47	28.86	2.92
江西省	2	1.20	2	1.23	0.32	0.03
湖南省	2	1.20	0	0.00	0.00	0.00
湖北省	2	1.20	0	0.00	0.00	0.00
宁波市	2	1.20	2	1.23	5.11	0.52
福建省（不含厦门）	1	0.60	1	0.62	0.23	0.02
陕西省	1	0.60	1	0.62	1.00	0.10
内蒙古自治区	1	0.60	0	0.00	0.00	0.00
吉林省	1	0.60	0	0.00	0.00	0.00
河南省	1	0.60	0	0.00	0.00	0.00
广西壮族自治区	1	0.60	0	0.00	0.00	0.00
厦门市	1	0.60	0	0.00	0.00	0.00
青岛市	1	0.60	1	0.62	0.54	0.05
合计	**167**	**100.00**	**162**	**100.00**	**989.03**	**100.00**

注：该统计口径下管理人数量为0的地域未列示。

资料来源：中国证券投资基金业协会（AMAC）。

表3-5-2　　2024年登记通过的私募证券投资基金管理人地域分布（按办公地）

办公地	管理人数量（家）	管理人数量占比（%）	基金数量（只）	基金数量占比（%）	基金规模（亿元）	基金规模占比（%）
上海市	16	32.65	53	46.49	28.13	4.74
北京市	12	24.49	23	20.18	548.82	92.42
深圳市	5	10.20	11	9.65	2.89	0.49
广东省（不含深圳）	4	8.16	8	7.02	6.87	1.16
江苏省	4	8.16	6	5.26	1.76	0.30
浙江省（不含宁波）	3	6.12	6	5.26	2.04	0.34
四川省	3	6.12	7	6.14	3.31	0.56
海南省	1	2.04	0	0.00	0.00	0.00
厦门市	1	2.04	0	0.00	0.00	0.00
合计	**49**	**100.00**	**114**	**100.00**	**593.82**	**100.00**

注：该统计口径下管理人数量为0的地域未列示。

资料来源：中国证券投资基金业协会（AMAC）。

表3-5-3　　2024年登记通过的私募股权、创业投资基金管理人地域分布（按办公地）

办公地	管理人数量（家）	管理人数量占比（%）	基金数量（只）	基金数量占比（%）	基金规模（亿元）	基金规模占比（%）
上海市	24	20.34	9	18.75	109.87	27.80
北京市	20	16.95	6	12.50	167.68	42.43
广东省（不含深圳）	19	16.10	5	10.42	0.63	0.16
江苏省	11	9.32	4	8.33	73.93	18.71
浙江省（不含宁波）	9	7.63	6	12.50	6.04	1.53
深圳市	6	5.08	1	2.08	0.10	0.03
安徽省	5	4.24	4	8.33	0.50	0.13
山东省（不含青岛）	3	2.54	0	0.00	0.00	0.00

续表

办公地	管理人数量（家）	管理人数量占比（%）	基金数量（只）	基金数量占比（%）	基金规模（亿元）	基金规模占比（%）
重庆市	2	1.69	4	8.33	28.86	7.30
四川省	2	1.69	2	4.17	0.40	0.10
江西省	2	1.69	2	4.17	0.32	0.08
湖南省	2	1.69	0	0.00	0.00	0.00
湖北省	2	1.69	0	0.00	0.00	0.00
海南省	2	1.69	0	0.00	0.00	0.00
宁波市	2	1.69	2	4.17	5.11	1.29
陕西省	1	0.85	1	2.08	1.00	0.25
内蒙古自治区	1	0.85	0	0.00	0.00	0.00
吉林省	1	0.85	0	0.00	0.00	0.00
河南省	1	0.85	0	0.00	0.00	0.00
广西壮族自治区	1	0.85	0	0.00	0.00	0.00
福建省（不含厦门）	1	0.85	1	2.08	0.23	0.06
青岛市	1	0.85	1	2.08	0.54	0.14
合计	**118**	**100.00**	**48**	**100.00**	**395.21**	**100.00**

注：该统计口径下管理人数量为0的地域未列示。

资料来源：中国证券投资基金业协会（AMAC）。

表3-6-1　　2024年末存量私募投资基金管理人地域分布（按办公地）

办公地	管理人数量（家）	管理人数量占比（%）	基金数量（只）	基金数量占比（%）	基金规模（亿元）	基金规模占比（%）
上海市	4 269	21.04	42 989	29.82	48 566.49	24.37
北京市	4 261	21.00	29 926	20.76	64 450.11	32.34
深圳市	2 916	14.37	19 623	13.61	20 534.91	10.31
广东省（不含深圳）	1 561	7.69	11 518	7.99	11 592.32	5.82

续表1

办公地	管理人数量（家）	管理人数量占比（%）	基金数量（只）	基金数量占比（%）	基金规模（亿元）	基金规模占比（%）
浙江省（不含宁波）	1 413	6.96	10 289	7.14	9 662.95	4.85
江苏省	1 070	5.27	5 139	3.57	10 036.07	5.04
四川省	502	2.47	2 384	1.65	3 240.52	1.63
山东省（不含青岛）	396	1.95	1 656	1.15	2 132.15	1.07
湖北省	355	1.75	1 271	0.88	2 343.36	1.18
厦门市	309	1.52	2 263	1.57	1 438.47	0.72
湖南省	300	1.48	1 495	1.04	1 476.06	0.74
陕西省	291	1.43	1 355	0.94	1 319.91	0.66
河南省	270	1.33	1 084	0.75	1 354.67	0.68
福建省（不含厦门）	223	1.10	1 811	1.26	1 412.42	0.71
宁波市	220	1.08	1 350	0.94	1 150.15	0.58
安徽省	218	1.07	1 093	0.76	2 884.48	1.45
青岛市	206	1.02	1 123	0.78	1 132.60	0.57
重庆市	203	1.00	1 328	0.92	2 090.70	1.05
天津市	167	0.82	934	0.65	1 700.17	0.85
海南省	144	0.71	1 724	1.20	1 612.72	0.81
江西省	129	0.64	532	0.37	851.08	0.43
河北省	128	0.63	405	0.28	392.19	0.20
山西省	91	0.45	374	0.26	1 520.34	0.76
云南省	88	0.43	291	0.20	1 055.77	0.53
广西壮族自治区	81	0.40	384	0.27	1 542.21	0.77
辽宁省（不含大连）	79	0.39	240	0.17	129.18	0.06
贵州省	72	0.35	321	0.22	1 785.37	0.90
大连市	69	0.34	323	0.22	108.72	0.05

续表2

办公地	管理人数量（家）	管理人数量占比（%）	基金数量（只）	基金数量占比（%）	基金规模（亿元）	基金规模占比（%）
吉林省	52	0.26	133	0.09	339.41	0.17
内蒙古自治区	46	0.23	146	0.10	307.01	0.15
新疆维吾尔自治区	45	0.22	185	0.13	357.36	0.18
黑龙江省	42	0.21	98	0.07	123.24	0.06
甘肃省	32	0.16	65	0.05	120.13	0.06
宁夏回族自治区	25	0.12	84	0.06	124.80	0.06
青海省	8	0.04	27	0.02	99.97	0.05
西藏自治区	8	0.04	175	0.12	271.22	0.14
合计	**20 289**	**100.00**	**144 138**	**100.00**	**199 259.22**	**100.00**

资料来源：中国证券投资基金业协会（AMAC）。

表3-6-2　2024年末存量私募证券投资基金管理人地域分布（按办公地）

办公地	管理人数量（家）	管理人数量占比（%）	基金数量（只）	基金数量占比（%）	基金规模（亿元）	基金规模占比（%）
上海市	2 099	26.24	31 708	36.17	21 668.98	41.57
深圳市	1 376	17.20	12 293	14.02	6 933.28	13.30
北京市	1 323	16.54	15 645	17.85	11 849.28	22.73
广东省（不含深圳）	775	9.69	7 211	8.23	2 625.69	5.04
浙江省（不含宁波）	561	7.01	6 002	6.85	3 449.15	6.62
江苏省	248	3.10	1 555	1.77	905.45	1.74
四川省	165	2.06	1 197	1.37	312.20	0.60
厦门市	129	1.61	1 496	1.71	377.91	0.72
福建省（不含厦门）	124	1.55	1 340	1.53	317.72	0.61
湖南省	119	1.49	698	0.80	125.42	0.24

续表

办公地	管理人数量（家）	管理人数量占比（%）	基金数量（只）	基金数量占比（%）	基金规模（亿元）	基金规模占比（%）
山东省（不含青岛）	113	1.41	690	0.79	194.87	0.37
河南省	105	1.31	580	0.66	90.37	0.17
湖北省	104	1.30	579	0.66	238.37	0.46
陕西省	92	1.15	608	0.69	146.91	0.28
宁波市	90	1.13	832	0.95	240.38	0.46
重庆市	73	0.91	869	0.99	448.79	0.86
天津市	60	0.75	543	0.62	124.86	0.24
海南省	59	0.74	1 455	1.66	1 267.16	2.43
青岛市	58	0.73	504	0.57	135.94	0.26
江西省	46	0.58	230	0.26	27.05	0.05
河北省	44	0.55	200	0.23	49.18	0.09
安徽省	36	0.45	232	0.26	64.06	0.12
大连市	34	0.43	227	0.26	55.80	0.11
云南省	30	0.38	157	0.18	29.38	0.06
辽宁省（不含大连）	29	0.36	122	0.14	50.41	0.10
山西省	29	0.36	146	0.17	18.81	0.04
广西壮族自治区	18	0.23	94	0.11	8.47	0.02
贵州省	17	0.21	146	0.17	74.05	0.14
吉林省	11	0.14	48	0.05	5.30	0.01
宁夏回族自治区	9	0.11	33	0.04	6.80	0.01
黑龙江省	8	0.10	24	0.03	2.43	0.00
内蒙古自治区	6	0.08	28	0.03	19.70	0.04
新疆维吾尔自治区	4	0.05	9	0.01	1.00	0.00
甘肃省	3	0.04	6	0.01	0.13	0.00
西藏自治区	2	0.03	161	0.18	245.64	0.47
青海省	1	0.01	1	0.00	20.45	0.04
合计	**8 000**	**100.00**	**87 669**	**100.00**	**52 131.38**	**100.00**

资料来源：中国证券投资基金业协会（AMAC）。

表 3-6-3　2024 年末存量私募股权、创业投资基金管理人地域分布（按办公地）

办公地	管理人数量（家）	管理人数量占比（%）	基金数量（只）	基金数量占比（%）	基金规模（亿元）	基金规模占比（%）
北京市	2 886	23.88	14 000	25.28	51 036.52	35.64
上海市	2 111	17.47	10 876	19.64	25 719.76	17.96
深圳市	1 512	12.51	7 228	13.05	13 379.27	9.34
浙江省（不含宁波）	841	6.96	4 237	7.65	5 659.17	3.95
江苏省	810	6.70	3 502	6.32	9 109.79	6.36
广东省（不含深圳）	782	6.47	4 301	7.77	8 961.20	6.26
四川省	330	2.73	1 166	2.11	2 872.29	2.01
山东省（不含青岛）	282	2.33	965	1.74	1 937.26	1.35
湖北省	250	2.07	691	1.25	2 104.69	1.47
陕西省	196	1.62	737	1.33	1 138.54	0.80
湖南省	181	1.50	797	1.44	1 350.64	0.94
厦门市	179	1.48	766	1.38	1 060.51	0.74
安徽省	178	1.47	802	1.45	2 680.76	1.87
河南省	163	1.35	493	0.89	1 233.56	0.86
青岛市	146	1.21	616	1.11	994.44	0.69
宁波市	128	1.06	510	0.92	902.57	0.63
重庆市	126	1.04	445	0.80	1 629.08	1.14
天津市	107	0.89	391	0.71	1 575.31	1.10
福建省（不含厦门）	99	0.82	471	0.85	1 094.71	0.76
江西省	82	0.68	300	0.54	814.03	0.57
河北省	82	0.68	202	0.36	336.78	0.24
海南省	79	0.65	251	0.45	304.14	0.21
广西壮族自治区	63	0.52	290	0.52	1 533.74	1.07
山西省	61	0.50	227	0.41	1 492.49	1.04

续表

办公地	管理人数量（家）	管理人数量占比（%）	基金数量（只）	基金数量占比（%）	基金规模（亿元）	基金规模占比（%）
云南省	57	0.47	130	0.23	1 025.23	0.72
贵州省	54	0.45	172	0.31	1 687.43	1.18
辽宁省（不含大连）	50	0.41	118	0.21	78.78	0.06
新疆维吾尔自治区	41	0.34	176	0.32	356.36	0.25
吉林省	41	0.34	85	0.15	334.11	0.23
内蒙古自治区	40	0.33	118	0.21	287.31	0.20
大连市	35	0.29	96	0.17	52.92	0.04
黑龙江省	34	0.28	74	0.13	120.81	0.08
甘肃省	29	0.24	59	0.11	120.00	0.08
宁夏回族自治区	16	0.13	51	0.09	118.00	0.08
西藏自治区	6	0.05	14	0.03	25.58	0.02
青海省	6	0.05	23	0.04	66.09	0.05
合计	**12 083**	**100.00**	**55 380**	**100.00**	**143 193.86**	**100.00**

资料来源：中国证券投资基金业协会（AMAC）。

（二）私募投资基金数据

表3-7　私募投资基金备案通过情况（备案数量）　（单位：只）

年份	私募证券投资基金	私募股权投资基金	创业投资基金	私募资产配置类基金	其他私募投资基金	合计
2017	13 678	8 912	2 252	0	3 169	28 011
2018	11 178	7 544	2 501	0	1 285	22 508
2019	13 036	4 047	1 866	5	5	18 959
2020	20 073	3 859	2 624	5	0	26 561
2021	31 596	4 485	4 540	15	0	40 636

续表

年份	私募证券投资基金	私募股权投资基金	创业投资基金	私募资产配置类基金	其他私募投资基金	合计
2022	25 617	3 330	5 395	6	0	34 348
2023	16 567	2 593	4 824	3	0	23 987
2024	6 386	1 514	2 629	0	0	10 529

注：指当期备案通过的产品（含当期备案当期清盘的产品）。

表3-8　私募投资基金备案通过情况（备案规模）　（单位：亿元）

年份	私募证券投资基金	私募股权投资基金	创业投资基金	私募资产配置类基金	其他私募投资基金	合计
2017	4 118.54	15 299.26	1 469.10	0.00	4 598.91	25 485.80
2018	2 144.50	9 839.86	1 771.07	0.00	1 107.36	14 862.79
2019	1 512.18	6 057.51	1 148.68	5.38	0.57	8 724.31
2020	4 290.38	4 755.78	1 692.20	3.38	0.00	10 741.75
2021	7 852.42	4 592.15	2 242.90	17.65	0.00	14 705.12
2022	2 399.01	2 445.58	2 020.00	7.20	0.00	6 871.79
2023	2 880.62	2 164.67	1 696.74	2.48	0.00	6 744.52
2024	1 431.37	1 573.54	1 116.50	0.00	0.00	4 121.41

注：备案规模指当期备案通过产品（含当期备案当期清盘的产品）初始备案时的募集规模（非契约型产品取实缴规模）。

表3-9　私募投资基金存量（基金数量）　（单位：只）

年份	私募证券投资基金	私募股权投资基金	创业投资基金	私募资产配置类基金	其他私募投资基金	合计
2014	3 766	2 699	718	0	482	7 665
2015	15 182	6 806	1 481	0	1 900	25 369

续表

年份	私募证券投资基金	私募股权投资基金	创业投资基金	私募资产配置类基金	其他私募投资基金	合计
2016	25 578	14 073	2 206	0	4 153	46 010
2017	34 097	21 827	4 372	0	6 121	66 417
2018	35 675	27 175	6 508	0	5 271	74 629
2019	41 392	28 477	7 978	5	3 858	81 710
2020	54 324	29 402	10 398	10	2 684	96 818
2021	76 818	30 800	14 511	24	1 945	124 098
2022	92 578	31 523	19 353	28	1 538	145 020
2023	97 215	31 255	23 389	27	1 146	153 032
2024	87 815	30 283	25 133	22	885	144 138

注：存量指备案通过且当期末正在运作产品。

表3-10　私募投资基金存量（基金规模）　（单位：亿元）

年份	私募证券投资基金	私募股权投资基金	创业投资基金	私募资产配置类基金	其他私募投资基金	合计
2014	4 639.67	8 038.17	1 060.10	0.00	1 207.75	14 945.69
2015	17 289.59	17 270.20	2 119.51	0.00	4 882.15	41 561.45
2016	25 496.32	37 602.75	3 612.37	0.00	15 752.72	82 464.16
2017	25 671.95	62 910.99	6 076.68	0.00	20 332.91	114 992.53
2018	21 385.06	78 014.08	9 094.61	0.00	18 570.44	127 064.20
2019	25 610.41	88 713.18	12 088.26	5.48	14 412.29	140 829.62
2020	42 979.27	98 716.38	16 904.05	9.77	10 968.82	169 578.29
2021	63 090.38	107 719.83	23 706.71	48.15	8 140.12	202 705.20
2022	56 128.56	111 115.35	29 023.13	53.55	6 497.30	202 817.90
2023	55 136.54	110 699.65	32 414.60	54.31	4 850.86	203 155.96
2024	52 157.75	109 766.63	33 702.22	52.01	3 580.60	199 259.22

注：（1）存量指备案通过且当期末正在运作产品。

（2）基金规模指当期末最新季报报送的净资产规模。

四、托管与基金服务机构名录

表 4-1　　证券投资基金托管服务概况（截至 2024 年末）

序号	托管人名称	类型	注册地域	中国证监会核准批复托管资格时间
1	中国工商银行股份有限公司	银行	北京	1998-02-24
2	中国建设银行股份有限公司	银行	北京	1998-03-18
3	中国农业银行股份有限公司	银行	北京	1998-05-29
4	交通银行股份有限公司	银行	上海	1998-07-03
5	中国银行股份有限公司	银行	北京	1998-07-07
6	中国光大银行股份有限公司	银行	北京	2002-10-23
7	招商银行股份有限公司	银行	深圳	2002-11-06
8	上海浦东发展银行股份有限公司	银行	上海	2003-09-10
9	中国民生银行股份有限公司	银行	北京	2004-07-09
10	中信银行股份有限公司	银行	北京	2004-08-18
11	华夏银行股份有限公司	银行	北京	2005-02-23
12	兴业银行股份有限公司	银行	福建	2005-04-26
13	北京银行股份有限公司	银行	北京	2008-06-03
14	平安银行股份有限公司	银行	深圳	2008-08-06
15	广发银行股份有限公司	银行	广东	2009-05-04
16	中国邮政储蓄银行有限责任公司	银行	北京	2009-07-16
17	上海银行股份有限公司	银行	上海	2009-08-18
18	渤海银行股份有限公司	银行	天津	2010-06-29
19	宁波银行股份有限公司	银行	浙江	2012-11-05
20	浙商银行股份有限公司	银行	浙江	2013-11-29
21	海通证券股份有限公司	银行	上海	2013-12-27
22	国信证券股份有限公司	证券公司	深圳	2013-12-31
23	徽商银行股份有限公司	银行	安徽	2014-01-03
24	广州农村商业银行股份有限公司	银行	广东	2014-01-09

续表1

序号	托管人名称	类型	注册地域	中国证监会核准批复托管资格时间
25	招商证券股份有限公司	证券公司	深圳	2014-01-10
26	恒丰银行股份有限公司	银行	山东	2014-02-10
27	中国证券登记结算有限责任公司	证券登记结算机构	北京	2014-03-04
28	杭州银行股份有限公司	银行	浙江	2014-03-17
29	南京银行股份有限公司	银行	江苏	2014-04-09
30	国泰君安证券股份有限公司	证券公司	上海	2014-05-20
31	广发证券股份有限公司	证券公司	广东	2014-05-20
32	江苏银行股份有限公司	证券公司	江苏	2014-05-20
33	中国银河证券股份有限公司	证券公司	北京	2014-06-24
34	华泰证券股份有限公司	证券公司	江苏	2014-09-29
35	中信证券股份有限公司	证券公司	深圳	2014-10-10
36	兴业证券股份有限公司	证券公司	福建	2014-11-05
37	中信建投证券股份有限公司	证券公司	北京	2015-02-06
38	中国国际金融股份有限公司	证券公司	北京	2015-06-30
39	中国证券金融股份有限公司	证券金融公司	北京	2015-06-30
40	恒泰证券股份有限公司	证券公司	内蒙古	2015-08-24
41	中泰证券股份有限公司	证券公司	山东	2015-12-23
42	国金证券股份有限公司	证券公司	四川	2017-06-22
43	安信证券股份有限公司	证券公司	深圳	2018-09-26
44	渣打银行（中国）有限公司	银行	上海	2018-10-16
45	东方证券股份有限公司	证券公司	上海	2018-10-24
46	申万宏源证券有限公司	证券公司	上海	2019-07-01
47	万联证券股份有限公司	证券公司	广东	2020-06-08
48	华鑫证券有限责任公司	证券公司	深圳	2020-06-15
49	光大证券有限责任公司	证券公司	上海	2020-06-22
50	华福证券有限责任公司	证券公司	福建	2020-07-07
51	华安证券股份有限公司	证券公司	安徽	2020-07-07
52	花旗银行(中国)有限公司	银行	上海	2020-08-27

续表2

序号	托管人名称	类型	注册地域	中国证监会核准批复托管资格时间
53	长城证券股份有限公司	证券公司	深圳	2020-09-15
54	国元证券股份有限公司	证券公司	安徽	2020-09-28
55	财通证券股份有限公司	证券公司	浙江	2020-10-30
56	长江证券股份有限公司	证券公司	湖北	2020-12-08
57	浙商证券股份有限公司	证券公司	浙江	2021-09-22
58	德意志银行（中国）有限公司	银行	北京	2020-12-05
59	苏州银行股份有限公司	银行	江苏	2022-03-14
60	南京证券股份有限公司	证券公司	江苏	2022-01-19
61	东方财富证券股份有限公司	证券公司	西藏	2022-05-31
62	青岛银行股份有限公司	银行	青岛	2022-07-16
63	成都银行股份有限公司	银行	四川	2022-07-25
64	长沙银行股份有限公司	银行	湖南	2023-08-21
65	第一创业证券股份有限公司	证券公司	深圳	2022-10-08
66	上海农村商业银行股份有限公司	银行	上海	2023-10-16

注：上述名单以证监会发布的“证券投资基金托管人名录（2024年12月）”为准。
资料来源：中国证监会。

表4-2　合格境外机构投资者托管人名录（截至2024年末）

序号	QFII托管行中文名称	QFII托管行英文名称
1	汇丰银行(中国)有限公司	HSBC Bank（China）Company Limited
2	花旗银行(中国)有限公司	CitiBank（China）Company Limited
3	渣打银行(中国)有限公司	Standard Chartered Bank（China）Company Limited
4	中国工商银行股份有限公司	Industrial & Commercial Bank of China
5	中国银行股份有限公司	Bank of China
6	中国农业银行股份有限公司	Agricultural Bank of China
7	交通银行股份有限公司	Bank of Communications
8	中国建设银行股份有限公司	China Construction Bank

续表

序号	QFII托管行中文名称	QFII托管行英文名称
9	中国光大银行股份有限公司	China Everbright Bank
10	中国招商银行股份有限公司	China Merchants Bank
11	德意志银行(中国)有限公司	Deutsche Bank（China）Company Limited
12	星展银行（中国）有限公司	DBS Bank（China）Limited
13	中国中信银行股份有限公司	China Citic Bank
14	上海浦东发展银行股份有限公司	Shanghai Pudong Development Bank Co.,Ltd.
15	中国民生银行股份有限公司	China Minsheng Banking Corp.,Ltd.
16	三菱东京日联银行（中国）有限公司	Bank of Tokyo-Mitsubishi UFJ（China）
17	兴业银行股份有限公司	Industrial Bank Co.,Ltd.
18	平安银行股份有限公司	Ping An Bank Co., Ltd.
19	华夏银行股份有限公司	Hua Xia Bank Co., Ltd
20	江苏银行股份有限公司	BANK OF JIANGSU
21	法国巴黎银行（中国）有限公司	BNP Paribas（China）Limited
22	宁波银行股份有限公司	BANK OF NINGBO
23	浙商银行股份有限公司	CHINA ZHESHANG BANK CO., LTD.

资料来源：中国证监会。

表4-3 从事基金份额登记、估值核算、信息技术系统服务的私募基金服务机构名录（截至2024年末）

序号	服务机构名称	注册地
1	招商证券股份有限公司	深圳市
2	国信证券股份有限公司	深圳市
3	中国工商银行股份有限公司	北京市
4	招商银行股份有限公司	深圳市
5	财通基金管理有限公司	上海市
6	国泰君安证券股份有限公司	上海市

续表1

序号	服务机构名称	注册地
7	国金道富投资服务有限公司	上海市
8	中国建设银行股份有限公司	北京市
9	华泰证券股份有限公司	南京市
10	华夏基金管理有限公司	北京市
11	平安银行股份有限公司	深圳市
12	中国银河证券股份有限公司	北京市
13	招商基金管理有限公司	深圳市
14	第一创业证券股份有限公司	深圳市
15	上海银行股份有限公司	上海市
16	中信建投证券股份有限公司	北京市
17	长江证券股份有限公司	武汉市
18	广发证券股份有限公司	广州市
19	中国银行股份有限公司	北京市
20	长安基金管理有限公司	上海市
21	创金合信基金管理有限公司	深圳市
22	广发基金管理有限公司	珠海市
23	工银瑞信基金管理有限公司	北京市
24	金鹰基金管理有限公司	广州市
25	渤海银行股份有限公司	天津市
26	长城证券有限责任公司	深圳市
27	东兴证券股份有限公司	北京市
28	光大证券股份有限公司	上海市
29	申万宏源证券有限公司	上海市
30	太平洋证券股份有限公司	昆明市
31	中泰证券股份有限公司	济南市
32	中银国际证券股份有限公司	上海市
33	东方证券股份有限公司	上海市
34	东吴证券股份有限公司	苏州市

续表2

序号	服务机构名称	注册地
35	宁波银行股份有限公司	宁波市
36	上海元年金融信息服务有限公司	上海市
37	上海金融期货信息技术有限公司	上海市
38	浙商证券股份有限公司	杭州市
39	中国国际金融股份有限公司	北京市
40	上海汇付信息技术有限公司	上海市
41	北京海峰科技有限责任公司	北京市
42	北京营安金融信息服务有限公司	北京市
43	海通证券股份有限公司	上海市
44	兴业证券股份有限公司	福州市
45	深圳证券通信有限公司	深圳市
46	深圳市金证科技股份有限公司	深圳市
47	深圳市赢时胜信息技术股份有限公司	深圳市
48	中信中证投资服务有限责任公司	深圳市

资料来源：中国证券投资基金业协会。

表4-4　　从事电子合同服务的私募基金服务机构名录（截至2024年末）

序号	机构名称	注册地
1	上海美市科技有限公司	上海市
2	四川妥妥递科技有限公司	成都市
3	中信中证投资服务有限责任公司	深圳市

资料来源：中国证券投资基金业协会。